湖北省学术著作出版专项资金资助项目

 现代航运与物流:安全·绿色·智能技术研究丛书

丁腈橡胶水润滑轴承材料磨损机理与寿命评估

袁成清　董从林　郭智威　著

武汉理工大学出版社

·武　汉·

内 容 提 要

本书针对广泛应用的水润滑橡胶尾轴承在船舶轴系运行过程中所面临的摩擦学问题,在总结作者研究水润滑橡胶尾轴承的摩擦磨损机理、润滑性能提升以及磨损寿命评估等方面成果的基础上,重点阐述了船舶水润滑橡胶尾轴承发展现状及面临的挑战,研究了水润滑、含沙水质等条件下橡胶轴承材料的摩擦学性能,分析了热老化对橡胶轴承材料摩擦磨损机理的影响,开展了二硫化钼纳米颗粒对丁腈橡胶材料的改性研究,实现了水润滑橡胶尾轴承磨损寿命评估。

本书内容新颖,理论与实践相结合,具有较强的实用性与指导性,可作为高等院校船舶与海洋工程、交通运输工程、动力工程、机械工程等专业的研究生教材和相关专业老师的教学和科研参考书,也可作为从事相关领域工作的工程技术和研究人员的参考书。

图书在版编目(CIP)数据

丁腈橡胶水润滑轴承材料磨损机理与寿命评估/袁成清,董从林,郭智威著. —武汉：武汉理工大学出版社,2019.7

(现代航运与物流：安全·绿色·智能技术研究丛书)

ISBN 978-7-5629-6094-2

Ⅰ.①丁… Ⅱ.①袁… ②董… ③郭… Ⅲ.①丁腈橡胶-船舶轴系-水润滑轴承-磨损-研究 Ⅳ.①U664.21

中国版本图书馆 CIP 数据核字(2019)第 159271 号

项目负责：陈军东 陈 硕　　　　责任编辑：陈 硕 黄 鑫
责任校对：张莉娟　　　　　　　　封面设计：兴和设计
出版发行：武汉理工大学出版社
　　　　　武汉市洪山区珞狮路 122 号　邮编：430070
　　　　　http：//www.wutp.com.cn　理工图书网
　　　　　E-mail：chenjd@whut.edu.cn
经 销 者：各地新华书店
印 刷 者：武汉市宏达盛印务有限公司
开　　本：787×1092　1/16
印　　张：14.5
字　　数：245 千字
版　　次：2019 年 7 月第 1 版
印　　次：2019 年 7 月第 1 次印刷
定　　价：78.00 元(精装本)

出 版 说 明

航运与物流作为国家交通运输事业的重要组成部分,在国民经济尤其是沿海及内陆沿河沿江省份的区域经济发展中起着举足轻重的作用。我国是一个航运大国,航运事业在经济社会发展中扮演着重要的角色。然而,我国航运事业的管理水平和技术水平还不高,离建设航运强国的发展目标还有一定的差距。为了研究我国航运交通事业发展中的安全生产、交通运输规划、设备绿色节能设计等技术与管理方面的问题,立足于安全生产这一基础前提,从航运物流与社会经济、航运物流与生态环境、航运物流与信息技术等角度用环境生态学、信息学的知识来解决我国水运交通事业绿色化和智能化发展的问题,促进我国航运事业管理水平与技术水平的提升,加快航运强国的建设。因此,武汉理工大学出版社组织了国内外一批从事现代水运交通与物流研究的专家学者编纂了《现代航运与物流:安全·绿色·智能技术研究丛书》。

本丛书第一期拟出版二十多种图书,分为船港设备绿色制造技术、交通智能化与安全技术、航运物流与交通规划技术、内河航运技术等四个系列。本丛书中很多著作的研究对象集中于内河航运物流,尤其是长江水系的内河航运物流。作为我国第一大内河航运水系的长江水系的航运物流,对长江经济带经济发展的促进作用十分明显。2011 年年初,国务院发布《关于加快长江等内河水运发展的意见》,提出了内河水运发展目标,即利用 10 年左右的时间,建成畅通、高效、平安、绿色的现代化内河水运体系,2020 年全国内河水路货运量将达到 30 亿吨以上,拟建成 1.9 万千米的国家高等级航道。2014 年,国家确定加强长江黄金水道建设和发展,正式提出开发长江经济带的战略构想,这是继"西部大开发"、"中部崛起"之后的又一个面向中西部地区发展的重要战略。围绕航运与物流开展深层次、全方位的科学研究,加强科研成果的传播与转化,是实现国家中西部发展战略的必然要求。我们也冀望丛书的出版能够提升我国现代航运与物流的技术和管理水平,促进社会经济的发展。

组织一套大型的学术著作丛书的出版是一项艰巨复杂的任务,不可能一蹴而就。我们自 2012 年开始组织策划这套丛书的编写与出版工作,期间多次组织专门的研讨会对选题进行优化,首期确定的四个系列二十余种图书,将于 2017 年年底之前出版发行。本丛书的出版工作得到了湖北省学术著作出版专项资金项目的资助。本丛书涉猎的研究领域广泛,在这方面的研究成果众多,首期出版的项目不能完全包含所有的研究成果,难免挂一漏万。有鉴于此,我们将丛书设计成一个开放的体系,择机推出后续的出版项目,与读者分享更多的我国现代航运与物流业的优秀学术研究成果,以促进我国交通运输行业的专家学者在这个学术平台上的交流。

现代航运与物流:安全·绿色·智能技术研究丛书编委会
2016 年 10 月

序

尾轴承是船舶推进系统内部和外部动力交换的重要支撑部件,其磨损状态和使用寿命直接影响船舶的航行安全和维修周期。随着"环境友好"和"绿色船舶"理念深入人心,具有资源节约与环境友好以及良好自润滑和吸振性能的橡胶轴承已成为应用较为广泛的船舶水润滑尾轴承。由于船舶航行环境苛刻、维修环境与周期特殊、尾轴承结构型式独特,因而船舶水润滑橡胶尾轴承摩擦学系统具有系统依赖性、不可移植性以及过程的时变特征,只有彻底弄清水润滑橡胶轴承的摩擦磨损机理,才能合理设计和优化橡胶轴承摩擦学系统,进而改善其润滑性能、耐磨损能力并进行使用寿命预测,最终减少水润滑橡胶轴承的摩擦、磨损、振动、噪声、无功能耗等关键问题,提高其可靠使用寿命,保证船舶推进系统的安全可靠运行。

本书以广泛应用的水润滑尾轴承用丁腈橡胶材料为研究对象,系统研究载荷、水介质、温度、改性添加剂与其摩擦、磨损性能及其机械性能的依赖关系,旨在揭示船舶水润滑尾轴承橡胶内衬材料的失效机理,建立其磨损寿命预测模型,实现水润滑橡胶尾轴承磨损的可靠性寿命评估。针对船舶橡胶尾轴承面临的摩擦学问题,研究了水润滑、含沙水质等条件下橡胶轴承材料的摩擦学性能,分析了热老化对橡胶轴承摩擦磨损机理的影响,开展了二硫化钼纳米颗粒对丁腈橡胶材料的改性研究,实现了水润滑橡胶尾轴承磨损的可靠性寿命评估。

本书是作者及其研究团队近 10 年来在船舶水润滑橡胶尾轴承的摩擦磨损机理、润滑性能提升以及磨损寿命评估等方面的成果总结和对船舶水润滑尾轴承橡胶材料的一些思考,相信该书对从事船舶机械、轮机工程和摩擦学研究的人员具有良好的参考价值,并可供从事摩擦学相关专业的工程技术人员和高等院校师生参考。

雒建斌

中国科学院院士

清华大学教授

2019 年 6 月

前　　言

　　船舶作为航运的载体,安全、快速、高效以及环保已成为其发展目标。推进系统是船舶的心脏,尾轴承是推进系统的重要支撑部件。拥有环保无污染、来源广泛、良好阻尼以及自润滑性能的丁腈橡胶被广泛应用于制造船舶尾轴承。然而,橡胶尾轴承在快速启停、变速、变向、低速重载等恶劣工况下产生的摩擦、磨损、振动噪声严重影响了船舶的可靠性、安全性及经济性。弄清水润滑橡胶轴承的摩擦磨损机理是对其进行优化设计和磨损寿命预测的关键,最终达到延长橡胶尾轴承的使用寿命和保障船舶安全可靠运行的目的。本书聚焦于水润滑橡胶尾轴承的摩擦磨损机理及其寿命预测等关键问题,以尾轴承丁腈橡胶内衬材料为研究对象,基于摩擦学、化学、材料力学、有限元模态分析等多学科知识,研究其摩擦磨损机理以及寿命预测与载荷、水介质、热老化温度及时间、改性添加剂、典型机械性能之间的依赖关系。

　　全书共分7章。第1章绪论,主要介绍了船舶水润滑橡胶尾轴承的结构及其特点,简述了当前的研究动态,指出了橡胶尾轴承面临的挑战。第2章总结了橡胶尾轴承的基本润滑理论、摩擦磨损一般失效规律及其寿命预测基本方法。第3章重点研究了丁腈橡胶材料在水润滑环境下的摩擦磨损过程,阐述了摩擦力、磨削的形成过程,揭示了其摩擦磨损机理并建立其磨损模型。第4章分析了含沙水质中泥沙颗粒的含量、粒径对丁腈橡胶材料摩擦学行为的影响规律,给出了影响润滑特性的泥沙颗粒粒径的判定模型。第5章采用邵氏硬度、拉伸强度和撕裂强度表征丁腈橡胶在不同温度、时间的老化程度,阐述了热老化以及典型机械性能对丁腈橡胶摩擦磨损的影响规律。第6章分别采用球状和块状二硫化钼纳米颗粒对丁腈橡胶材料进行改性,阐述了两种不同结构二硫化钼颗粒改性材料的摩擦磨损行为,并提出了改善丁腈橡胶润滑性能以及减振降噪性能的方法。第7章基于上述研究成果,依据摩擦功磨损理论,分析了丁腈橡胶的体积磨损率与载荷、滑动速度、热老化温度和时间之间的依赖关系,建立了水润滑橡胶尾轴承的磨损寿命预测模型。

　　本书是作者及其研究团队近10年来在船舶水润滑橡胶尾轴承的摩擦磨损

机理、寿命预测等方面的研究成果总结。与本书相关的研究,先后获得了国家自然科学基金重点项目、优秀青年基金项目、青年基金项目、湖北省自然科学基金项目、中国工程院咨询项目以及相关项目的资助,在此衷心感谢上述科研项目的支持和帮助。

本书的写作大纲和书稿由袁成清负责审定,董从林组织撰写。其中第 1 章由袁成清和郭智威撰写,第 2 章由袁成清和张彦撰写,第 3、5 章由董从林撰写,第 4 章由董从林和张彦撰写,第 6 章由袁成清和董从林撰写,第 7 章由董从林和郭智威撰写。本书得到了湖北省学术著作出版专项资金的大力支持,在此表示诚挚的谢意。同时,武汉理工大学出版社为本书的出版提供了大量帮助,在此一并表示感谢。

由于丁腈橡胶水润滑轴承材料摩擦学研究的不断发展与深入,限于作者的水平,书中难免存在不足之处,恳请读者给予指正。

作　者

2019 年 6 月

目　　录

1 绪 论

1.1 船舶轴系构成

船舶在航行过程中，主机输出的功率通过轴系传递给螺旋桨，螺旋桨产生的轴向推力通过轴系上的推力轴承传递给船体，从而推动船舶运动。从轴系的作用可知，轴系承受着很大的扭矩和推力。实际工作中，轴系承受着多种应力，包括扭矩产生的扭应力，推力（或拉力）产生的压应力（或拉应力）。同时，轴系还承受着因自身的重力、惯性力等产生的弯曲应力，以及安装误差、船体变形、轴系振动、螺旋桨水动力产生的附加应力。这些应力呈周期性变化，增加了轴系的危险性，因此要求轴系具有足够的强度和刚度，较少的传动损失，良好的密封、润滑和冷却性能等。通常，轴系从主机（如船用柴油机）的曲轴法兰起，到螺旋桨轴止，由传动轴、轴承、传动设备、轴系附件等组成。单桨装置轴系简图如图 1-1 所示。

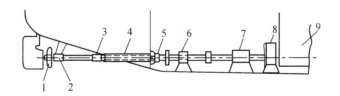

图 1-1　船舶单桨装置轴系简图

1— 螺旋桨；2— 螺旋桨轴承；3— 螺旋桨轴；4— 尾管；

5— 中间轴；6— 中间轴承；7— 推力轴承；8— 减速器；9— 主机

（1）传动轴

包括螺旋桨轴、尾轴、中间轴、推力轴（有的柴油机的推力轴和曲轴是一体的）。

（2）轴承

包括螺旋桨轴承、尾轴承、中间轴承、推力轴承（有的柴油机的推力轴承设在柴油机机座内）。

（3）传动设备

主要有联轴器、减速器、离合器等。

（4）轴系附件

主要有润滑、密封、冷却等系统。

船舶轴系的主要设备布置与轴系传动方式有关。对于不同的传动方式，轴系主要设备配置也会有所差异。

螺旋桨轴位于轴系的最末端，尾部安装螺旋桨，首部通过联轴节与中间轴或推进机组输出法兰相连。一般情况下，只有当螺旋桨轴伸出船体过长时，螺旋桨轴才分为两段，装螺旋桨的一段称为螺旋桨轴，通过尾轴管的一段称为尾轴，如图 1-2 所示。尾轴承包括螺旋桨轴承、尾管轴承等。尾轴承的工作条件比中间轴承的恶劣，在工作期间很难对其进行检查和维护，只有进坞或停泊时才能进行检查。因此，对它的使用寿命和可靠性较其他轴承提出了更高的要求。

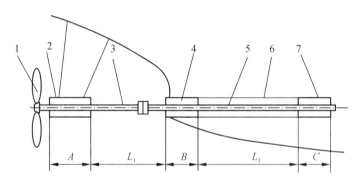

图 1-2　船舶尾轴系布置示意图

1—螺旋桨；2—尾轴架轴承；3—螺旋桨轴；4—尾管后轴承；5—尾轴；6—尾管；7—尾管前轴承

1.2　船舶水润滑尾轴承

尾轴承的润滑方式主要有油润滑和水润滑两种。油润滑尾轴承一般是金属滑动轴承，主要用铅青铜、青铜和黄铜等耐腐蚀性能较好的金属材料加工而成。油润滑尾轴承承载比压大、低速润滑性能好、使用寿命较长。然而，其缺点也非常明显：

第一，船舶尾管系统中的滑油泄漏是造成水资源污染的重要原因之一。由于海洋面积大、船舶密度小以及海洋强大的自净化功能，滑油泄漏所造成的污染并不明显。而在内河,船舶数量密度大、管理规范不健全、河流自净化能力差等原因,船舶滑油泄漏造成的污染极为明显。随着三峡库区的形成,机动船舶数量急剧增加到 10000 艘以上,常年在库区航行或停泊的船舶则更多。按照我国船舶尾轴密封系统安装检验标准,尾轴密封的滑油泄漏允许量为 2～3 滴/min;现今广泛采用的黄氏密封 HKT 系列规定旋转轴密封装置的滑油泄漏量不大于 1L/d。那么,一艘总功率约为 880kW 的在航船舶,每年的滑油泄漏量在 300kg 左右。可以推断,每年泄漏至三峡库区的船舶尾轴滑油将达到数百吨乃至上千吨之多,给三峡库区的水资源环境带来不可忽视的污染和破坏。全国航行水域的船舶总数量在 20 万艘以上,滑油泄漏量更大,十分严重地破坏了航行水域及其周边的生态环境,使人类的基本生存条件受到极大的威胁。

第二,金属材料一般具有弹性模量大、硬度大的特点,因而对负荷的缓冲能力差,冲击振动噪声大。对于民用船舶,这一缺点还不显著。舰船、潜艇等航行器要求噪声小、安全性能及隐蔽性能好、生存能力强。为提高舰船的隐蔽性能,各国均在研究负荷缓冲能力强、吸振性能良好的船舶尾轴承内衬材料。橡胶因其优良的减振降噪和抗冲击性能而成为舰艇尾轴承材料的首选。

第三,金属材料在水环境中的腐蚀问题严重,目前采用水作为润滑介质的金属滑动轴承主要由铅青铜、青铜和黄铜等耐腐蚀性能较好的金属材料加工而成,耗费了大量贵重金属等战略资源。

近年来,因船舶推进轴系中的金属尾轴承润滑密封系统滑油泄漏而导致的水环境污染问题,已引起各国政府、企业和学术界的密切关注,并投入了极大的人力和物力研究船舶尾轴承系统的新型装备和治理滑油泄漏的关键技术。并且,随着低碳经济时代的到来,"环境友好"和"绿色船舶"的理念已经深入人心。国际海事组织和各船级社出台了各种规范和标准来促使绿色船舶技术的快速发展,以确保全球的水资源尽可能地避免被滑油泄漏污染。美国为了防止内河污染,出台法规强制规定,禁止使用油润滑尾轴承系统的船舶在密苏里河、密西西比河、科罗拉多河等内河中行驶,否则将至少被罚款 2.5 万美元。据此判断,船舶尾轴承系统的发展趋势之一便是研究开发具有资源节约与环境友好优点的水润滑轴承,以代替矿物油润滑轴承。并且,随着船舶向大型化、高速化、轻型化方向发展,人们对船舶尾轴承运行的可靠性、摩擦学性能、承载能力提出了更高的要求。尾轴承作为舰船推进系统的重要组成部分,其性能的优劣直接影响舰船航行的快速性、安全性、隐蔽性及乘坐舒适性。因此,研究开发具有高比压、低摩擦、低磨损、低噪声的水润滑尾轴承具有重要的意义。

自 1840 年 Penn 发明第一个水润滑轴承以来,该项发明便一直备受工业界和学术界的关注,水润滑轴承在工业、农业、军事等领域得到广泛应用。世界各国的学者、工程师在水润滑尾轴承的结构设计、摩擦磨损机理、润滑机理、减振降噪技术等方面做了大量的工作,从而为水润滑轴承的设计、研制、开发、试验奠定了理论基础。

水润滑尾轴承将水作为润滑剂和冷却剂,并冲走泥沙等杂物。船舶尾轴采取水润滑系统循环时,其冷却水循环方式主要有两种:一种是开式压力水润滑;另一种是闭式循环压力水润滑,分别如图 1-3、图 1-4 所示。

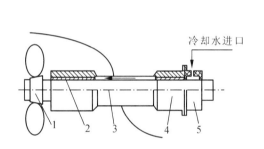 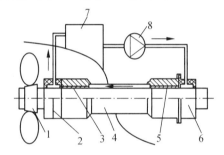

图 1-3　开式压力水润滑系统原理图　　　图 1-4　闭式循环压力水润滑系统原理图

1— 螺旋桨;2— 后轴承;3— 尾轴;　　　　1— 螺旋桨;2— 尾密封装置;3— 后轴承;

4— 前轴承;5— 首密封装置　　　　　　　4— 尾轴;5— 前轴承;6— 首密封装置;

7— 淡水柜;8— 冷却水泵

在开式压力水润滑系统中,前端轴承靠水泵压力供水,水经过粗滤、细滤后,由水泵打进轴承前部,从后部流至船外,其供水压力取决于船舶吃水深度,要求大于舷外水深的自然压力,并能冲走轴承槽道中沉积的泥沙。长江船舶水润滑的供水压力一般为 0.05～0.1MPa,要求供水量能带走轴承运转时产生的摩擦热量。若供水量不足,将引起轴承温度上升,有可能导致轴承材料的性能变化或烧损。后端轴承依靠船舶航行时水的相对流动(水从前部进,从后部出)以达到润滑和冷却的目的。开式压力水润滑系统的缺点是:润滑及冷却水的水质较差,但由于其结构较为简单,系统管理及维护比较方便,因此,绝大多数水润滑船舶都采用这种方式。

闭式循环压力水润滑系统的结构形式与油润滑的基本相同,它依靠水泵压力供水,从尾轴前端轴承进水,经尾轴管流到后端轴承,然后返回到水泵,形成压力循环供水系统。这种方式的优点是:循环水的水质较好,可减小轴承的磨损。但闭式循环压力水润滑系统由于前后端密封处的润滑及冷却条件较差,密封处磨损较大,循环水外漏严重。因此,闭式循环压力水润滑系统仍需进一步研究。

用水作为润滑剂,相对于油有以下优点:

① 购买和使用成本低。水是一种丰富、实用、随地可取的资源,用水替代油作为润滑介质,既节约了能源,又省略了购买、运输、储存等环节,使成本降低。

② 环境友好。矿物油作为润滑介质时会污染环境,使用过的废液必须回收处理;用水作为摩擦副润滑介质时,工作场所清洁,对环境没有危害。

③ 安全性好。水不会燃烧,而油液在高温、明火等情况下很容易燃烧,并可能导致恶性事故。

④ 冷却效果好。水的比热容大,冷却效果比油好。

⑤ 维护保养方便。水本身具有清洁功能,所以用水作为介质的摩擦副系统的维护保养非常方便,清洁、维护成本比油介质系统低。

⑥ 简化润滑系统结构。用水作为润滑介质,不需要特殊的轴承室以及防止输送液与油混合的密封装置,甚至不需要强制润滑供给装置等,因此大大简化了润滑系统的结构。

⑦ 水的黏度低。在形成流体动压润滑后,水的摩擦系数比油润滑的更低。

同时,水作为润滑介质也会带来以下不足:

① 由于水的沸点低,所以水润滑轴承不能用于高温环境中。

② 水,尤其是海水的锈蚀作用较强。

③ 纯水的电导率比普通润滑油高数亿倍以上,能引起绝大多数金属材料的电化学腐蚀和高分子材料的老化。

④ 水的气化压力低,水润滑系统中很容易产生气蚀,使材料受到侵蚀。

⑤ 水是一种低黏度的液体,50℃时水的绝对黏度约为油黏度的1/65,而润滑液膜的承载能力与黏度成正比,这表明水润滑轴承的承载能力比较低。

1.3　水润滑橡胶尾轴承结构特点

橡胶是一种高弹性体材料,其吸振性能好,而且加工工艺性能好,有着良好的抗摩擦磨损性能、抗磨粒磨损性能、抗疲劳磨损性能等,尤其是丁腈橡胶,其吸振性能、化学稳定性能好,非常适合用于制作水润滑轴承材料,因而橡胶轴承也是目前应用最为广泛的水润滑轴承。

目前,国内外船舶中尾轴承采用橡胶材料的十分普遍,因为水润滑复合橡胶轴承与其他轴承相比有其特殊的优点:

① 橡胶轴承具有良好的嵌藏性、自润滑性能,在含泥沙的水中的耐磨性明显优于其他轴承,这可使在水下工作的轴承直接将周围环境中的水作为工作介质,而不需要密封装置,从而简化了结构,而且复合橡胶材料具有良好的自润滑性能、较低的摩擦系数,从而能延长水润滑轴承的使用寿命。

② 缓冲、抑振、低噪声。这是其他水润滑轴承材料所无法比拟的优点。橡胶材料弹性好、内阻较大,能够有效地防止或减缓冲击、降低噪声,尤其是丁腈橡胶,具有其他材料所无法比拟的吸振性能。

③ 一方面,由于橡胶的弹性形变,可使轴颈与其接触面积相对增大,轴承在工作时的最高压力峰值相应减小,同时正因为弹性形变,使水膜易于形成,产生弹性流体动力润滑;另一方面,橡胶的弹性形变还能顺应和减缓因轴线跳动及偏移而引起的轴系振动,减小因安装误差而产生的附加载荷。

④ 橡胶轴承成本低、自重轻,易于成型,同时使用可靠、无污染。

但橡胶轴承也有缺点:耐高温性能差,承载能力小。

但从总体上来看,水润滑橡胶复合轴承仍是水下最适宜的轴承之一,它不仅节省了贵重有色金属和润滑材料,而且还可省去复杂的润滑剂供给系统,简化结构,提高轴承运转的可靠性,因而具有广阔的应用前景。

目前,应用于船舶上的水润滑尾轴承的结构形式繁多,主要有整体式和板条式。图 1-5(a) 所示即为整体式橡胶轴承,其橡胶的工作表面呈凸起形状,形如梅花,故往往也称其为梅花橡胶轴承,工作表面之所以做成凸起形状,一来是为了形成良好的润滑冷却槽道,二来是为了减少所消耗的摩擦功等。这种整体式梅花橡胶轴承,多在中小型船舶上应用。外壳可以是金属的(一般为黄铜),也可以是塑料的,其内圆面车正反丝,将橡胶硫化或黏结其上,而工作表面的凸起形状是靠专用的模具,再通过橡胶硫化压制成型。图 1-5(b) 所示即为板条式橡胶轴承。这种板条式橡胶轴承,是先将橡胶硫化在攻有螺孔的金属条上,然后再将此金属橡胶条用埋头螺丝固定于外壳上,这种轴承一般用在轴径大于 300mm、不便采用模压成型的情况下。板条式轴承中某根板条损坏或过度磨损,可直接更换该根板条,维修成本低,但安装工艺复杂,各板条很难保证同心,故一般用于潜艇或大型船舶上。

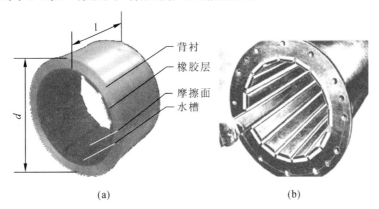

(a)   (b)

图 1-5 水润滑尾轴承的结构形式

(a) 整体式;(b) 板条式

影响尾轴承承载能力和摩擦学性能的主要结构参数有:长径比、摩擦面形状、水槽形式、橡胶层的厚度和硬度等。设计时合理地选择水润滑轴承结构参数,可以有效提高轴承摩擦学性能、承载能力,减小振动,延长服役时间。

1.3.1 长径比

长径比是由尾轴承的负荷决定的。国外对长径比的选取无统一标准,美国、俄罗斯推荐采用的长径比为(2.75 ~ 3.5):1,德国为 2.5:1,英国为 4:1,日本为(2 ~ 4):1。由于橡胶为高弹性体材料,从理论上讲,在水润滑条件下能形成弹 - 塑流体动压润滑。因此,一般尾轴承的设计比压根据式(1-1)计算:

$$p = \frac{Q}{d \times l} \leqslant 0.25 \text{MPa} \tag{1-1}$$

式中:Q—— 径向负荷(N);

d—— 轴承直径(mm);

l—— 轴承长度(mm)。

日本的统计资料指出,计算比压 $p \leqslant 0.15 \text{MPa}$ 时,轴承可安全运转;同时也指出,局部最高比压 $p \geqslant 0.55\text{MPa}$ 时,是不安全的。因此在设计上,轴承负荷 Q 的正确计算显得尤为重要。当螺旋桨轴径大于 300mm 时,必须通过合理校中计算来确定轴承负荷,还必须计算局部比压的最大值及螺旋桨的下沉角(水润滑轴承的下沉角不允许大于 $3.0 \times 10^{-4}\text{rad}$)。轴承负荷 Q 计算出来,长径比即可确定。建议:$0.15\text{MPa} \leqslant p \leqslant 0.25\text{MPa}$ 时,取 $l/d = 4$;$p \leqslant 0.15\text{MPa}$ 时,可以适当降低 l/d,取 $l/d = (3 \sim 3.5):1$。为了降低计算比压,取长径比大于 4 时,会导致轴承安装困难、散热差、工作状况恶化等一系列问题。

Roy 认为,使用新型超高分子量聚乙烯/橡胶轴承合金,可以提高轴承设计比压,降低长径比到 1 甚至更低。但或许忽略了另外一个问题:对于橡胶轴承而言,比压增大,黏-滑现象诱发振鸣音的临界转速也会提高。无论是橡胶轴承还是其他非金属水润滑轴承,振鸣音产生的临界转速也是衡量材料能否在大比压下工作的重要因素之一。

1.3.2　摩擦面形状

摩擦面形状有凹面型、平面型、凸面型,如图 1-6 所示。日本 EVK 公司认为凹面型优于平面型和凸面型,因此日本舰船使用凹面型,而俄罗斯使用凸面型。美国 B. F. Goodrich 公司的试验表明,平面型板条的动摩擦系数显著小于凹面型的,因为凹面型板条的方形边缘角更易刮掉旋转轴上携带的润滑剂。段芳莉认为,在轻载或者低速工况下凹面型轴承的摩擦学性能显著优于平面型的。随着载荷或者速度的增大,凹面型轴承的优势逐渐减小,达到中等载荷、中等转速时,两者的摩擦学性能已相差不大,而且凹面型轴承的摩擦学性能对速度和载荷的变化更为敏感。武汉理工大学刘正林开展的试验与仿真研究表明,平面型优于凹面型或凸面型,理由在于它更易形成弹-塑流体动压润滑,具有更好的启动性和低速运转性能,故从降低尾轴承振鸣音产生的临界速度和摩擦系数的角度,推荐使用平面型。另外,水槽的棱边如果呈尖角,在运转时就会像雨刷一样刮掉轴上的水介质,因此,建议将外水槽棱边制成圆角。

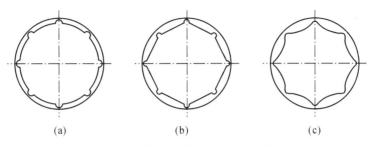

图 1-6 水润滑尾轴承摩擦面形状截面

(a) 凹面型;(b) 平面型;(c) 凸面型

1.3.3 水槽形式

为了润滑、冷却、排出泥沙,水润滑尾轴承工作表面一般都开有水槽。按水槽与轴中心线的关系可分为轴向槽、螺旋槽和环形槽。环形槽排异物能力差,所以应用较少。螺旋槽,由于其润滑槽道长、阻力大,这就需要在较高的压力下供给冷却和润滑用水;要减少螺旋槽道中水的阻力,就必须增加其通道的截面面积,还必须增大橡胶轴承的厚度才可行。同时,槽道一旦被堵塞,供水就立即停止,将引起橡胶瞬时温度的急剧上升,致使轴承过热和烧坏,因而造船和航运部门几乎已不再采用螺旋线形槽道的橡胶轴承。轴向槽,由于冷却均匀可靠,润滑用水的供应量充裕,散热条件好,冲出泥沙也较为有利,故磨损较小,因而现在的船舶上多采用这种轴向润滑槽道的轴承。轴向槽根据槽截面形状可分为 V 形槽、梯形槽、U 形槽、方形槽和圆形槽等,如图 1-7 所示。水润滑尾轴承采用 U 形轴向槽的较多,因 U 形轴向槽最为通用。

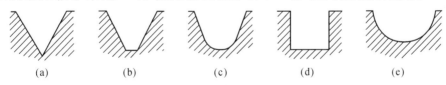

图 1-7 水润滑尾轴承水槽的截面形状

(a)V 形;(b) 梯形;(c)U 形;(d) 方形;(e) 圆形

按槽的布置形式可分为半开式槽、全开式槽。全开式水润滑轴承水流量充足,冷却效果好,但其下半部分因开槽致使压力分布不连续,水力膜产生较低的动压力,使得轴承的负载能力较低,导致了轴与轴承之间有更多的接触机会,使摩擦增大,易造成轴承摩擦副磨损。半开式水润滑轴承虽然水流量较小、冷却效果稍差,但其下半部分因为光滑而有一个连续的压力分布,允许水力膜产生较高的动压力,使得轴承的负载能力较高。武汉理工大学刘正林对于轴向开槽水润滑尾轴承的润滑性能进行了数值计算与分析,结果表明:开槽后轴承周向压力分布不连续,水槽处压力降为零,轴承的承载能力降低,且槽的宽度越大、个数越多,轴承的承载能力也就越小。但水槽的数量不能太少,以免轴承摩擦副局部温度过高,导致润滑状况恶化、摩擦系数升高、橡胶层老化加速。为此,当轴径小于 120mm 时,推荐槽道数 $G = 8$;轴径大于 120mm 时,由经验公式计算:$G = (d - 120)/30 + 8$,计算结果向上取偶整数。水槽深度的确定仍以保证有足够的冷却效果和润滑水量为原则。同时,为保证橡胶轴承工作的可靠性,避免橡胶层与背衬黏结不牢时被摩擦力矩切断,必须保证水槽底部橡胶层具有一定厚度。对于平面型摩擦面结构,水槽宽度宜取得大些,以保证水楔。

1.3.4　橡胶层厚度

橡胶层的厚度取决于轴径、载荷、转速等。Daugherty 和 Sides 认为橡胶层薄一些好。美国 B. F. Goodrich 公司指出,橡胶层最小厚度为 2.39 ～ 7.95mm 时轴承摩擦系数最小。考虑轴承正常工作时悬浮于水中的砂粒尺寸、结构尺寸,包括为了满足水润滑轴承和旋转轴颈表面之间建立流体动压润滑所要求的最小楔形角,也就是说,要限制轴颈陷入橡胶材料的深度,建议橡胶层最小厚度为 6mm。通常按经验值选取,当 $d = 25 \sim 75mm$ 时取 $\delta = 7 \sim 10mm$;$d = 80 \sim 250mm$ 时取 $\delta = 10 \sim 15mm$;$d > 250mm$ 时取 $\delta = 15 \sim 20mm$。有金属轴瓦和橡胶轴承衬结构的橡胶层厚度可按经验公式 $\delta = 2R$ 确定。其中,δ 为橡胶层厚度（mm）。

1.3.5　橡胶层硬度

Daugherty 等以平面型板条式完全轴承为研究对象,研究了不同橡胶层硬度对其静、动摩擦系数的影响,认为硬度对动摩擦系数的影响不大。美国 B. F. Goodrich 公司认为降低橡胶层的硬度可以降低轴承的摩擦系数,因为软的橡胶层表面不易刺破水膜。王家序团队通过对平面型板条式完全轴承的试验得出了和 Daugherty 相同的结论。但为满足水润滑轴承和旋转轴颈表面之间建立流体动压润滑所要求的最小楔形角,以及限制轴颈陷入橡胶层的深度,建议轴径 $d \leqslant 300mm$ 时,取硬度邵氏 A70 ～ 75;$d \geqslant 300mm$ 时,取硬度邵氏 A78 ～ 88。

1.4 水润滑橡胶尾轴承的摩擦学问题以及研究意义

水为水润滑橡胶尾轴承的冷却和润滑介质,其黏度非常低,通常不到矿物润滑油的 1/20,导致润滑水膜较薄;其承载力较低,约为油润滑薄膜的 1/3。因此,为使橡胶轴承与转轴轴颈之间能够处于良好的润滑状态,橡胶轴承负荷不宜太大,否则轴承运动副将处于直接接触或边界润滑状态。

船舶橡胶尾轴承是推进系统中支承螺旋桨轴的关键零部件。船舶螺旋桨的重力以及水介质对螺旋桨的反推力使尾轴承承受着较大的附加载荷;船舶在转向过程中,尾轴承和螺旋桨轴的轴颈局部接触区域出现边缘负荷,尾轴承承受不均匀载荷,出现异常磨损,并极易产生剧烈振动和噪声等现象。日本船级社规定:橡胶尾轴承的最大承载比压为 0.6MPa,然而橡胶尾轴承比较长,由于螺旋桨的悬挂作用,使得靠近螺旋桨端的尾轴承段承受非常大的局部载荷,高达几兆帕甚至是十几兆帕,另一端承受较小载荷。这些极端苛刻的工作条件,使得橡胶尾轴承与尾轴轴颈之间难以形成良性润滑,极易产生严重的摩擦、磨损问题。

潜艇中的尾轴承一般采用橡胶制作。因为其独特的作业规律使其摩擦学问题比较突出。潜艇在水下巡航时,为了节能,一般采取经济航速航行,此时转速较慢;潜艇发射导弹时,为了提高其命中率,一般在低速下射击,此时尾轴承与尾轴之间可能处于边界润滑和混合润滑状态,摩擦振动比较明显,噪声较大。同时,潜艇在启停时也同样出现较大的振动。为了使潜艇上升和下潜,一般都安装了水平舵,采用液压连杆结构和高分子材料轴承连接,水平舵虽然转动速度非常慢,但是在瞬间的冲击载荷作用下,也会出现比较明显的噪声。很显然,噪声的出现,也意味着橡胶尾轴承可能发生了剧烈的磨损。

潜艇在浅海近底行驶,或者潜入海底刚启动时,螺旋桨的旋转会带起海底的泥沙,泥沙被带入潜艇尾轴承内,从而加剧橡胶尾轴承的磨损。橡胶材料对硬性颗粒极为敏感,它不仅影响船舶水润滑尾轴承与尾轴之间的润滑,同时也是加快橡胶尾轴承过度磨损的重要原因之一。长江中大量的泥沙也是减少水润滑轴承磨损寿命的重要因素,如图 1-8 所示为在长江上行驶的某型号推船严重磨损的尾轴承和尾轴。

 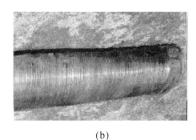

(a) (b)

图 1-8 某型号推船严重磨损的尾轴承和尾轴

(a) 尾轴承；(b) 尾轴

　　诸多因素导致水润滑橡胶尾轴承在运转过程中摩擦磨损比较严重，橡胶尾轴承表面不可避免地产生摩擦生热现象，从而导致磨损表面的温度升高。虽然有水介质的冷却作用，但是由于橡胶的散热能力较差，尾轴承磨损表面的温度仍然高于环境温度。有研究表明，当橡胶水润滑轴承处于正常运行状态时，橡胶磨损表面的温度比环境温度高 $5 \sim 10℃$；当其处于不良运行时，比如过载、低速和在泥沙水质中运行，橡胶轴承与轴之间处于接触磨损，产生大量摩擦热，此时橡胶轴承表面的温度急剧增加。另外，由于船舶连续运行时间过长（远航船舶往往行驶几个月），这些因素使得水润滑橡胶尾轴承处于一种长时间的高温加速老化状态。橡胶材料对温度极为敏感，温度升高显著地影响其机械性能和摩擦学性能。因此，水润滑橡胶轴承在恶劣磨损环境下的高温加速老化现象是降低其可靠性和使用寿命的一个不可忽视的因素。

　　同时，船舶工作环境十分复杂，包括水环境温差、天气变化等。众多因素极大地增加了水润滑橡胶尾轴承运行的不确定性，严重影响其安全可靠和使用寿命，进而影响船舶的航行安全、运营性能和成本，甚至导致船舶不能顺利完成行驶任务。风浪作用可以致使大型／超大型船舶推进轴系变形，致使轴系失中，有的船舶在试航几小时后就发现前后尾轴承因过度磨损而失效。

　　由此可见，船舶水润滑尾轴承的摩擦磨损问题是制约绿色船舶发展的关键问题之一。然而，航行水域十分复杂，难以预测；水润滑橡胶尾轴承几何结构特殊；水润滑轴承耐磨试验和验证周期长；船舶领域定期进行小修或大修等原因，使得船舶水润滑轴承摩擦学系统具有系统依赖性、不可移植性以及过程的时变特征，其摩擦学行为研究具有不同于一般学科研究的复杂性和艰巨性。水润滑橡胶轴承内衬材料的磨损机理研究仍不完善，仍是一个需要深入研究的课题。只有彻底弄清水润滑橡胶轴承的摩擦磨损机理，才能为合理优化和设计橡胶轴承摩擦学系统提供理论基础,进而改善其润滑性能、耐磨损能力和承载能力,最终减少或避免水润滑橡胶轴承的摩擦、磨损、振动、噪声、无功能耗等关键问题,从而提高其可靠使用寿命、保证船舶推进系统的安全可靠运行、提升航行性能和隐蔽性能。

1.5　水润滑橡胶尾轴承摩擦学行为研究现状

外国学者对水润滑尾轴承的研究起步较早。自从 1886 年英国力学家雷诺(Reynolds)推导出著名的流体动力润滑方程,并提出流体动压润滑理论以来,人们便开始对水润滑轴承进行研究和应用。具有代表性的研究如下:

Daugherty 通过试验研究了七种平面型板条式完全轴承(包角为 360°)的静摩擦和动摩擦特性。七种板条设计包括两种橡胶成分、两种橡胶硬度(邵氏 A 级硬度 75.5、85.5)、两种支撑材料(黄铜、塑料),以及不同厚度和形状的橡胶衬层。试验比较了它们在不同静加载时间下的静摩擦系数,给出了七种板条设计的动摩擦系数的速度特性,在比较诸多因素中,橡胶衬层的厚度和形状对动摩擦系数影响最大,同时认为静态摩擦性能与动态摩擦性能之间没有相互关联。Lahmar 等建立了考虑橡胶层厚度和弹性模量的数学模型,认为橡胶层弹性形变造成的轴承和轴颈径向间隙的变化与橡胶层的厚度成正比,与弹性模量成反比。

Roy 详细报道了关于水润滑橡胶轴承的历史和新进展,其摩擦性能试验是以单个板条为研究对象,包括静摩擦系数和动摩擦系数的测量,试验中为了减小水对轴颈的摩擦阻力,仅将部分轴颈(相当于直径的 1/10)浸泡在水中,位于轴颈上方的板条试件没有浸入水里。磨损性能试验包括测量试验前后试件的质量损失、表观硬度的变化,以及表面形貌,试验时轴颈和板条试件都浸泡在水里。该报道阐述了以下观点:橡胶层厚度对摩擦、磨损具有显著的影响,薄型板条设计以非金属材料(如塑料)作为支撑材料,橡胶层采用软质材料,且其厚度比标准所规定的薄,能够到达比标准板条设计更为优良的摩擦、磨损性能。在橡胶轴承板条,特别是薄型板条与轴颈之间易形成流体润滑膜,黏弹性的橡胶在流体压力作用下产生塑性形变,表面凹陷形成水囊,水囊又反过来促进流体压力的形成。因此,橡胶轴承不同于金属和硬质非金属材料轴承,其润滑属于弹塑性流体动力润滑。由于流体润滑膜的存在,轴承和轴颈间隙增大的主要原因不是磨损,而是橡胶的弹塑性形变,最初橡胶发生弹性形变,经过一段时间后,由于橡胶的黏弹性而逐渐产生塑性形变。因此,应以质量的损失而不是以几何尺寸的减小来度量磨损的严重程度。该试验还比较了平面型和凹面型板条的摩擦性能,在试验速度范围内,平面型板条的动摩擦系数显著地小于凹面型的。作者认为,凹面型板条的方形边缘角刮掉了旋转轴卷带的润滑剂,提出平面型应采用方形的边缘角,而凹面型应采用圆形的边缘角。

Bhushan 系统地研究了在腈类橡胶中添加不同润滑剂,以获得更好的摩擦、磨损性能的橡胶材料。橡胶基体选择丁二烯酸腈聚合物,试验了两种类型的润滑剂,一种是在化合过程中将不相容的润滑油添加到弹性体内,在使用过程中,这些润滑油将上升到表面,保证润滑膜能持续存在;另一种是在化合过程中添加固体润滑剂颗粒,当弹性体磨损时,润滑剂颗粒将暴露在摩擦面上。B. Bhushan 同时进行了海水浸泡试验,结果表明:添加润滑剂后的弹性体在质量、体积、硬度、拉伸强度、伸长比等方面都与未添加的弹性体相差不大。以海水作为润滑剂,对样本进行了摩擦、磨损性能试验,发现添加润滑剂后弹性体的动摩擦系数($0.015 \sim 0.06$)小于未添加润滑剂的弹性体的动摩擦系数($0.07 \sim 0.09$)。

在 20 世纪七八十年代,Hooke 发表了一系列分析软弹流润滑的文章。他的研究基于假设:在大部分润滑区域,流体压力近似于静态接触压力。但遗憾的是,在 Hooke 之后关于软弹流润滑分析的文献很少,软弹流润滑的研究处于停滞状态,水润滑橡胶轴承的流体润滑计算不仅仅是软弹流润滑问题,更是金属、橡胶摩擦副的弹流润滑问题,后者强调橡胶是超弹性体材料,其弹性形变计算是材料非线性和几何非线性的双重非线性问题。关于金属、橡胶摩擦副的弹流润滑分析具有 Hooke 提出的软弹流润滑的特点。在大部分摩擦界面上,流体压力分布近似于静态接触应力分布,由于轴承运转时将产生偏心、偏心率、偏位角,因此很难将这一假设应用于完全橡胶轴承的弹流润滑分析中。同时,目前还没有分析一般金属、橡胶摩擦副的弹流润滑方法。因此,水润滑橡胶轴承的流体润滑分析尚需探索,建立合理的数学模型和有效的计算方法。关于水润滑橡胶轴承的润滑和承载机理,虽没有充分深入地研究,但存在不同的观点。有学者认为,在稳定工况下轴承多处于混合润滑或边界润滑状态。有的学者认为,轴承内能够建立流体膜,绝大部分载荷由流体压力承担。

国外学者研究的多是板条型轴承,多以单个橡胶板条,而不是完全轴承为试验对象,虽然对单个板条的研究可以获得完全轴承中承担了最大载荷比重板条的性能情况,但并不能由此得到完全轴承的性能,轴承的性能是由承担载荷的所有板条的综合性能决定的。

我国从 20 世纪 50 年代中期就开始在船用设备上采用水润滑轴承,20 世纪 60 年代初期开始进行这方面的理论探索和试验研究。武汉理工大学、重庆大学和青岛理工大学等高校多年来一直致力于船舶尾轴承以及尾管系统的理论、材料、结构和性能优化研究。

武汉理工大学在水润滑尾轴承试验台架 SSB-100、SSB-100V 上开展了 Mcs-2-1 木质层、3133 布质石墨层压板、赛龙、SF-1、华龙、飞龙、ACM 等水润滑尾轴承材料的摩擦、磨损性能研究。其特点在于针对舰船尾轴承的特点,考虑了尾轴的倾斜及尾轴承的变形对水润滑尾轴承摩擦副间接触、摩擦及润滑状态的影响。

重庆大学在试验台架 MPV-20 上针对 BTG、丁腈橡胶、UHMWPE 复合材料、聚四氟乙烯等展开了全面的摩擦性能试验研究;还研究了长径比、材料弹性模量、轴向安装位置、橡胶层硬度、厚度等因素对水润滑轴承摩擦性能的影响。

青岛理工大学在 MRH-3 型数显式高速环块摩擦、磨损试验机上对橡胶与镀镍钢环、赛龙、陶瓷分别在干摩擦、边界润滑及海水润滑条件下进行了摩擦性能试验。

目前,关于水润滑轴承摩擦性能的研究有很多,各单位各具特色。横向比较:试验设备、试验条件不同,各单位得到的结果不具有可比性。纵向比较:各单位本身的研究没有形成完整的体系,与工业应用还有相当一段距离。

1.5.1 润滑机理

按润滑介质来分,船舶轴系尾轴承和尾轴密封两种设备有油润滑与水润滑之分,其他轴承(中间轴承、推力轴承等)和减速器等设备均用油润滑。

润滑介质(如油和水)能减少两个相对运动的摩擦副之间的摩擦、磨损或其他形式的表面破坏。它们的主要作用是将静摩擦或动摩擦减小到最小,防止其磨损。除此之外,润滑介质还能带走摩擦副内产生的热量或从外界传入的热量,减轻金属腐蚀、冲刷污物和磨屑,降低噪声,同时还具有密封等作用。

根据船舶轴系以及橡胶轴承工作表面的不同和工作条件的限制,润滑一般可分为三种类型:流体动压润滑(或称全液膜润滑)、混合润滑(或称半液膜润滑)、边界润滑(或称薄膜润滑)。

根据雷诺方程,润滑膜的承载能力与黏度的平方成正比,与膜厚的平方成反比。因此,在其他条件都相同的情况下,获得相等的承载能力,水膜厚度为油膜厚度的1/8。这表明水润滑轴承的承载能力比较低,而且很有可能在非液体摩擦状态下工作。特别在高负荷、启动与停机引起的速度急剧改变和轴承表面温度较高等情况下,其工作状态多属于边界润滑的范畴,尤其是开有纵向槽的轴承,不容易形成连续而稳定的流体润滑膜,因此在很大速度范围内,其润滑状态为混合润滑状态,其中边界润滑占主导地位。水润滑轴承在达到一定的转速后也能形成流体动压润滑。对于橡胶等高弹性体,能形成弹塑性流体动压润滑。

1.5.2　材料改性

水润滑尾轴承材料的使用主要经历了三个阶段:第一阶段是以铁犁木为代表的木质材料阶段。铁犁木性能优异,但数量日渐稀少,随后出现的桦木层压板和布质层压板都是其替代品。第二阶段是天然橡胶和丁腈、氯丁等单体橡胶材料的应用阶段。但是因其有一些无法克服的缺点,从而推动了飞龙、尼龙等热塑性材料的研发和使用。第三阶段是 SPA、赛龙(Thordon)、BTG 等以橡胶为基体的复合材料的使用阶段。

表 1-1 对几种典型的水润滑尾轴承材料的性能进行了对比。其中铁犁木应用的时间最长、最普遍,但多产于南非,资源日渐枯竭,且不宜用于有泥沙的环境中。布质、桦木等层压板,虽然有些性能较为突出,但综合性能未能超越铁犁木,且对轴磨损较大。水润滑天然橡胶轴承出现在 20 世纪 20 年代,在第二次世界大战期间人们发现天然橡胶在高速冲击力作用下会发生不可逆的硫化还原,因此也被很快淘汰。以橡胶为基体的高分子材料在一定程度上继承了橡胶良好的吸振性能和高弹性,并且其抗疲劳磨损、抗摩擦磨损和抗磨粒磨损性能优势,加上其加工工艺比较简单,非常适合在船舶尾轴上推广应用。丁腈、氯丁等单体橡胶轴承虽具有较好的减振性和对异物的埋没性,但在转速较低、频繁启-停工况下,润滑状况恶化,容易引发振鸣音,发生烧瓦和抱轴等故障。因此,对橡胶材料的改性一直是研究热点之一。SPA、赛龙及

BTG 等工程塑料是材料合成技术高度发展的产物,各具特色。

表 1-1 几种典型的水润滑尾轴承材料性能对比表

材料	价格	加工	导热性	对泥沙敏感性	安装要求	承载能力	减振降噪能力
铁犁木	高	难	一般	敏感	准确	低	差
层压板	中	较难	差	敏感	准确	中	差
橡胶	低	易	差	不敏感	不严格	较高	一般
赛龙	高	易	差	不敏感	不严格	高	一般
SPA	低	易	差	不敏感	较准确	高	一般
BTG	低	易	一般	不敏感	不严格	中	一般

水润滑橡胶尾轴承改性的方法主要有以下几种:

(1)添加碳纤维、纳米 ZnO_w 晶须等提高橡胶的承载能力和机械物理性能。彭晋民、肖科等通过正交试验优化 BTG 的补强剂、软化剂、硫化剂的配方,在最佳配方的基础上加入 ZnO_w 晶须改性。改性后 BTG 轴承材料的力学性能和摩擦学性能大为改善。王海宝利用丙烯酸酯(ACR)对丁腈橡胶(NBR)进行改性,以增强其力学性能。宋国君、郑颂先研究了碳纤维对丁腈橡胶力学性能的影响。

(2)添加石墨、二硫化钼等提高橡胶的自润滑性能。Bhushan 系统地研究了在腈类橡胶中添加液体或固体润滑剂,以获得更好的抗摩擦、磨损性能的橡胶材料。

(3)通过表面氢化或高能量离子处理来提高橡胶材料表面的亲水性,使其边界润滑效果更好,更易形成流体动压润滑。

(4)共混改性。通过将两种或两种以上的物质混炼,以提高材料的综合性能。SPA 和赛龙皆是共混改性的成功范例。

SPA 是美国 Duramax Marine 公司研制的一种轴承合金,通过 UHMWPE、硫化橡胶、石墨三种粉末混合模压而成。主要优点是承载能力高,可以大大减少长径比;硬度较高,可进行机械加工,成本更低;抗磨损,且对轴的磨损也小,系统磨损低,主要应用在大型水面舰船上。赛龙(Thordon)是加拿大 Thomson-Gordon 公司研发生产的系列水润滑轴承材料,它是合成树脂(聚氨酯)和合成橡胶的混合物,是由三次元交叉结晶热凝性树脂制造而成的聚合物,在国外有合成橡胶之称。主要优点是自恢复弹性好,能承受高压和冲击荷载;自润滑性能好,振动小;加工性优秀,不会发生材料剥落现象。

橡胶的摩擦系数不仅影响着磨损过程,而且还决定着摩擦元件的温度状况。为了降低橡胶的摩擦系数和提高其耐磨损及耐热性能,可供采用的有效方法是表面处理。Guseva 等利用高能离子对水润滑橡胶轴承摩擦表面进行改性。在试验室利用磨损机 M1-1 进行了改性后,该材料的摩擦学性能研究结果显示,其耐磨性大幅度提高。改性过的船舶尾轴承的工作能力在核动力破冰船 Arktika、Rossia 上得到了实践证明。

武汉理工大学从 20 世纪 80 年代起就开展了舰船水润滑尾轴承材料的试验研究,发现国内的橡胶尾轴承材料与国外的材料相比,机械物理性能相差不大,摩擦系数却相对偏高。重庆奔腾科技发展有限公司用橡胶作为轴承基体材料(BTG),从软化增塑体系、硫化体系和补强填充体系等方面选择适当的配方来提高其摩擦学性能和力学性能。但这些研究对改善水润滑尾轴承的低速特性,降低橡胶轴承出现振鸣音的临界工况效果不是非常显著,橡胶轴承的低速性能在很大程度上取决于橡胶材料的自润滑性能。

王家序等人设计了一种圆环槽水润滑橡胶合金轴承,采用特殊润滑结构设计,由特种橡胶合金内衬套与金属或非金属外壳组成,该圆环槽水润滑橡胶合金轴承更容易产生弹性流体动压润滑,在传动轴与轴承间形成水膜支承,减小摩擦磨损,具有良好的泥沙、杂质排泄能力等优点,比同类轴承的使用寿命要长 3 倍以上。重庆大学的王海宝利用丙烯酸酯(ACR)对丁腈橡胶(NBR)进行改性,结果表明:丙烯酸酯对丁腈橡胶的力学性能具有很好的增强作用,质量分数为 1.5% ~ 2.0% 的丙烯酸酯可使丁腈橡胶的定伸应力、拉伸强度以及扯断伸长率等增加 10% 以上。

随着船舶装备性能要求日益提高,对水润滑尾轴承材料也相应提出更高要求。因此,舰船水润滑尾轴承材料的改性与研制,一直是一个热门的话题。

1.5.3　摩擦振动噪声

摩擦振动是当相互滑动的两个表面处于干摩擦或边界润滑、混合润滑状态时出现的一种特殊摩擦学现象。在舰船上,尾轴承的摩擦振动容易产生低频颤声与高频啸声,尤其是水下航行器,其轴承多为橡胶材料,采用水润滑。噪声是由振动产生的,异常噪声会影响舰船的乘坐舒适性,尤其会破坏水下航行器的隐蔽性,因此许多著名企业、高校和研究机构投入了大量的人力、物力、财力来开展研发。为了提高国防装备的安全性和隐蔽性能,国内外专家学者均对舰船尾轴承的减振降噪技术做了大量的研究,例如中国人民解放军海军工程大学、哈尔滨工程大学等。但是目前还不能在设计阶段对尾轴承振鸣音进行有效、准确的评估,在问题发生后也不能很快得到解决。因此,研究尾轴承振鸣音的产生机理,在尾轴承设计开发阶段进行振鸣音预估并提出抑制措施,对于降低噪声污染、满足船东要求、提高产品竞争力乃至国防军备能力都具有十分重要的意义。

针对舰船尾轴承系统,橡胶与金属轴的摩擦具有不同的机理和特征,这是橡胶所具有的黏弹性本质决定的。由于摩擦振动可以从试验中得到验证,并就产生的原因进行分析,例如,单自由度试验中,自激振动的趋势可以从摩擦 - 速度曲线的负相关性中得到证明。这种负相关性与振动能量有关。当滑动摩擦副中的橡胶材料发生弹性形变时,滑动可能一直持续,这种运动是间歇性的,最终发展成黏 - 滑运动。在黏 - 滑运动中,两种不同的变形随运动状况的改变而不断地发生。第一个阶段是弹性形变阶段,摩擦副材料在接触表面相互黏附,材料表面的粗糙度有助于产生弹性形变。第二个阶段就是塑性形变阶段,在这一过程中滑动比较明显,在粗糙的表面产生塑性形变。黏 - 滑运动是不可预料的,主要是因为摩擦力和速度的变化,这种变化与接触面的周期性变化、滑动面的排列、面 - 面接触的迁徙以及润滑条件等因素有关。在多自由度系统中,耦合模式的相位差能够提供引起振动所需的能量。除了存在摩擦力和其他自由度之间的耦合外,振动特性还与系统相关。

影响摩擦振动的因素有很多,最主要的是比压、温度、线速度及轴承的结构。目前,水润滑橡胶尾轴承正常运行时的比压不超过 0.6MPa,在系统的实际设计中,比压是一个非常重要的设计参数,直接影响轴承的正常使用。比压大小与轴承的受力和整个轴系的静力学特性密切相关。而根据舰船的实际工作环境,海水温度一般不超过 40℃,线速度一般不超过 8m/s,所以,橡胶尾轴承的摩擦振动主要取决于这三个关键因素。同时,由于尾轴承的结构及轴承表面纹理的不同,对尾轴承的摩擦振动现象有一定的影响,在特定情况下可以起到减振降噪的作用。目前,关于振鸣音的产生机理的研究主要集中在汽车制动器方面,提出了摩擦特性理论、自锁 - 滑动(Sprag-slip)理论、模态耦合机理和统一理论。而舰船尾轴承振鸣音产生机理的研究主要集中在现在使用甚广的橡胶轴承方面。摩擦系数随相对滑动速度变化,引起黏 - 滑(Stick-slip)行为,被认为是橡胶轴承产生振鸣音的根本原因。近年来,一些研究人员基于不同的摩擦特性,分析了多自由度系统的不稳定性,以解释橡胶尾轴承振鸣音的产生机理。

Bhushan 认为尾轴承的振鸣音就是"Audible vibration or bearing squeal",频率一般分为两种,高频率的为 squeal,低频率的为 chatter。国内的学者则对轴承产生的振鸣音叫法不统一。王家序团队称之为摩擦噪声,武汉理工大学刘正林团队则称之为鸣音。张殿昌等学者称高频的噪声为尖叫声。姚世卫等将橡胶尾轴承产生的振鸣音称为轴承啸声、轴承鸣音或振动噪声,并根据产生机理的不同,将其分为摩擦振动产生的尖叫声及黏着／滑动噪声。

1980 年,Bhushan 采用透明玻璃滑块与橡胶试块配副摩擦的试验方法,考察载荷,速度,橡胶板条的硬度、厚度,玻璃滑块的表面粗糙度以及相对运动表面间的润滑剂含量等因素对振鸣音产生的影响。他认为尖叫是橡胶与轴表面接触时橡胶表面的黏-滑运动导致的一种振动噪声现象。其研究明确表明,这种不连续的黏-滑运动是橡胶等弹性体的本质属性。颤振是一种和橡胶板条及背衬材料有关的较低频率的振动。颤振的频率与支持系统的共振频率相关。张嗣伟等对丁腈橡胶在摩擦磨损过程中出现的振动进行了测量,发现其振幅随着转速的提高而逐渐增大,但达到某一临界转速后,振幅随转速增大而减小。理论分析结果表明,该振动现象的实质是橡胶对销子作用力的周期性变化引起销子的受迫振动。该现象与摩擦力密切相关,同时还造成橡胶磨损不均匀。

Krauter 等对水润滑橡胶轴承的振动特性进行了模拟研究。其首先设计构造了模拟船用轴承运行状况的试验装置,然后建立了描述该装置振动规律的分析模型,通过分析模型定量地衡量各个物理参数对振动的影响。其试验结果表明,在导致振鸣声和咔嗒声的多种因素中,摩擦系数随速度的变化率起着决定性的作用。

Simpson 等建立了一个非线性的二自由度的舰船尾轴动力学模型。模型的非线性主要源于摩擦系数-速度曲线的非线性,Simpson 在 Krauter 测量结果的基础上对该非线性模型进行了仿真。他认为速度随时间的变化导致了摩擦系数随时间的变化,摩擦系数随时间的变化又导致了振鸣音和其他非线性现象的产生。

武汉理工大学在船舶橡胶尾轴承的摩擦噪声领域有深入研究。田宇忠等在水润滑橡胶尾轴承鸣音台架模拟试验的基础上,结合橡胶尾轴承的摩擦特性,对试验结果进行了初步分析与总结,揭示了各因素对水润滑橡胶尾轴承鸣音临界工况的影响规律。结果表明,水润滑橡胶尾轴承鸣音出现与否,主要取决于工作过程中轴承与轴颈的直接接触面积以及摩擦系数‐速度曲线负斜率。

金勇等针对船舶尾轴承的减振降噪提出了一种基于 Pulse 的振动测试方案。通过该振动分析平台对尾轴试验台架的振动情况进行了数据采集和分析,利用 FFT 频谱分析法得出尾轴承在采用橡胶轴承材料时,其低速状态下由自身特性导致的水平和垂直方向上的振动主要集中在 2kHz 以下。同时,金勇等也分析了橡胶层硬度对尾轴系振动的影响,认为在低速、重载工况下,水润滑橡胶轴承的橡胶层硬度宜在邵氏 A80 左右,对于中高速则可稍微提高一些。彭恩高等通过振动测试,研究了尾轴承工作摩擦导致的振动出现的特性,并分析了载荷、速度、温度对噪声的影响,认为速度和温度对振鸣音的影响较大,而载荷对振鸣音的影响较小。

姚世卫等对橡胶轴承在运行过程中产生的振动噪声现象,先从机理方面进行了初步分析,然后根据环境条件设计了相关试验台架,针对影响轴承振动噪声的各种因素开展了系统深入的试验研究。结果显示,橡胶轴承出现噪声与轴承载荷和转速有密切关系,在低转速、重载荷的工况下易出现噪声。轴承冷却水在一定流量的基础下对轴承噪声无太大影响,当流量小于此值时会使轴承润滑性能急剧下降。轴承冷却水温度对轴承振动噪声影响较大,随着冷却水温度升高,轴承振动噪声临界点转速加快,使噪声出现范围扩大。同时,轴承局部受力对轴承噪声的影响较大,也会使噪声出现范围扩大。

1.5.4 磨损寿命

现阶段船舶橡胶尾轴承寿命的预测方法主要是通过耐磨试验得到单位时间的磨损率,再与尾轴承的最大允许配合间隙建立模型,然后估算其使用寿命。然而,由于船舶水润滑橡胶尾轴承的工况极其苛刻,具有不可预测性、多变性,如工作状况不稳定,服役时间长等,且各种影响因素导致船舶水润滑橡胶尾轴承的失效机理不尽相同。除去船舶尾轴承因偶然事件(撞击、异物卡死等)而损坏失效,其正常磨损失效一般包括三类:第一类是船舶尾轴承由于表面过度磨损而失效,即因为尾轴承的磨损使得尾轴承与尾轴之间的配合间隙超过了最大允许配合间隙而导致失效。第二类是橡胶轴承的表层材料因疲劳老化剥落而失效。由于船舶螺旋桨轴做周期回转运动,橡胶尾轴承磨损表面的粗糙峰承受其循环载荷,随着载荷循环次数的增加,粗糙峰逐渐产生过度疲劳以及老化现象,降低了材料性能,逐渐形成细微的裂纹并扩展,致使轴承的润滑性能和承载能力降低,最终失去服役能力。第三类则是第一类和第二类的综合作用导致船舶水润滑尾轴承失效,这种情况更能反应水润滑橡胶尾轴承在苛刻环境下的失效特点。船体因为受到风浪的作用,使得船舶轴系变形,导致船舶尾轴承和螺旋桨轴之间的接触应力增大;由于航行水域水质的不同,导致尾轴承的润滑条件也不一样;不同结构尾轴承的润滑机理也不尽相同;尾轴承的材料不同,导致尾轴承的耐磨性能和耐温性能也不一样,众多的因素导致了诸多参数相互耦合,影响船舶尾轴承的使用寿命。因此,无论依据哪种失效机理,研究船舶水润滑橡胶尾轴承的使用寿命都是一个复杂的过程。

至今,众多摩擦学工作者对橡胶材料的磨损已作了大量而深入的研究,为高分子材料零部件的减摩抗磨以及磨损控制技术积累了宝贵的资料和经验。在实际服役过程中,橡胶材料的磨损破坏往往是多种原因导致及多种磨损机制共同作用的结果。

Atkinson 综合了前人的研究成果,分析认为橡胶的滑动磨损主要的磨损机理有:塑性变形磨料磨损、黏附磨损和疲劳磨损。Cooper 等人进行了超高分子量聚乙烯与较光滑的金属之间的对磨试验,提出两种磨损机理:微观磨损过程(microscopic wear process)和宏观突起磨损过程(macroscopic polymer asperity wear process)。前者是指与很小的材料突起和光滑的金属表面($S_a <$ $0.2~\mu m$)之间的磨损;后者是指与粗糙度较大的金属表面之间的磨损。Dowson 则指出,当滑动速度较大时,橡胶材料的磨损主要决定于软化过程(由较高的界面摩擦热所致),并总结出"摩擦热的控制"理论。他推断,当橡胶材料与金属摩擦时,金属表面粗糙度的增加会使得橡胶材料的磨损率增加。Barret 等人通过大量的试验,总结了聚合物和刚性表面配对副之间的磨损规律:摩擦副之间的摩擦系数和接触面的温度随刚性表面粗糙度的增加而增加,磨损则是由快速的磨料磨损与台阶式磨损共同作用而产生的;在磨损过程中,主要出现三种形状的磨屑:较大的块状(larger lumped debris),绸带状(ribbon-shaped debris)以及粉末状(powdery)。Marcus 等人研究了橡胶的分子量、添加剂、润滑剂和金属表面粗糙度对水润滑橡胶尾轴承滑动磨损的影响,结果表明轴承的磨损与橡胶基体结晶度、晶粒大小有关。橡胶的磨损随着

金属表面粗糙度的降低而降低。

针对高分子材料的磨损模型，Wang 等人采用磨损试验进行研究，提出了微观磨损模型（microscopic wear model），其认为橡胶的磨损是由两磨损面上的微凸体之间的相互作用而导致的，并总结出其磨损模型：

$$V \propto \frac{P^{1.5} S_a^{1.5}}{S_u^{1.5} E_u} \qquad (1-2)$$

式中：P——平均载荷；

　　　S_a——刚体表面粗糙度；

　　　S_u——橡胶的断裂强度；

　　　E_u——橡胶的断裂伸长率。

式（1-2）说明橡胶的磨损量与其断裂强度和断裂伸长率有关。

经典的 Archard 公式表明：$W = K \times F/H = K \times A/A_0$，说明了高分子材料的磨损率与摩擦副的实际接触面积 A 成正比。此式中，F 表示平均压力，H 表示高分子材料的硬度，A_0 表示名义接触面积。磨损系数 K 则与摩擦副之间的磨损机理有关。实际磨损过程中，高分子材料的磨损机理和磨损系数 K 在很大的范围内发生变化。

Fukahori 等人对橡胶的磨料磨损机理进行了探究。他们认为橡胶在磨料磨损过程中，其摩擦与磨损是呈周期性的。橡胶的磨损不仅与其表面的接触应力有关，还取决于摩擦系数 L、杨氏模量 E 和载荷 P，即 $V^* = LP/ES$（S 为材料的名义接触面积）。当平均接触应力不断变化时，橡胶的抗磨料磨损性能主要依赖于材料的抗撕裂能力。

Lancaste 研究认为，橡胶材料的耐磨性能与其机械性能密切相关，且与橡胶材料的断裂强度和伸长量的乘积成正比关系。根据此推论很容易得到，不同的橡胶种类在同一温度下或同种类橡胶在不同温度下，橡胶的磨损率应该是不同的，因为不同种类橡胶或者不同温度下，橡胶材料的机械性能可能不一样。

陈卓君针对机械零部件因摩擦磨损而失效的问题，系统分析了不同摩擦材料之间的磨损机理，并且整理了基于不同磨损机理的磨损计算关系式。屈晓斌等论述了橡胶材料磨损失效模式，分析了主要失效因素，并尝试探讨了其磨损失效机理。张铁岭通过试验研究了推力轴承的摩擦磨损机理，结合试验数据推导计算了推力轴承磨损可靠寿命的数学公式。刘洪志等整理出了国内外目前主要的磨损计算数学模型,并结合实际算例对不同磨损可靠性的计算模型进行了分析。

1.5.5 面临的挑战

舰船尾轴承虽具有一般水润滑轴承的共性,但也有不同于高速水力机械(如水泵与水轮机等水润滑轴承)的工况特点。螺旋桨的悬臂作用以及轴系安装对中不良,尾轴承的实际承载面积远小于名义承载面积,产生严重的边缘效应,局部比压过高,摩擦力变化较大,润滑状态恶化。尤其是当尾轴承在低速、重载、主机频繁启停、正反转交替的特殊工况下,轴承很难在短时间内建立润滑水膜,轴承润滑性能变差,摩擦、磨损严重,振鸣音较大。摩擦、磨损、噪声、低的承载能力已经成为困扰尾轴承研制技术的主要问题。目前的研究存在以下不足:

(1)在摩擦性能的研究方面,以试验研究为主,限于试验设备、试验方案的不同,得到的试验结果没有可比性,且研究未形成完整体系,限制了成果在实践中的推广和应用。

(2)在材料的研究方面,主要集中在对丁腈橡胶、聚四氟乙烯等基体材料添加碳纤维、氧化锌晶须等进行改性方面。这些添加剂控制在一定的范围内,可以适当改善橡胶的抗磨粒磨损性能,但添加太多,就会破坏橡胶材料本身的弹性、抗扯断强度等,材料性能提高的空间非常有限。因此,开发具有优良的自润滑性能,良好的弹性性能和耐磨性能的高分子材料非常有必要。

(3)船舶运行工况恶劣和行驶环境具有不可预测性,橡胶轴承的磨损往往是多种摩擦磨损机理共同作用的结果。然而,大多数专家学者往往根据一种摩擦磨损机理建立橡胶磨损预测模型,显然其预测结果与实际情况存在一定的差距。

参 考 文 献

[1] 唐育民,杨和庭.船舶水润滑尾管橡胶轴承的设计[J].武汉造船,2000(2):19-22.

[2] 董从林,白秀琴,严新平,等.海洋环境下的材料摩擦学研究进展与展望[J].摩擦学学报,2013,33(3):311-320.

[3] 严新平,袁成清,白秀琴,等.绿色船舶的摩擦学研究现状与进展[J].摩擦学学报,

2012,32(4):410-420.

[4] 粟木弘嗣.水下滑动轴承的材料和设计技术[J].机械设计,1988,32(11):47-52.

[5] HIRANI H,VERMA M. Tribological study of elastomeric bearings for marine propeller shaft system[J]. Tribology International,2009,42(2):378-390.

[6] 董从林.水润滑尾轴承的可靠性寿命评估[D].武汉:武汉理工大学,2010.

[7] The Swedish Club. The Swedish Club highlights:main engine damage-an update of the 1998 study[R]. Goteborg:The Swedish Club,2005.

[8] 赵源,高万振,李健.磨损研究及其方向[J].材料保护,2004,37(7):18-34.

[9] 谢友柏.摩擦学的三个公理[J].摩擦学学报,2001,21(3):161-166.

[10] ORNDORFF R L. Water-lubricated rubber bearings,history and new developments [J]. Naval Engineers Journal,1985,97(7):39-52.

[11] BHUSHAN B,GRAHAM R W. Development of low-friction elastomers for bearings and seals[J]. ASLE Lubrication Engineering,1992,38(10):626-634.

[12] HOOKE C J. The elastohydrodynamic lubrication of a cylinder on an elastomeric layer[J]. Wear,1986,111(1):83-99.

[13] TURAGA R,SEKHAR A S,MAJUMDAR B C. On the choice of element for solving lubrication problems [J]. ASME Journal of Tribology, 1998, 120: 636-639.

[14] PARK T J,KIM K W. Elastohydrodynamic lubrication of a finite line contact [J]. Wear,1998,223(1-2):102-109.

[15] 戴明城,刘正林,樊发孝.SF-1材料水润滑尾轴承摩擦性能研究[J].武汉理工大学学报,2011,33(3):58-61.

[16] 金勇.计入螺旋桨流体激振力的船舶尾轴承润滑特性计算[D].武汉:武汉理工大学,2002.

[17] 朱汉华,刘焰明,刘正林,等.船舶尾轴承变形对其承载能力影响的理论及试验研究[J].润滑与密封,2007,32(6):12-14.

[18] 刘正林,周建辉,刘宇,等.计入尾轴倾角的船舶尾轴承液膜压力分布计算[J].武汉理工大学学报,2009,31(9):111-113.

[19] WU Z X,LIU Z L. Analysis of properties of thrust bearing in ship propulsion system[J]. Journal of Marine Science and Application,2010,9(2):220-222.

[20] 王家序,陈战,秦大同.聚四氟乙烯复合材料的摩擦磨损性能研究[J].农业机械学报,2002,33(4):99-101.

[21] 彭晋民,王家序,余江波,等.水润滑塑料合金轴承摩擦性能试验[J].重庆大学学

报:自然科学版,2001,24(6):9-11.

[22] 陈战,王家序,秦大同.超高分子量聚乙烯复合材料的摩擦磨损性能[J].重庆大学学报:自然科学版,2001,24(5):135-138.

[23] 王家序,陈战,秦大同.水润滑橡胶轴承的磨粒磨损特性及机理研究[J].润滑与密封,2002(3):30-31.

[24] 王优强,林秀娟,李志文.水润滑橡胶/镀镍钢配副摩擦磨损机理研究[J].机械工程材料,2006,30(1):63-65.

[25] 姚世卫,胡宗成,马斌,等.橡胶轴承研究进展及在舰艇上的应用分析[J].舰船科学技术,2005,27(s1):28-30.

[26] 姚世卫,杨俊,张雪冰,等.水润滑橡胶轴承振动噪声机理分析与试验研究[J].振动与冲击,2011,30(2):215-216.

[27] Department Of Defense, USA. MIL-DTL-17901C(SH), Bearing Components, bonded synthetic rubber, water lubricated[S]. 2005.

[28] HU H, SUN C T. The equivalence of moisture and temperature in physical aging of polymeric composites[J]. Journal of Composite Materials, 2003, 37(10):913-916.

[29] LACOUNT B J, CASTRO J M, IGNATZH F. Development of a service-simulating, accelerated aging test method for exterior tire rubber compounds Ⅱ. Design and development of an accelerated outdoor aging simulator[J]. Polymer Degradation and Stability, 2002, 75(2):213-227.

[30] 肖琰.天然橡胶硫化胶的热氧老化研究[D].西安:西北工业大学,2006.

[31] 金冰,胡小锋,魏伯荣,等.天然橡胶的热氧老化研究[J].特种橡胶制品,2003,24(2):41-44.

[32] GARBARCZYK M, KUHN W, KLINOWSKI J, et al. Characterization of aged nitrile rubber elastomers by NMR spectroscopy and microimaging[J]. Polymer, 2002, 43(11):3169-3172.

[33] 刘洪涛,张华,向明,等.ENR、MG塑炼胶的热氧老化性能研究[J].合成材料老化与应用,2007,36(1):5-7.

[34] 张北龙,刘惠伦.环氧化天然橡胶/PVC共混物的热氧降解[J].橡胶工业,2001,48(6):330-333.

[35] KADER M A, BHOWMICK A K. Thermal ageing, degradation and swelling of acrylate rubber, fluororubber and their blends containing polyfunctional acrylates[J]. Polymer Degradation and Stability, 2003, 79(2):283-295.

[36] PATEL M, SKINNER A R. Thermal ageing studies on room-temperature vulcanized polysiloxane rubbers[J]. Polymer Degradation and Stability, 2001, 73 (3):399-402.

[37] 齐藤孝臣. 各种橡胶的老化机理[J]. 橡胶参考资料, 1996, 26(6):9-20.

[38] RYMUZA Z. Tribology of polymers[J]. Archives of Civil and Mechanical Engineering, 2007, 7(4):177-184.

[39] DOWSON D, CHALLEN J M, HOLMES K. The influence of counterface roughness on wear rate of polyethylene[C]. Proc. 3rd Leeds-Lyon Sympon Tribology, London:[s. n.], 1998.

[40] MARCUS K. Tribology based research at UCT: some recent case studies[J]. Tribology International, 2005, 38(9):843-847.

[41] WANG A. A unified theory of wear for ultra-high molecular weight polyethylene in multi-directional sliding[J]. Wear, 2001, 248(1-2):38-47.

[42] 温诗铸, 黄平. 摩擦学原理[M]. 3 版. 北京:清华大学出版社, 2008.

[43] FUKAHORI Y, YAMAZAKI H. Mechanism of rubber abrasion. Part Ⅰ: Abrasion pattern formation in natural rubber vulcanizate[J]. Wear, 1994, 171(1-2):195-202.

[44] FUKAHORI Y, YAMAZAKI H. Mechanism of rubber abrasion. Part Ⅱ: General rule in abrasion pattern formation in rubber-like materials[J]. Wear, 1994, 178(1-2):109-116.

[45] FUKAHORI Y, YAMAZAKI H. Mechanism of rubber abrasion. Part Ⅲ: How is friction linked to fracture in rubber abrasion? [J]. Wear, 1995, 188(1-2):19-26.

[46] 陈卓君, 杨文通. 磨损理论的研究和控制磨损的发展趋势[J]. 机械设计与制造, 1999(1):58-59.

[47] 屈晓斌, 陈建敏, 周惠娣, 等. 材料的磨损失效及其预防研究现状与发展趋势[J]. 摩擦学学报, 1999, 19(2):187-192.

[48] 张铁岭, 郑慕侨. 水润滑推力滑动轴承的耐磨损可靠寿命研究[J]. 北京理工大学学报, 1998, 18(2):139-144.

[49] 刘洪志. 磨损与磨损可靠性[J]. 中国制造业信息化, 2009, 38(17):65-70.

[50] 孙洪光. 曲轴可靠性寿命的计算与分析[J]. 铁道机车车辆, 1996(1):46-49.

[51] 董从林, 袁成清, 刘正林, 等. 水润滑尾轴承磨损可靠性寿命评估模型研究[J]. 润滑与密封, 2010, 35(12):40-41.

第2章　水润滑橡胶尾轴承润滑和寿命评估理论

2.1　水润滑橡胶尾轴承的润滑基础

2.1.1　润滑水膜的建立

研究水润滑橡胶尾轴承的可靠性,不仅要分析其水润滑摩擦副的特点,还必须对轴承的流体润滑机理进行深入的研究和分析。与传统的金属轴承相比,不仅其工作介质发生了较大的改变,而且水润滑橡胶尾轴承的结构也发生了变化,这为其流体力学动压方程的建立带来了困难。即使在轻载下,研究其承载机理也不能忽略轴承的弹性形变,因而研究水润滑橡胶尾轴承的润滑机理就必须从弹流润滑的角度来进行分析。

当摩擦副表面被一层具有一定厚度($1.5 \sim 2\mu m$)的黏性流体分开时,主要靠流体内的压力平衡外载荷,此时,摩擦副处于流体润滑状态,两摩擦表面完全被流体隔开,不发生表面间的直接接触;当两摩擦表面发生相对运动时,摩擦现象只发生在流体分子之间,完全取决于流体本身的黏性,如各类润滑油、水等。

流体润滑具有许多优点:摩擦系数小、摩擦阻力小。摩擦系数通常为$0.001 \sim 0.008$或更低,润滑膜避免了摩擦副材料间的直接接触,减少了磨损;同时,润滑膜具有吸振作用,使尾轴运转得更加平稳;此外,流体的流动降低了摩擦热,并对摩擦表面具有一定的冲洗作用,改善了摩擦副的工作条件,延长了其使用寿命。按流体润滑膜压力的产生方式,可以分为流体动压润滑和流体静压润滑两大类。流体动压润滑,是由摩擦面的几何形状和相对运动形成收敛楔,借助黏性流体的动力学作用,产生润滑膜压力平衡外载。流体静压润滑,是由外部向摩擦表面间供给具有一定压力的流体,借助流体的静压力来平衡外载。而水润滑橡胶尾轴承正是借助水膜的收敛楔形成流体动压力来平衡外载的。

19世纪末期,Towers通过试验发现,当轴在有润滑油的轴承内转动时,润滑液膜内可以产生很大的压力。后来雷诺用流体力学完美地解释了Towers的试验。雷诺认为,油进入收敛的狭窄通道时,其流速增加;由于液体具有黏性,液膜内产生的压力可以举起转动的轴,使轴颈和轴承完全分开。由于收敛楔的存在,当两运动表面具有一定的相对速度,液膜又有一定的黏度时,就会形成压力液膜,从而使油膜具有支撑外载的能力;反之,就不会出现流体动压润滑。如图 2-1 所示。

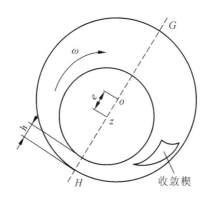

图 2-1　动压水润滑形成原理示意图

当尾轴旋转时,其偏心形成了楔形,流体是水。轴的中心在 z 点,轴承的中心在 o 点。尾轴与橡胶尾轴承中心有一个偏离量,称为偏心距 e。这个偏心距加强了水润滑中的楔形作用。从 G 点(最大膜厚点)到 H 点(最小膜厚点),形成了楔形。通过尾轴的旋转,润滑剂流入楔形中,并且逐渐升高的压力使得轴承里的轴升高。水润滑尾轴承的全雷诺方程可以简化为

$$\frac{\partial}{\partial x}\left(h^3\frac{\partial p}{\partial x}\right)+\frac{\partial}{\partial y}\left(h^3\frac{\partial p}{\partial y}\right)=6v\eta\frac{\partial h}{\partial x} \tag{2-1}$$

式中：η—— 水的黏度；

　　　v—— 尾轴滑动速度；

　　　h—— 水膜厚度；

　　　p—— 压强。

式(2-1)是流体动压润滑的理论基础 —— 雷诺方程,其物理意义就在于建立了压力、流量、水膜厚度和速度的关系。方程的右边包含了流体产生动压的三个基本因素:尾轴滑动速度 v、水的黏度 η 和水膜厚度 h。显然,在流体动

压润滑中,摩擦力是剪切水膜的剪切力,所以摩擦力的大小取决于水膜的性质。水膜越厚(或黏度越低),摩擦系数就越小。可见限定最小黏度的因素是两运动表面之间的最小距离。作用在轴承上的润滑膜黏性越小、速度越慢、载荷越大,则两表面之间的距离就越小。当润滑膜黏度太小,两表面之间的距离小于表面粗糙度时,凸峰就会穿透润滑膜,直接和另一表面上的微凸体相接触,增大了摩擦,加剧了磨损。

由式(2-1)可知,水润滑橡胶轴承动压润滑是相对于普通油润滑在不考虑弹性形变情况下的弹流动力润滑。虽然水的黏度低,只能形成很薄的润滑膜,但是由于橡胶尾轴承弹性形变的作用,使水膜的厚度增加,从而使轴承的承载能力得到提高。水润滑橡胶轴承完全浸泡在水里或在供水充分的条件下工作,其温度对润滑性能的影响较小。在稳态工况和等温条件下,式(2-1)在圆柱坐标系下简化为

$$\frac{1}{k_\theta}\frac{1}{R_j^2}\frac{\partial}{\partial\theta}\left(h^3\frac{\partial p}{\partial\theta}\right)+\frac{1}{k_z}\frac{\partial}{\partial z}\left(h^3\frac{\partial p}{\partial z}\right)=\frac{\mu\omega}{2}\frac{\partial h}{\partial\theta} \tag{2-2}$$

式中:θ、z—— 圆柱坐标系的两个坐标;

$p(\theta,z)$—— 润滑水膜压力;

$h(\theta,z)$—— 润滑水膜厚度;

μ—— 润滑剂的动力黏度;

R_j—— 轴颈半径;

ω—— 轴颈角速度。

边界条件:$z=\pm L/2$ 时,$p=0$,$p|_{\theta=0°}=p|_{\theta=2\pi}$,$\left.\frac{\partial p}{\partial\theta}\right|_{\theta=0°}=\left.\frac{\partial p}{\partial\theta}\right|_{\theta=2\pi}$,$p|_{z=\frac{L}{2}}=p|_{z=-\frac{L}{2}}=0$;其中 L 为轴承的长度。

2.1.2 润滑状态的转化

水润滑橡胶尾轴承的磨损率和摩擦系数取决于滑动速度、负载、接触的材质及环境。通过摩擦副的表面形状及相对运动,流体薄膜层产生压力。当形成稳定的流体薄膜时,橡胶尾轴承的磨损率几乎为零,其摩擦系数仅为0.002。基本的力学过程是:楔形的流体与流体的相对运动产生了动压力;产生的动压力越大,轴承的负载能力就越大。在润滑水膜的形成过程中,一个重要的参数是膜厚,可以通过图 2-2 中的 Stribeck 曲线来说明。

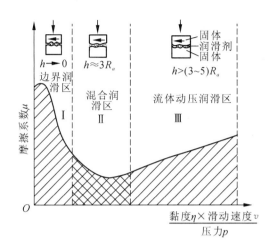

图 2-2　Stribeck 曲线

Stribeck 曲线是代表以润滑剂黏度 η、滑动速度 v 和压力 p 为函数的有润滑运动表面的通用特性与摩擦系数 μ 的关系曲线。该曲线按尾轴速度不同分为以下三个阶段：

第一阶段，边界润滑区。此阶段水润滑膜厚度 h 与两固相表面粗糙度 R_a 之比 λ 要小于某一极限值（0.4 ～ 1），轴颈与尾轴承发生直接接触，摩擦力较大。此阶段中，轴承材料固有的摩擦系数对摩擦力有很大的影响，呈边界状态，流体动压几乎不起作用。

第二阶段，混合润滑区。随着转速的增加，水润滑膜开始建立，此时的润滑水膜厚度 h 与两固相表面粗糙度 R_a 之比 λ 比较小（约在 3 以下），润滑水膜能把轴从轴承表面"举起"，使轴颈与尾轴承很少接触，摩擦力迅速下降。实际上，在动压力的作用和尾轴与轴承最小接触的条件下产生了最小摩擦力，是混合状态。

第三阶段，流体动压润滑区。速度进一步增加，润滑水膜充分建立，此时的润滑水膜厚度 h 与两固相表面粗糙度 R_a 之比 λ 远大于 3，避免了两固相表面直接接触，进入完全润滑水膜状态，此时主要由流体动压润滑薄膜来平衡外载。而后，随着速度增大，轴颈对润滑水膜的剪切作用破坏了水润滑薄膜，使得摩擦系数又逐渐加大。

显然，由 Stribeck 曲线可知，润滑水膜的厚度对尾轴承的负载能力有较大影响。在润滑水膜充分建立的条件下，润滑水膜越厚，尾轴承的负载能力越大。

2.1.3　结构对润滑状态的影响

橡胶尾轴承的几何形状,特别是轴承负载表面有槽或无槽对轴承的负载能力影响较大。一个连续的没有开槽的橡胶尾轴承表面比开槽的尾轴承表面产生的动压力更大。润滑水膜厚度计算结果表明,一个常规的开槽轴承的润滑水膜仅是未开槽轴承的 1/4。如图 2-3 所示,可以看出,下半部分光滑的轴承有一个连续的、较厚的润滑水膜,能够产生较大的动压力,使得橡胶轴承的负载能力较高。这种连续的润滑水膜,允许下半部分光滑的轴承在较低速时获得动压润滑。而下半部分开槽的轴承润滑水膜是不连续的,产生的动压力较小,使得轴承的负载能力较低。这种不连续的润滑水膜在特殊的橡胶尾轴承的结构下,允许其在较高速时形成良好的动压润滑(图 2-4)。这是因为,在一定的滑动速度下,润滑膜的收敛区会建立起流体压力楔,并在弹性体的表面产生稳定的薄膜支承,即压力水膜。此压力水膜层足以将两接触表面分开,而在发散区水膜压力将迅速下降,甚至为负值。即使当滑动速度低到不能有效地产生流体液膜楔,也能保证在相邻微凸体间的空穴中能产生流体动压力,因此仍存在着边界润滑状况。水润滑橡胶尾轴承在不同工况下,存在着上述两种润滑。

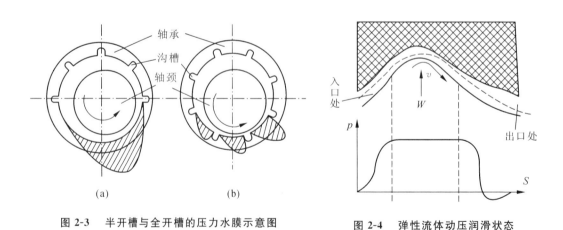

图 2-3　半开槽与全开槽的压力水膜示意图
(a) 半开式槽;(b) 全开式槽

图 2-4　弹性流体动压润滑状态

2.2　水润滑橡胶尾轴承寿命评估理论

疲劳失效是发生在机械工程领域的一类十分普遍的物理现象,它的基本特征表现为材料在低于强度极限的交变应力(或应变)的持续作用下,产生多种类型的内部缺陷,最终导致结构破坏的过程。疲劳破坏过程大致经历两个阶段:疲劳裂纹形成阶段和疲劳裂纹扩展阶段。在工程实践中,又常常把这两个阶段分为四个时期,即疲劳成核期、微观裂纹增长期、宏观裂纹扩展期,以及断裂期。

2.2.1　载荷谱

峰值载荷和所有谷值载荷均相等的载荷称为恒幅载荷。峰值、谷值载荷不等或两者不完全相等是分析疲劳寿命估算、疲劳强度计算和疲劳试验的基础。因此,在进行船舶尾轴承疲劳寿命估算前需要其施加载荷的信息。

在进行疲劳强度计算、疲劳寿命估算和疲劳试验之前,承受载荷的尾轴承必须先确定载荷谱。其定义为构件承受载荷随时间变化的历程,载荷的大小、循环次数和排列顺序,是疲劳载荷谱的三个主要成分。载荷谱是具有统计特性的图形,它能从本质上反映零件所承受载荷的变化情况。

2.2.2　断裂力学分析

Rivlin 和 Thomas 最早将断裂力学应用于橡胶疲劳的研究中,提出以弹性能为基础参数来研究橡胶疲劳。能量法将裂纹增长和疲劳寿命定量联系起来,奠定了将试验测试和实际情况相联系的基础。

橡胶材料的撕裂能 E 的最初数学定义式为

$$E = -\frac{\partial U}{\partial A} \tag{2-3}$$

式中:U—— 弹性应变能;

　　A—— 断裂表面积。

在循环载荷作用下(摩擦系数为 f),裂纹增长速率表示为:

$$\frac{\mathrm{d}c}{\mathrm{d}n} = fE_{\max} \tag{2-4}$$

式中:c—— 裂纹长度;

　　n—— 周期数;

　　$E_{\max}$—— 每个周期所达到的最大撕裂能。

裂纹长度从 c_i 增长到 c_j 所需的周期数可以通过对式(2-4)进行积分得到:

$$n = \int_{c_i}^{c_j} \frac{1}{fE_{max}} dc \tag{2-5}$$

代入 E 与 c 的关系式,就可得到疲劳寿命与初始裂纹尺寸、变形幅值、裂纹增长特性之间的定量关系。

研究认为,承受拉伸循环变形的矩形层复合件中心区域的应变能是裂纹增长的主要原因,当层间裂纹扩展为 δ_c 时,单位长度材料的能量损失:

$$\delta V = W_c t \delta_c \tag{2-6}$$

式中:W_c—— 试件中心区域的应变能密度;

t—— 试件厚度;

撕裂能表达式为

$$E = \frac{\partial V}{\partial c} = W_c t \tag{2-7}$$

以断裂力学为基础的撕裂能法在橡胶复合材料疲劳损伤研究中已取得初步进展,但其困难在于确定载荷、裂纹尺寸、撕裂能或变形间的关系。因此,撕裂能法基于橡胶材料理想裂纹的假设,只适用于特定的材料模型和载荷范围。

2.2.3　疲劳寿命

预测橡胶尾轴承疲劳寿命最可靠的方法,是通过长时间的耐磨试验或者在实际使用条件下对其进行评价,但这需要高额的费用和较长的试验时间。因此,在一般情况下,对橡胶试样施加拉伸或压缩等动态应变作用,将试样至断裂时的疲劳次数 N 绘制成 S-N 曲线,称为疲劳寿命图,以说明橡胶疲劳特性,进而预测尾轴承的疲劳寿命。S-N 曲线所表现出的特征,能使较大范围的 σ、N 之间的关系一目了然,为判断橡胶尾轴承是否适用提供了数据支撑。

在橡胶材料的中、长寿命区,S-N 曲线常采用三参数幂函数公式:

$$N(S_{max} - S_0)^m = C$$

或

$$S_{max} = S_\infty \left(1 + \frac{A}{N^a}\right)$$

其中,S_0、m、C、A 和 S_∞ 均为待定的常数,且它们之间存在以下关系:$C = (AS_\infty)^{\frac{1}{a}}$,$m = \frac{1}{\alpha}$,$S_0 = S_\infty$。此式不能用于短寿命区疲劳寿命估算。因此,对上面 S-N 曲线三参数幂函数公式进行修正,得到一个新的四参数模型:

$$10^{C(\lg N)^m} = \frac{S_u - S_0}{S - S_0} \tag{2-8}$$

式中：C——材料常数；

　　　m——形状参数；

　　　S_0——拟合疲劳极限；

　　　S_u——拟合屈服极限。

方程式（2-8）具有如下物理性质：

（1）当 $N = 1$ 时，$S = S_u$；

（2）当 $N \to \infty$ 时，$S = S_0$；

（3）疲劳次数 N 随疲劳应力 S 变大而缩小，S 越大，N 越小。

为了估计式（2-8）参数，对式（2-8）取二次对数，得 $y = a + bx$ 线性方程。S-N 曲线及其转折点寿命如图 2-5 所示。

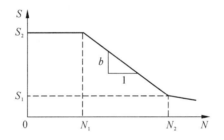

图 2-5　S-N 曲线及其转折点寿命

其中，$a = \dfrac{-\lg C}{m}$，$b = \dfrac{1}{m}$，$x = \lg[\lg(S_u - S_0) - \lg(S - S_0)]$。根据数理统计的知识，$S_0$、$m$、$C$ 和 S_u 可以由以下公式求出：

$$b = L_{xy}/L_{xx} \tag{2-9}$$

$$a = \overline{y} - \overline{x}L_{xy}/L_{xx} \tag{2-10}$$

$$r(S_u, S_0) = L_{xy}/\sqrt{L_{xy}L_{yy}} \tag{2-11}$$

其中，$r(S_u, S_0)$ 为线性相关系数函数，且有：

$$\overline{x} = \frac{1}{l}\sum_{i=1}^{l} x_i \quad \overline{y} = \frac{1}{l}\sum_{i=1}^{l} y_i, \quad L_{xx} = \sum_{i=1}^{l} x_i^2 - \frac{1}{l}\left(\sum_{i=1}^{l} x_i\right)^2$$

$$L_{yy} = \sum_{i=1}^{l} y_i^2 - \frac{1}{l}\left(\sum_{i=1}^{l} y_i\right)^2, \quad L_{xy} = \sum_{i=1}^{l} x_i y_i - \frac{1}{l}\left(\sum_{i=1}^{l} x_i\right)\left(\sum_{i=1}^{l} y_i\right)$$

首先由式（2-11）取极限求出 S_0 和 S_u，然后再通过式（2-9）和式（2-10）求得 m 和 C。根据线性回归理论的相关系数优化方法，由式（2-11）求解 S_0 和 S_u 的过程如下:首先确定 S_0 和 S_u 的取值区间,$S_0 \in [0, S_{0min})$,$S_u \in (S_{umax}, \sigma_{02}]$。其中,$S_{0min} = \min\{S_1, S_2, \cdots, S_i\}$,$S_{umax} = \max\{S_1, S_2, \cdots, S_i\}$,$S_i(i = 1, 2, \cdots, l)$ 为试验数据点疲劳应力。然后给定 S_u 初值,再给定 S_0 初值和步长,采用搜索法搜索 S_0 所在区间内线性相关系数 $r(S_u, S_0)$ 最大时对应的 S_0 值;再给定步长,自动选取 S_u 值,并将其作为新的初值,重复上面的搜索步骤,记录线性相关系数 $r(S_u, S_0)$ 最大时的 S_0 值和 S_u 值;如此反复计算,便可计算出所有 $r(S_u, S_0)$ 的最大值,及其对应的 S_0 值和 S_u 值。

2.2.4 老化寿命

由于水润滑橡胶尾轴承工作部位一般浸泡在水介质中,因此避免了与空气接触,其老化机理主要是热老化。热老化通常包含热解和水解等化学反应,是一个非常复杂的过程。在众多的化学反应之中,通常有一个反应是主要的,对橡胶老化的速度起决定性的作用,并导致橡胶物理机械性能的劣化。对水润滑橡胶尾轴承而言,通常热解反应是主要的。根据化学反应动力学理论,建立了老化性能 P、老化时间 t 和老化温度 θ 之间的关系方程。

著名的 Dakin 寿命方程就是建立在 P、t 和 θ 之间关系之上的一种经典的预测寿命的计算方法。

Dakin 认为,在一定 θ 情况下,P 与 t 呈如下关系:

$$f_1(P) = kt \qquad (2\text{-}12)$$

其中,k 为反应速率。随着 θ 改变,在特定的情况下 k 遵从 Arrhenius 公式:

$$k = A_0 \exp(-E/Rt) \qquad (2\text{-}13)$$

由式(2-12)和式(2-13)可得:

$$\lg t = \lg\left[\frac{f_1(P)}{A_0}\right] + \frac{E\theta^{-1}}{2.303R} \qquad (2\text{-}14)$$

如果定义 P 变化至某一定值 P_a 所需要的时间 t 为使用寿命,则有:

$$\lg t = \lg\left[\frac{f_1(P_a)}{A_0}\right] + \frac{E\theta^{-1}}{2.303R} = a + b\theta^{-1} \qquad (2\text{-}15)$$

式(2-15)表明:在各种温度下老化性能达到临界值时,时间对数与温度的倒数呈线性关系。这就是著名的 Dakin 寿命方程,按此方程预测寿命的计算方法如图 2-6 所示。

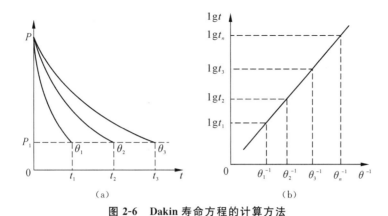

图 2-6　Dakin 寿命方程的计算方法

（a）活化能变化的临界时间；（b）临界时间和温度的关系

式（2-15）可以变成点斜式：

$$\lg t - \lg t_1 = b(\theta^{-1} - \theta_1^{-1}) \tag{2-16}$$

即可以通过试验测得一点$(\lg t_1, \theta_1^{-1})$，再利用其他物化分析方法测定活化能来得到斜率b，从而得到直线方程，这就是点斜法。由于橡胶老化性能变化导致活化能随条件而变，当t超过上限时，机理发生了变化，活化能也不一样，因此实际活化能并不与物化分析方程得到的活化能完全等同，彼此不能直接代替，两者之间在数量上的关系很复杂，因此此法还处于研究探索之中。

2.3　水润滑橡胶尾轴承磨损寿命影响因素分析

2.3.1　磨损特性曲线

磨损、腐蚀和断裂是材料失效的 3 种主要形式，其中由摩擦所导致的磨损失效是水润滑尾轴承材料失效的主要原因。在影响机械设备寿命的因素中，磨损占有很大比重。统计分析表明，大部分船舶尾轴承是由于表面过度磨损而失效的。修复和更换磨损件要花费很多的人力和物力，特别是现代大型船舶，因维修或故障停机造成的损失更为惊人。船舶尾轴承工作参数的不断提高等原因使摩擦磨损问题日益突出，因此在对船舶尾轴承进行寿命预测时，磨损寿命是一个主要考虑因素。

水润滑橡胶尾轴承磨损失效是渐发过程。虽然有的尾轴承只能工作几小时，有的则可使用几年，甚至是十几年。但是尾轴承磨损的共同特征是表面受

到损伤,发生了表面材料迁移。根据尾轴承工作的条件和要求不同,可将磨损失效粗略分为两大类:

(1)设备中要求尺寸配合的尾轴承磨损后,尽管磨损量很小,但影响配合精度和效率或增加振动。因此对磨损要求很严格。

(2)磨损过程中引起尾轴承其他类型的损坏,如断裂,腐蚀等。

通常,船舶尾轴承的摩擦副从运行到破坏都要经历三个阶段,并表现出不同的磨损特性,主要是指磨损的严重程度。这三个阶段的磨损规律一般用磨损量‐时间和磨损率‐时间的关系曲线来表达,而其中磨损率‐时间曲线,就是所谓的"浴盆曲线",如图2-7所示。

(1)磨合阶段(图2-7中$a\sim b$段)。由于新尾轴承副表面比较粗糙,导致磨损量迅速增加并达到较高的磨损率。同时,由于加工和装配等原因使接触表面之间的间隙不均匀,难以形成稳定的水膜,使得润滑状态处于一种从边界到混合润滑的过渡。然而随着磨合期的结束,微凸体不断被磨平,促使两固相之间接触面积不断增大,单位面积的接

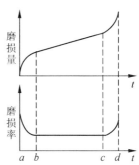

图 2-7　磨损率随时间变化的"浴盆曲线"

触压力却随之减小;而通过一定的磨损之后,两配副的间隙趋于均匀,水膜得以建立,即进一步向完全流体动压润滑过渡;于是磨损的剧烈程度大大减缓,磨损率也随之减少,向稳定磨损阶段过渡。

(2)稳定磨损阶段(图2-7中$b\sim c$段)。此时磨损量趋于平缓地增加,而磨损率则由高过渡到低,并维持在一个比较恒定的水平上,所以磨损量曲线与时间基本保持线性关系,而磨损率曲线呈现为一段水平直线。说明尾轴承摩擦副表面之间已形成较为稳定的水膜,在水膜充裕的条件下处于一种弹性流体动压润滑状态。流体动压水膜的存在不仅在很大程度上避免了微凸体尖峰的接触,更重要的是极大地改善了表面的受力状况。特别当水膜厚度大大超过两固相接触表面的粗糙度(比值λ达到3倍以上)时,摩擦副处于完全流体动压润滑状态,这时微凸体之间几乎不接触,磨损也就保持在一个非常低的水平上。稳定磨损阶段是水润滑尾轴承的正常工作阶段,它可以而且也应当维持一段很长的时间。

(3)剧烈磨损阶段(图2-7中$c\sim d$段)。稳定磨损阶段经过足够长的时间

以后,由于载荷波动和接触表面在长期的交变接触应力作用下发生疲劳剥落等原因,使水膜遭到破坏,导致磨损加剧。剧烈磨损的发生是磨损长期累积的结果,一旦发生往往是突发性和急剧性的,因此磨损量曲线和磨损率曲线都是呈急剧上升的。剧烈磨损所造成的后果是严重的,不仅导致摩擦副配合间隙增大,还有可能产生异常的振动和噪声,摩擦副温度也迅速上升,最终造成船舶尾轴承的破坏和失效。

由于船舶水润滑橡胶尾轴承的工作环境特殊,船舶运行的环境具有不可预测性、多变性,因此船舶水润滑橡胶尾轴承的可靠性受相互关联、相互制约的众多复杂因素所影响。这些因素往往缺乏定量性,如果笼统地分析,会给人一种模糊、混杂不清的感觉,看不出哪些是影响其可靠性的主要因素。而层次分析法刚好能提供一个清晰的脉络来分析影响尾轴承可靠性使用寿命的影响因素。因此,可以运用层次分析法对影响尾轴承可靠性使用寿命的因素进行层次划分,找出其主要因素,分析其影响机理。

根据层次划分理论,当同时有很多因素对水润滑尾轴承磨损寿命产生影响时,只考虑对其影响比较大的主要因素,不考虑次要因素,或者同时考虑具有相似处的因素。基于这种理论,对水润滑橡胶尾轴承的可靠性使用寿命影响因素进行如图 2-8 所示的层次划分,然后利用相关知识对各个因素的影响机理进行分析。

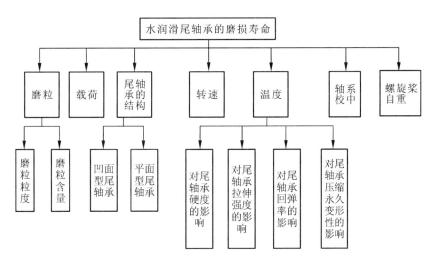

图 2-8　水润滑橡胶尾轴承的磨损寿命影响因素的层次划分

根据层次划分理论,针对影响水润滑橡胶尾轴承磨损寿命的众多影响因素,着重分析了载荷、转速、磨粒、温度、尾轴承的结构、轴系校中和螺旋桨自重对其造成的影响，并分析了其影响机理。

2.3.2 载荷

橡胶复合材料是由碳氢长链分子组成的高弹性体材料，尾轴作用在水润滑橡胶尾轴承的载荷，使其产生了不同程度的形变，这些形变改变了两摩擦副之间的润滑效果，使得橡胶尾轴承的磨损模式也受到了相应的改变。

（1）载荷对水润滑橡胶尾轴承磨损寿命的影响

如图 2-9 所示，可以看出在一定的转速、温度下，磨损率随载荷的增加而增大；达到峰值后，磨损率随载荷的增加，先趋于减小，后逐渐平缓。分析认为，在载荷较小时，轴承所受的压力较小，复合橡胶几乎不产生弹性形变，此时的润滑状态只是处于边界润滑状态，虽然橡胶材料具有良好的自润滑性能，使得其摩擦系数较低，但是橡胶复合材料仍然会与轴颈频繁摩擦，导致在极轻载状态下，尾轴承的磨损率随载荷的增加而增大。随着载荷的继续增大，橡胶材料产生弹性形变，边界膜破裂，两固相表面同时接触的面积增大，在一定的转速下，产生弹性流体动压，从而在两固相接触表面上出现部分弹性流体动压润滑，就是所谓的颈缩效应。形成的润滑水膜举起轴颈，使得尾轴承与轴颈几乎完全脱离，从而使得摩擦系数大幅度地下降。磨损率也急速下降，甚至降为零。但当载荷无限增大时，润滑水膜不足以支承载荷而会被破坏，尾轴承与轴颈又重新进入到接触摩擦，导致摩擦系数急剧增加，磨损率也随之迅速增加。

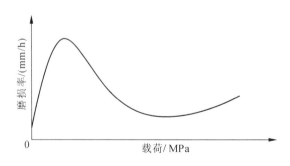

图 2-9 磨损率随载荷的变化曲线

从上面的分析可以得知，形成弹性流体动压润滑是水润滑橡胶尾轴承系统实现其功能的一个至关重要的环节，由于润滑水膜的承载力很小，直接导致了水润滑橡胶尾轴承系统的承载力很小。

（2）载荷对水润滑橡胶尾轴承疲劳特性的影响

在一定的转速、温度下，当载荷使橡胶尾轴承承受的局部应力小于橡胶尾轴承的疲劳极限强度时，尾轴承的寿命变化趋势很平缓；当尾轴承承载部位的局部应力超过疲劳极限强度时，尾轴承的疲劳寿命会急速地下降。

当尾轴承承载部位的局部应力在橡胶疲劳极限范围之内，但载荷大到使得弹性流体动压润滑水膜破裂的时候，尾轴承与轴颈之间形成了接触润滑，此时不但磨损率急剧升高，并且因摩擦产生的热量也使得尾轴承的温度急剧升高，在高温的环境下，尾轴承的疲劳寿命会大大地下降，甚至有可能出现烧焦的现象。值得一提的是，由于水润滑薄膜的低黏度性，使得其承载力很低，为使尾轴和尾轴承两固相形成良好的弹性流体动压润滑，通常施加的载荷使得橡胶尾轴承所承受的局部应力在橡胶尾轴承的疲劳极限强度范围以内。

2.3.3　转速

如图 2-10 所示，可以发现在其他影响因素一定的情况下，转速较低时，橡胶尾轴承的磨损率随转速的增加而增大；速度较高时，磨损率随转速的升高而降低，并且变化趋势愈加平缓。研究认为，当橡胶尾轴承承受载荷以后，在速度很慢的情况下，水膜不能包容整个尾轴面，尾轴承与轴颈之间的润滑状态处于干摩擦或边界润滑，主要依靠橡胶材料良好的自润滑性能进行润滑，此时摩擦系数较大，磨损率在一定的范围内也是呈随转速的增加而增大的趋势。随着转速的增加，由于接触面特殊的几何形状和相对运动形成收敛水膜楔，过渡为流体动压润滑，产生润滑水膜压力来平衡外载。此时不但使尾轴承系统的承载力大大提升，而且润滑水膜将尾轴承和轴颈分离开来，橡胶尾轴承也未受到摩擦，因此它的磨损率也大大地降低。摩擦系数则在高转速范围内随载荷的增加而减小，并且变化趋势很平缓。图 2-11 所示为在船舶尾轴试验机上得到的一定载荷、一定温度下，尾轴承与尾轴之间的摩擦系数随转速的变化规律。但当转速增大到某一定值以后，水润滑薄膜将被剪切，破坏了润滑水膜的良性作用，使得尾轴承和轴颈回到边界摩擦的范围，此时尾轴承的磨损率又开始增加。

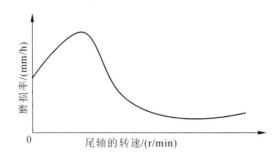

图 2-10　转速对磨损率的影响

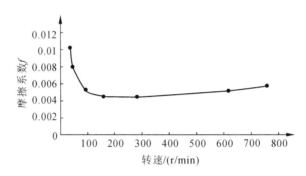

图 2-11　水润滑橡胶尾轴承的摩擦系数随转速的变化曲线

　　从上面的分析可知,为了保证橡胶尾轴承的使用寿命,一般情况下,尾轴的转速应该在中高转速范围内。这也说明了水润滑橡胶尾轴承在船舶停车、启动、换向时磨损率增大的原因。

2.3.4　磨粒

　　由于船舶行驶的环境是相当恶劣的,并且航行的水域具有不可预知性。航区水域中的硬性磨粒也是影响橡胶尾轴承磨损寿命的重要因素。

　　在有润滑介质的情况下,当磨粒落入尾轴与橡胶轴承之间时,轴颈将其压入弹性橡胶轴承材料中,并且顺着其旋转方向向前滚动,并进入到最近的水槽中,然后被水流从润滑水槽冲洗出去。磨粒在橡胶尾轴承中滚动的示意图如图 2-12 所示。

　　然而,磨粒在摩擦副之间的滚动过程中,极大地增加了尾轴承与轴颈之间的接触应力,尤其是硬性颗粒。橡胶尾轴承表面某处的颗粒可产生集中应力,甚至可以在尾轴承表面产生明显的划痕,形成严重的磨粒磨损,使得橡胶尾轴承的磨损率极大地增加。

　　(1)磨粒粒度

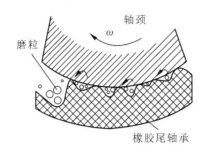

图 2-12　磨粒在橡胶尾轴承中滚动示意图

分析认为,磨粒粒度对水润滑橡胶尾轴承磨损寿命具有很大的影响。在轴承转速一定的情况下,当磨粒的粒度尺寸小于润滑水膜厚度时,磨粒对两固相之间的润滑水膜影响比较小,此时对橡胶尾轴承的寿命影响不大。但随着磨粒的增大,其尺寸与良性润滑水膜的尺寸接近时,磨粒就会干扰润滑水膜的建立。显然,磨粒尺寸越大,水润滑的建立就越困难,最终破坏润滑水膜,从而导致尾轴承系统产生非良性接触润滑。很显然,此时尾轴承的磨损率就会随磨粒粒度的增大而增大,如图 2-13 所示。

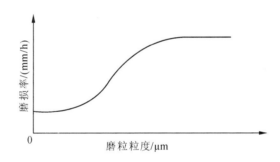

图 2-13　磨损率随磨粒粒度的变化曲线

值得注意的是,橡胶尾轴承表面的承受载荷越大,磨粒对橡胶材料表面的作用力也越大,由于橡胶复合材料抗磨粒性能很差,在尾轴高速地运转下,硬性杂质对橡胶尾轴承的摩擦表面造成犁削作用,从而使得尾轴承表面出现裂痕。在受力区域内,显然这些裂痕将会成为应力集中的地方,也是疲劳寿命最短的地方。这些硬性、锐利的杂质对橡胶尾轴承造成的磨粒磨损,严重影响了尾轴承的使用寿命。

（2）磨粒质量分数

研究发现,磨粒质量分数越大,磨粒数目越多,导致磨粒与橡胶尾轴承之间的作用概率就越大,从而使得尾轴承的磨损率也增大。但质量分数大到一定程度时,磨粒之间相互干扰的概率增加,反而减少了磨粒对橡胶尾轴承表面的作用机会,使得橡胶尾轴承的磨损率增长到最大值之后随着磨粒质量分数的增加反而减小,如图 2-14 所示。

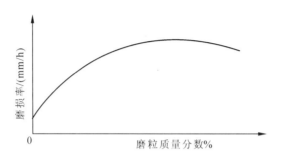

图 2-14　磨粒质量分数对磨损率的影响

2.3.5　结构

橡胶尾轴承由于其润滑方式及材料的特殊性,导致其结构的特殊化。一般而言,橡胶尾轴承必须要开槽,并且开槽数随着尾轴承的直径增大而增加。这是因为:由于水的低黏度性(通常是油的 $1/100 \sim 1/20$),导致水润滑薄膜的承载力很低,必须形成流体动压润滑才能平衡外载。众多学者研究发现,尾轴处于中高速时,橡胶尾轴承润滑系统才能处于最佳的弹性流体润滑状态。然而,尾轴转速越高,就使得尾轴和橡胶尾轴承的接触摩擦频率增加,不但使得磨损增加,同时也会产生过多的热量。很显然,未开槽的橡胶尾轴承是不利于其冷却的,导致其温度升高,使得橡胶材料的力学性能大大降低。因此,在橡胶尾轴承的设计中,一般都根据尾轴的直径大小开了不同数量的沟槽。为了提高尾轴承的使用寿命,开槽的尾轴承的结构也不尽相同,主要有平面型、凹面型和凸面型。由于凸面型橡胶尾轴承应用不多,本书就针对凹面型橡胶尾轴承和平面型橡胶尾轴承的使用寿命展开讨论。

(1) 低载荷

低载荷的时候,橡胶尾轴承所承受的压力较小,不至于让橡胶产生弹性形变,此时尾轴承和尾轴之间处于边界润滑状态。在相同载荷、尺寸的情况下,凹面型橡胶尾轴承和平面型橡胶尾轴承的主要承载板块与尾轴之间的接触面积关系是:$S_{凹} > S_{平}$。凹面型橡胶尾轴承和平面型橡胶尾轴承的主要承载板块与尾轴之间的最大接触应力关系是:$\sigma_{凹} < \sigma_{平}$。由于橡胶尾轴承具有良好的自润滑性能和水的黏附性能,凹面型橡胶尾轴承与轴颈能形成比较良好的润滑,两固相之间的接触摩擦力就会有大幅度的减小,磨损率也会极大地减

小。由于平面型橡胶尾轴承特殊的结构,在低载荷的情况下不利于形成弹性流体润滑,也就不能形成良好的润滑性能,两固相之间也就很明显地存在接触摩擦;当速度增大时,两固相之间能形成比较好的动压润滑,此时接触摩擦力有所降低,磨损率也就有所下降。总体而言,在低载荷的情况下,由于不利于弹性流体动压润滑的形成,平面型橡胶尾轴承磨损寿命要小于凹面型橡胶尾轴承的磨损寿命。

（2）中高载荷

当载荷增大的时候,这两种结构的尾轴承在静态下很明显地产生弹性形变。此时凹面型橡胶尾轴承的主要承载板条与轴颈几乎是全部接触的,而平面型橡胶尾轴承与轴颈的真实接触面积只有理论接触面积的 $40\% \sim 70\%$。凹面型橡胶尾轴承和平面型橡胶尾轴承的主要承载板块分别与尾轴之间的最大接触应力关系仍然是:$\sigma_凹 < \sigma_平$。

当速度增大的时候,由于凹面型橡胶尾轴承与轴颈几乎全部接触,此时就算轴颈在高速转动下能形成动压润滑,但是由于水不能很好地进入两固相接触表面之间,因此难以形成良性润滑。再者,在重载荷、高转速的情况下,两固相接触摩擦的频率大大增加,短时间内会形成积热现象。由于橡胶是一种热传导性很差的材料,并且接触表面润滑不良,不能及时地带走积热区的热量,导致尾轴承主要承载区域温度急剧上升。很明显,无论是橡胶尾轴承的磨损可靠性使用寿命还是疲劳寿命,都会急剧地降低,甚至可能造成烧焦的情况。对于平面型尾轴承而言,在高速的情况下能形成良好的动压润滑,并且由于平面型尾轴承与轴颈仍存在间隙,水能及时地进入润滑界面,形成良好的弹性流体动压润滑。此时,尾轴承与轴颈之间的摩擦系数和摩擦力明显降低,磨损率很明显地下降,甚至会出现零磨损的现象。

综合比较,在较高载荷、中高转速的情况下,有利于平面型橡胶尾轴承之间的弹性流体动压润滑的形成,却不利于凹面型橡胶尾轴承的散热,使得平面型橡胶尾轴承的可靠性使用寿命要长于凹面型橡胶尾轴承的。

2.3.6　温度

橡胶材料对温度相当敏感。温度对橡胶材料的各项力学性能影响很大,因此,在船舶水润滑橡胶尾轴承系统中,不能不考虑到温度对其可靠性的影响。

水润滑橡胶尾轴承具备优秀的工作能力。然而橡胶尾轴承在工作过程中，由于摩擦生热、机械应力和变价金属离子等因素的作用，使橡胶材料发生老化现象，失去了高弹性性能，以致其变软或变硬，并使强度降低，最后失去使用价值。

橡胶老化的实质是由于橡胶的分子结构发生了变化：分子链之间再产生交联；分子链降解，交联键断裂；分子主链或侧链改交。总之，橡胶的老化是多种因素参与的复杂的化学反应。其老化后的结果是变硬、发脆，导致橡胶强度降低、弹性下降、定伸应力增加、伸长率减小。

水润滑橡胶尾轴承的老化过程是一个由表及里、由量变到质变的过程，它的老化会影响尾轴承的性能和使用寿命，因此其老化问题是必须要考虑的。船舶水润滑橡胶尾轴承主要工作在水介质中，因此避免了其与氧气、臭氧等其他具有氧化性的气体接触，在不考虑其他次要影响因素的情况下，认为温度是影响船舶水润滑尾轴承可靠性使用寿命的主要因素。

（1）温度对橡胶材料的硬度与定伸应力的影响

橡胶材料的硬度和定伸应力表征了材料抵抗变形的能力，即表征材料产生一定变形所需的应力。定伸应力对应于拉伸变形，硬度对应于压缩变形。在橡胶材料其他条件不变的情况下，定伸应力、硬度与橡胶中分子的交联密度的变化趋势保持一致。但是橡胶材料的硬度随温度的变化是很大的，根据相关研究表明，温度较低时，硬度随时间的增加而增大，当老化温度达到一定温度时，曲线上出现一个峰值，之后橡胶材料的硬度呈下降的趋势。

研究分析认为，在低温情况下，橡胶复合材料的分子之间交联反应占据优势。为得到性能良好的橡胶复合材料，通常将其加以硫化，得到网状结构。低温时，随着温度的升高，残留在橡胶复合材料中的硫化组分继续交联，或者使多硫键脱硫而生成更多的单硫键、双硫键，使得橡胶复合材料硬度和定伸应力增大，相当于进一步硫化而形成网状结构。然而当温度超出低温范围并继续升高时，橡胶复合材料分子之间的降解反应占据主导作用。因为橡胶复合材料是以碳、氢为主要元素的有机分子组成的，这些有机分子中存在着大量的不饱和碳键，温度较高时，这些不饱和碳键容易断裂生成自由基，甚至完全断裂，由大分子变成小分子，最终使得橡胶复合材料的硬度和定伸应力明显减小；温度越高，这种反应越强烈，最终导致材料的性能下降。李咏今的试验研究结果表明：在 90℃ 时，硫化的天然橡胶硬度随老化时间的增加而增大。

（2）温度对橡胶的拉伸强度和断裂伸长率的影响

橡胶的拉伸强度表征材料抵抗拉伸破坏的极限，断裂伸长率则表征橡胶材料硫化网状的特性，这两者是橡胶复合材料的重要性能指标，在低温范围内，这两者都能达到要求。然而温度升高后，橡胶老化速率加快，其拉伸强度和断裂伸长率都会随时间增长而下降。

（3）温度对橡胶的回弹率的影响

回弹率是指受冲击的橡胶试样在产生变形后恢复原形的过程中，输出能与输入能的比值。当橡胶试样恢复原形时，输入能将返回橡胶中贮存起来，而未返回橡胶的那部分机械能以热的形式消耗了，因此，回弹率与高聚物的损耗因子有关，回弹率越大，损耗因子应该越小。研究发现，橡胶材料的回弹率随老化时间的增长而下降，随试样厚度的增加而升高。并且随温度的升高，橡胶尾轴承的回弹率下降的速率变快。

（4）温度对橡胶尾轴承的压缩永久变形性的影响

橡胶材料的压缩永久变形性是指在一定温度下、一段老化时间后，橡胶材料受压缩复原的尺寸与原来尺寸的差别。压缩永久变形的大小直接反映了橡胶弹性本领的高低，因此压缩永久变形性是橡胶老化的重要评价指标，既能反映橡胶老化程度，又能推测橡胶的使用性能。在同样的温度下，老化时间越长，压缩永久变形越大；在相同的老化时间下，温度越高，压缩永久变形越大。

2.3.7 轴系校中状态

轴系校中一般包括直线法（平轴法）、轴承允许负荷法和轴承合理负荷法三种，目前船舶轴系校中通常采用轴承合理负荷法。所谓合理负荷校中，主要考虑了主机运转时，各轴承的负荷处于最佳合理分布状况。其实质是在遵守规定的轴承应力、转角、负荷等限制条件下，通过校中计算来确定各轴承的合理位置，将轴系安装成规定的曲线状态，使得各轴承的负荷分配合理，显然也要求船舶橡胶尾轴承的承载负荷分配合理。在船舶建造时，船舶轴系的负荷校中必须满足中国船级社《钢质海船入级与建造规范》及《验船师须知》中对轴系校中计算的要求。轴系校中结果直接影响到船舶营运中传动系统的工作状况，从而影响到各轴承的负荷分布，包括橡胶尾轴承。

由此可见，如果轴系校中计算不准确或未进行校中计算就安装轴系，很有可能使船舶轴系出现弯曲现象,产生过大的弯曲应力,造成船舶尾轴负荷分配不均,使得尾轴承和轴颈部分接触部位应力过大,从而引起尾轴承超负荷过度磨损,使得尾轴承磨损率急剧增大,最终导致橡胶尾轴承的疲劳寿命降低。

2.3.8 螺旋桨自重

螺旋桨自重和重力偏心对尾轴承产生的影响,主要来自螺旋桨自重及螺旋桨重力偏心引起的惯性力。新造螺旋桨存在铸造及加工误差;经修理的螺旋桨因桨叶损伤修补,割边后打磨处理不当,加之生产时留下的工艺误差,长时间使用后,使各桨叶倾角、螺距因时效作用而发生变化;材料的非均匀性会造成叶片化学腐蚀、空泡气蚀、磨损等现象。这些均会造成螺旋桨重心与桨毂中心轴线不重合,两者的偏心距 e 将使螺旋桨自重在工作时产生较大的惯性力。受螺旋桨自重和其产生的惯性力作用,使得尾轴与尾轴承之间出现倾角,致使尾轴与橡胶尾轴承之间的接触应力分布不均匀,润滑水膜出现偏布现象,从而使得橡胶尾轴承摩擦、磨损不均匀,使其可靠性寿命降低,还有可能使尾轴产生振动。

2.4 本章小结

(1)介绍了水润滑尾轴承水膜的形成机理,并分析了水润滑尾轴承的润滑状态与水膜厚度之间的关系。

(2)总结了水润滑橡胶尾轴承磨损失效的一般规律,提出了橡胶尾轴承磨损失效的评价原则。

(3)介绍了预测橡胶寿命的三个常用的方法,即断裂力学法、疲劳寿命法和老化寿命法。

(4)分析了水润滑橡胶尾轴承可靠性的影响因素。

参 考 文 献

[1] 董月香,高增梁.疲劳寿命预测方法综述[J].大型铸锻件,2006(3):39-41.

[2] 孙立德.运用连续损伤理论对结构损伤分析和寿命预测的研究[D].大连:大连理工

大学,2004.

[3]　王英玉.金属材料的多轴疲劳行为与寿命估算[D].南京:南京航空航天大学,2005.

[4]　刘建中,谢里阳,徐灏.疲劳寿命概率分布的模糊贝叶斯确定方法[J].航空学报,1994,15(5):607-610.

[5]　胡明敏.用等效平均损伤模型计算剩余寿命方法的研究[J].航空学报,2000,21(3):262-266.

[6]　王国钦.水润滑尾轴承浅析[J].舰船科学技术,2002,24(6):70-72.

[7]　VIE R,HAMPSON L G. Grand princess-water lubricated bearings[J]. The Institute of Marine Engineers,2000,112(1):11-25.

[8]　霍斯特·契可斯.摩擦学:对摩擦、润滑和磨损科学技术的系统分析[M].刘钟华,陈善雄,吴鹿鸣,等译.北京:机械工业出版社,1984.

[9]　王贤烽,林青,唐育民,等.水润滑橡胶尾管轴承的性能研究[J].船舶工程,1993(4):45-49.

[10]　陈战,王家序,秦大同.以水作润滑介质的摩擦副的研究[J].农业机械学报,2001,32(3):124-125.

[11]　金锡志.机器磨损及其对策[M].北京:机械工业出版社,1996.

[12]　张剑峰,周志芳.摩擦磨损与抗磨技术[M].天津:天津科技翻译出版公司,1993.

[13]　齐毓霖.摩擦与磨损[M].北京:高等教育出版社,1986.

[14]　肖祥麟.摩擦学导论[M].上海:同济大学出版社,1990.

[15]　SOBCZYK K,TREBICKI J. Approximate probability distributions for stochastic systems:maximum entropy method[J]. Computer Methods in Applied Mechanics and Engineering,1999,168(1-4):91-111.

[16]　SOBEZYK K,TREBICKI J. Maximum entropy principle in stochastic dynamics [J]. Probabilistic Engineering Mechanics,1990,5(3):102-110.

[17]　张行.断裂力学[M].北京:宇航出版社,1990.

[18]　徐灏.疲劳强度[M].北京:高等教育出版社,1988.

[19]　布莱德森.橡胶化学[M].王梦蛟,译.北京:化学工业出版社,1985.

[20]　董从林,袁成清,陈源华,等.基于层次分析法的挖泥船摩擦学系统分析[J].润滑与密封,2009,34(5):90-93.

[21]　郑修麟.金属疲劳的定量理论[M].西安:西北工业大学出版社,1994.

[22]　RADHAKRISHNAN C K,ALEX R,UNNIKRISHNAN G. Thermal,ozone and gamma aging of styrene butadiene rubber and poly(ethylene-co-vinyl acetate) blends[J]. Polymer Degradation and Stability,2006,91(4):902-910.

第 3 章　水润滑条件下丁腈橡胶轴承材料的摩擦学性能

现今,船舶和其他海洋装备在水路运输、海洋开发和海权防卫中发挥着愈来愈重要的作用。动力系统是船舶的心脏,船舶尾轴承是该系统的核心支撑部件。然而,水润滑橡胶尾轴承的缺点也很突出:水介质的黏度较低,承载能力低,设计比压远低于油润滑轴承;耐热性能较差。船舶的运行环境具有不可预测性,十分复杂,并且航行时间长,工况较为多变;船舶螺旋桨自重大,桨轴为悬臂结构,螺旋桨的自重使螺旋桨轴产生挠曲变形,使船舶尾轴承承受不均匀载荷,形成显著的边缘负荷。更有甚者,在螺旋桨旋转过程中,尾轴承还要承受因螺旋桨旋转而造成的不平衡惯性力和螺旋桨在不均匀流场中运行产生的力和力矩,以及船体因风浪的冲击而变形所产生的附加应变力。这些原因的综合作用使尾轴承润滑状态极其恶劣,在低速、重负荷、启停和转向等特殊工况下,尤为明显。众多原因导致船舶橡胶尾轴承出现严重的摩擦磨损,致使其极易因过度磨损而失效,严重影响船舶的运行性能、可靠性、安全性、隐蔽性以及乘坐舒适性,甚至带来更为严重的灾难性损失。本章聚焦于水润滑橡胶尾轴承丁腈橡胶内衬材料的摩擦学特性研究,这对提高其耐磨性能和延长其使用寿命、保证船舶安全运行并完成其使命具有重要意义。

3.1　材料与试验

3.1.1　试验材料

丁腈橡胶材料被加工成销试样,如图 3-1(a) 所示。其直径和高分别为 10mm 和 20mm,表面粗糙度为 $(1.08 \pm 0.05)\mu m$。摩擦配副是 1Cr18Ni9Ti 不锈钢,被加工成盘试样,如图 3-1(b) 所示。其外径和内径分别为 60mm 和 8mm,高为 10mm,表面粗糙度为 $0.65\mu m$。它们的部分重要的力学性能如表 3-1 和 3-2 所示。

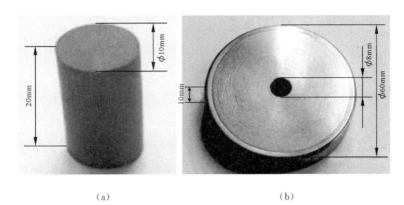

（a）　　　　　　　　　　　　　（b）

图 3-1　加工试样

（a）丁腈橡胶销试样；（b）1Cr18Ni9Ti 不锈钢盘试样

表 3-1　1Cr18Ni9Ti 不锈钢部分重要的力学性能

洛氏硬度 A^*/MPa	弹性模量 E/MPa	密度 ρ/(g/cm^3)	拉伸强度 /MPa	屈服强度 /MPa	断裂伸长率 %
38	198	7.85	⩾550	⩾210	40

注：* 金刚石硬度计，载荷 60kgf。

表 3-2　丁腈橡胶部分重要的力学性能（20℃ 环境下）

拉伸强度 /MPa	断裂伸长率 k%	邵氏硬度 /A	泊松比	弹性模量 E/MPa	密度 ρ/(g/cm^3)
30	396	63	0.49	5.83	1.13

3.1.2　试验设计

　　试验均在室温和水润滑条件下，在自行设计的船舶轴系材料磨损试验机（CBZ-1）上进行摩擦磨损试验，原理简图如 3-2 所示。试验运行时，下面的丁腈橡胶销试样处于静止状态（浸泡在纯净水介质中），上面的不锈钢盘试样连同夹具在电机的驱动下在销试样表面滑动。为探讨滑动速度对丁腈橡胶摩擦学性能的影响，本试验选择试验机的变转速分别为 50、150、250、350、500 和 1000（单位为 r/min），销试样对应于盘试样的平均滑动半径为 21mm，那么其滑动速度为 0.11、0.33、0.55、0.77、1.1 和 2.2（单位为 m/s），或者是 396、1188、1980、2772、3960 和 7920（单位为 m/h）。为了探讨载荷对丁腈橡胶摩擦学性能的影响，选择的名义载荷分别为 8、24、40、56、72 和 88（单位为 N），因为销试样与盘试样的接触面积为 7.85×10^{-5} m^2，所以对应的名义压力为 0.1、

0.3、0.5、0.7、0.9 和 1.1(单位为 MPa)。试验过程中,每改变一种转速或者载荷,均要更换一个丁腈橡胶销试样和不锈钢盘试样。为了保证磨损数据的可靠性,每组试样进行 48h 的不停机试验,并进行两次重复性试验,试验方案如表 3-3 所示。

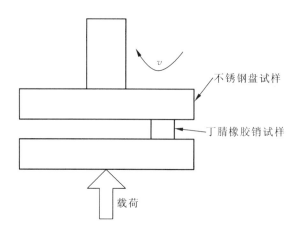

图 3-2　CBZ-1 船舶轴系材料磨损试验机原理简图

表 3-3　试验方案

试验条件		载荷 /MPa (进行两次重复性试验,试验时间 48h)					
滑动速度 /(m/s)	0.11	0.1	0.3	0.5	0.7	0.9	1.1
	0.33						
	0.55						
	0.77						
	1.1						
	2.2						

3.1.3　试验测试

在磨损过程中在线采集摩擦系数,采集间隔为 5s,计算公式为:

$$m = \frac{T}{rF} \tag{3-1}$$

式中:T—— 摩擦力矩;

　　　r—— 滑动半径;

　　　F—— 名义载荷。

相同试验条件下两次重复性试验的平均摩擦系数为该试验条件下的摩擦系数。

试验前后的丁腈橡胶销试样和不锈钢盘试样的质量差为其磨损量,其中相同试验条件下的两次重复性试验的平均磨损量为该试验条件下的磨损质量。为了保证磨损量测量的准确性,不锈钢盘试样磨损前后应放入酒精溶液中清洗,吹干后在精度为 0.01 mg 的电子天平上称重,计算其磨损质量。丁腈橡胶销试样在磨损之后,放入清水中清洗,然后放入干燥箱中恒温烘烤 48h 至干燥,烘烤温度为 40℃,然后再称其质量。

试验之后的不锈钢盘表面粗糙度采用激光干涉轮廓仪进行测量。丁腈橡胶销试样磨损之后的表面形貌分别采用激光干涉轮廓仪和扫描电镜进行观察。

3.2 试验结果与分析

为了研究丁腈橡胶销试样与不锈钢盘试样之间的摩擦磨损机理,采用摩擦系数、磨损率和磨损表面粗糙度来分析摩擦副在不同工况下的磨损程度,同时考察和分析摩擦副的表面形貌特征,进一步判断其摩擦磨损机理。

3.2.1 摩擦系数

丁腈橡胶销与不锈钢盘摩擦副之间的摩擦系数随滑动速度的变化规律如图 3-3 所示。可以看出,在相同载荷下,平均摩擦系数随滑动速度的增加而减小。当滑动速度在 $0 \sim 0.55\text{m/s}$ 时,平均摩擦系数急速下降;当滑动速度在 $0.55 \sim 2.2\text{m/s}$ 之间时,摩擦系数比较平稳;当滑动速度为 2.2m/s 时,达到最小值。这表明滑动速度对摩擦副之间的摩擦系数有显著影响。在低速时,磨损表面之间处于接触摩擦或边界润滑状态,摩擦界面之间没有足够的水介质进行润滑,于是摩擦系数较大。当速度逐渐增大时,更多的水介质被带入摩擦界面,润滑条件得到极大的改善,致使摩擦系数急剧下降。另一方面,由于橡胶是典型的弹性体材料,速度较高时,摩擦副之间能形成较为明显的弹性流体动压润滑,有利于润滑水膜的形成,减少摩擦副之间的接触,从而减小摩擦系数。试验现象很好地证明了这一点。

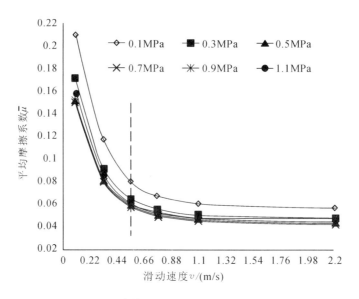

图 3-3　摩擦系数随滑动速度的变化规律

　　图 3-4 所示为丁腈橡胶销与不锈钢盘之间的摩擦系数随载荷的变化规律,可以看出其摩擦系数基本上随着比压的增大呈下降趋势,但下降趋势较小,并趋近于稳定。当滑动速度为 0.11m/s 和 0.33m/s 时,下降的趋势比较明显。这是因为,在低速时,摩擦副处于接触状态或者边界润滑状态,比压增大,丁腈橡胶发生弹性形变,磨损面更加接近,实际的接触面积增大,承载比压下降,磨损面局部区域之间能够形成较薄的润滑水膜,在一定程度上能够改善

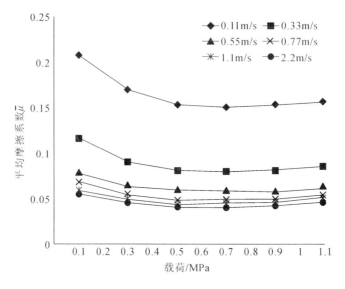

图 3-4　摩擦系数随载荷的变化规律

润滑。当载荷继续加大时,丁腈橡胶的变形相对不明显,摩擦系数变化不明显。在速度大于 0.55m/s 时,摩擦副局部区域能形成弹性流体动压润滑,形成有效的润滑水膜,此时摩擦系数较小,压力影响不明显。

3.2.2　磨损率

3.2.2.1　磨损率的定义

为了探讨丁腈橡胶试样在磨损过程中的磨损状况,现采取两种不同的磨损率来描述:平均质量磨损率、平均行程-质量磨损率。

平均质量磨损率是指橡胶试样的质量在单位时间内因摩擦磨损或疲劳磨损等原因而改变的量,其单位是 mg/h。假如定义平均质量磨损率为 m_m,那么有:

$$m_m = \frac{M}{t} \tag{3-2}$$

式中:M—— 橡胶试样的质量在磨损过程中改变的量(mg);

　　　t—— 橡胶试样的磨损时间(h)。

平均行程-质量磨损率是指橡胶试样的质量在滑行 1km 行程内因摩擦磨损或疲劳磨损等而改变的量,单位是 mg/km。假如定义平均行程-质量磨损率为 m_x,那么有:

$$m_x = \frac{M}{3.6 \times v \times t} \tag{3-3}$$

式中:v—— 不锈钢盘试样在橡胶试样表面的滑动速度(m/s)。

　　　t—— 橡胶试样的磨损时间(h)。

3.2.2.2　平均质量磨损率分析

图 3-5 所示为不同载荷对丁腈橡胶销试样平均质量磨损率的影响。总体上,载荷对橡胶销试样的磨损率有明显的影响。在相同的滑动速度下,丁腈橡胶的平均质量磨损率呈现随载荷增大而增大的趋势。图中的虚线描述了平均质量磨损率的变化规律,体现了平均质量磨损率与载荷之间可能存在某种关系,后面的章节将对其进行详细的研究。分析认为,在相同条件下,随着载荷的增大,摩擦副之间的摩擦力也相应增加,其磨损状况更加恶劣,使得橡胶销试样表面的橡胶材料更加容易被去除,磨损率增加。

丁腈橡胶销试样的平均质量磨损率随滑动速度的变化规律如图 3-6 所

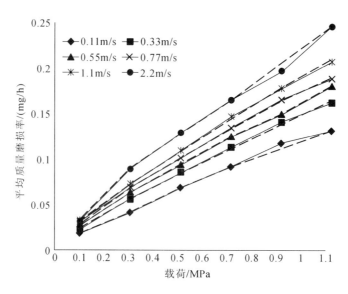

图 3-5　丁腈橡胶销试样平均质量磨损率随载荷的变化规律

示。在相同的载荷下，丁腈橡胶的平均质量磨损率随滑动速度的增大而增加。当滑动速度在 $0.11 \sim 0.77$ m/s 时，平均质量磨损率增大的幅度较大；当滑动速度在 $0.77 \sim 2.2$ m/s 时，平均质量磨损率增大的趋势减缓。分析认为，在相同的滑动时间和载荷条件下，丁腈橡胶与不锈钢盘之间的摩擦系数随滑动速度的增大而减小（从图 3-3 中可以看出），其润滑条件得到大幅度的改善。

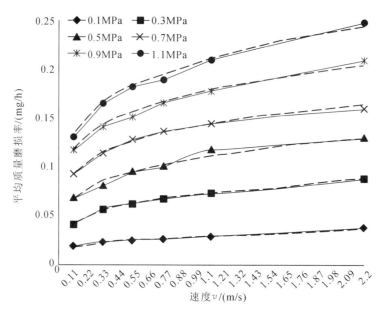

图 3-6　丁腈橡胶销试样平均质量磨损率随滑动速度的变化规律

然而,其滑行的距离也同样随滑动速度的增大而增加,摩擦副之间接触的概率也随之增大,使得磨损率也增加,最终呈现图 3-6 所示的规律。

3.2.2.3   平均行程-质量磨损率

图 3-6 虽然反映了单位时间内丁腈橡胶销试样平均质量磨损率随滑动速度的变化规律,然而其滑动距离不同,不能直观地体现滑动速度对橡胶磨损率的影响。图 3-7 所示规律刚好克服这一缺点,它揭示了在相同滑动距离内,总体上丁腈橡胶销试样的平均行程-质量磨损率随滑动速度增大呈现减小的趋势。当滑动速度在 $0.11 \sim 0.55 m/s$ 时,平均行程-质量磨损率急剧下降;当滑动速度在 $0.55 \sim 0.77 m/s$ 时,其下降趋势趋近平缓。在 $1.1 m/s$ 和 $2.2 m/s$ 滑动速度下的平均行程-质量磨损率几乎相等。分析认为,当滑动速度在 $0.11 m/s$ 时,不锈钢盘试样与丁腈橡胶销试样之间的润滑状态不理想,摩擦系数较大(图 3-3),磨损状况比较恶劣,质量磨损率较大。当滑动速度在 $0.33 \sim 0.77 m/s$ 时,摩擦副之间的润滑状况有所好转,磨损状况改善较多,平均行程-质量磨损率急剧减小。当滑动速度达到 $1.1 m/s$ 和 $2.2 m/s$ 时,润滑状态比较理想,摩擦系数基本稳定,平均行程-质量磨损率也趋于稳定。

图 3-3 和图 3-7 间接说明了船舶水润滑橡胶尾轴承在停机、启动或转向的时候运行状况不稳定,摩擦副之间处于接触润滑或者边界润滑状态,摩擦系数较大,导致橡胶尾轴承的磨损率增大。

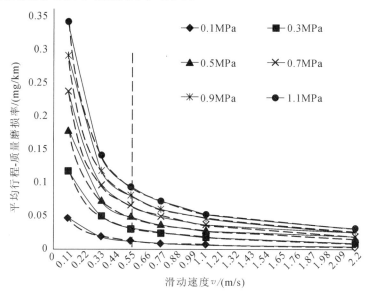

图 3-7   丁腈橡胶销试样的平均行程-质量磨损率随滑动速度的变化规律

3.2.3 表面形貌

摩擦副的表面特征是探讨摩擦副之间的摩擦学性能的有效手段,本节利用 LI 激光干涉位移表面轮廓仪和电子扫描显微镜观察磨损之后的丁腈橡胶销试样和不锈钢盘试样的表面形貌。

3.2.3.1 不锈钢盘的磨损表面形貌

通过测量不锈钢盘磨损前后的质量,发现不锈钢盘的质量几乎不变。对不锈钢盘表面进行细致的观察,并未发现橡胶材料黏附在不锈钢盘摩擦表面上。为了定量分析其微观形貌,测量其表面平均粗糙度(S_a),具体计算公式如下:

$$S_a = \frac{1}{MN} \sum_{k=0}^{M-1} \sum_{l=0}^{N-1} \mid z(x_k, y_l) - u \mid \tag{3-4}$$

$$u = \frac{1}{MN} \sum_{k=0}^{M-1} \sum_{l=0}^{N-1} z(x_k, y_l) \tag{3-5}$$

计算结果如图 3-8 所示。图 3-8(a) 表示不锈钢盘磨损之后的粗糙度随不同载荷的变化情况(定滑动速度 0.55m/s)。图 3-8(b) 表示不锈钢盘磨损之后的粗糙度随不同滑动速度的变化情况(定载荷 0.5MPa)。发现在水润滑条件下,不锈钢盘在磨损之后的粗糙度没有明显的变化规律,只是稍微有所下降。可能是在磨损过程中,不锈钢盘表面细小的毛刺被磨损,使得不锈钢盘被进一步抛光,粗糙度反而变小。然而,由于毛刺质量太小,分析天平不能准确地反映其磨损质量。

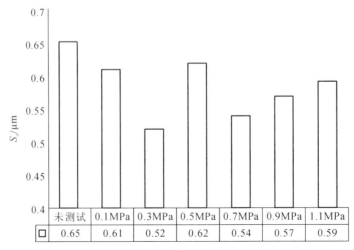

	未测试	0.1MPa	0.3MPa	0.5MPa	0.7MPa	0.9MPa	1.1MPa
□	0.65	0.61	0.52	0.62	0.54	0.57	0.59

(a)

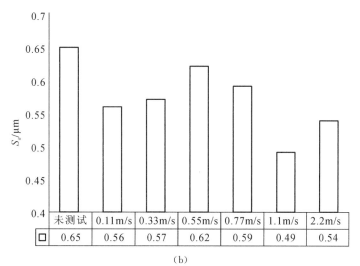

(b)

图 3-8　不锈钢盘磨损之后的表面粗糙度

（a）定滑动速度（0.55m/s）和不同载荷；（b）定载荷（0.5MPa）和不同滑动速度

　　不锈钢盘几乎未被磨损的原因可能有以下两点：第一，不锈钢盘的硬度远大于丁腈橡胶销试样的硬度，在水润滑条件下，其耐磨损性能要优于丁腈橡胶销的耐磨损性能；第二，在磨损过程中，不锈钢盘局部磨损表面并未时刻与丁腈橡胶销试样接触，润滑状况和冷却状况要好于丁腈橡胶销试样。丁腈橡胶销试样在不锈钢盘上的相对磨损轨迹如图 3-9 所示。可以看到，不锈钢盘磨损表面与丁腈橡胶销试样在每转中的磨损距离长度 l：

$$l \leqslant \frac{27}{360} \times 2 \times \pi r < \frac{1}{12} \times 2 \times \pi r$$

式中：r——平均磨损半径。说明不锈钢盘表面的局部材料在每转中最多只有 1/12 转角处于接触滑动磨损状态，最少有 11/12 转角浸泡在水中，也就是说不锈钢盘某局部区域大部分时间处于未磨损状态，并经过充分地冷却和润滑，其磨损条件要远胜于丁腈橡胶销试样的磨损条件。

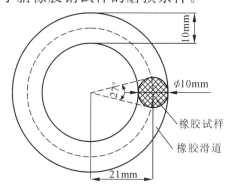

图 3-9　丁腈橡胶销试样在不锈钢盘上的相对磨损轨迹

3.2.3.2　丁腈橡胶销试样的磨损表面形貌

（1）丁腈橡胶销试样的表面粗糙度分析

图 3-10 所示为丁腈橡胶销试样磨损表面粗糙度随载荷的变化规律。总体上，在相同的滑动速度下，粗糙度随载荷的增加而增大。当载荷在 0.1 ～ 0.5MPa 时，粗糙度增加趋势较为平缓；当载荷在 0.5 ～ 1.1MPa 时，粗糙度增加得比较明显。这说明，随着载荷的增加，摩擦副之间的摩擦力也相应增加，丁腈橡胶销与不锈钢盘之间的磨损越来越剧烈，摩擦磨损愈加显著，在较高载荷区间尤为明显，使得粗糙度增大，与图 3-5 所示的丁腈橡胶销试样平均质量磨损率随载荷的变化规律相吻合。

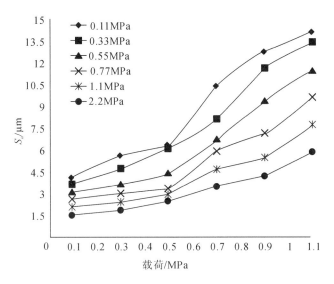

图 3-10　丁腈橡胶销试样的粗糙度随载荷的变化规律

丁腈橡胶销试样的粗糙度随滑动速度的变化规律如图 3-11 所示。粗糙度基本上呈现随滑动速度增加而减小的趋势。当滑动速度在 0.11 ～ 0.77m/s 时，粗糙度下降的趋势比较明显。当滑动速度在 0.77 ～ 2.2m/s 时，下降趋势减缓；尤其是在中低载荷下（0.1MPa、0.3MPa 和 0.5MPa）粗糙度变化较小。图 3-11 进一步证实了较高滑动速度有利于改善丁腈橡胶销试样和不锈钢盘试样之间的摩擦学性能。低滑动速度下，动压润滑不明显，摩擦副之间摩擦系数较大，摩擦磨损比较剧烈，粗糙度较大。高滑动速度有利于动压润滑的形成，较大地改善了润滑条件，减小摩擦磨损，使粗糙度降低。

（2）丁腈橡胶试样的微观表面形貌分析

为了进一步研究丁腈橡胶销试样与不锈钢盘试样在水润滑条件下的摩擦磨损机理，橡胶销试样磨损之后的表面形貌采用电子扫描显微镜进行细致

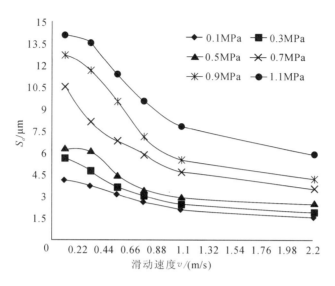

图 3-11　丁腈橡胶销试样的粗糙度随滑动速度的变化规律

观察。为了更加容易区别不同试验条件下的磨损特征，本章选择的载荷条件为 0.1MPa、0.5MPa 和 0.9MPa，速度条件为 0.11m/s、0.55m/s 和 1.1m/s，观察结果如图 3-12～图 3-14 所示。

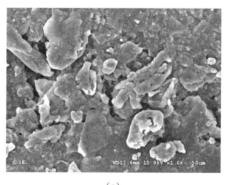

(a)

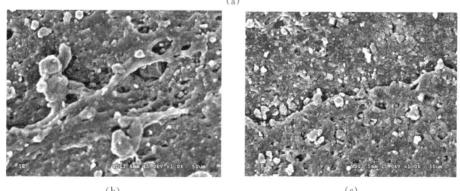

(b)　　　　　　　　　　　　　　　　　(c)

图 3-12　丁腈橡胶销试样磨损后的 SEM 图片（0.1MPa）

(a) 滑动速度 0.11m/s；(b) 滑动速度 0.55m/s；(c) 滑动速度 1.1m/s

图 3-12 是橡胶销试样在 0.1MPa 和三种不同滑动速度（0.11m/s、0.55m/s 和 1.1m/s）试验条件下的 SEM 图片。很明显，不同的滑动速度对试样表面造成了不同程度的磨损。当滑动速度为 0.11m/s 时，磨损表面有明显的擦伤，杂乱地布满了片状的、细小的磨损颗粒。当滑动速度为 0.55m/s 时，磨损表面明显不平整，表面布满了较小的颗粒和微凸体。很显然，微凸体是由于滑动过程中，在对偶件的作用下，对橡胶表面产生了应力，使得橡胶材料发生塑性形变而形成。当滑动速度为 1.1m/s 时，磨损表面比较光滑，布满了许多细小的磨粒和坑洞。

图 3-13 是丁腈橡胶销试样在 0.5MPa 和三种不同滑动速度（0.11m/s、0.55m/s 和 1.1m/s）试验条件下的 SEM 图片。当滑动速度为 0.11m/s 时，磨损表面擦伤同样明显，磨损表面布满深浅不一的坑洞。当滑动速度为 0.55m/s 时，擦伤不是很明显，磨损表面有一个较大的块状凸体和一些细小的磨粒。当滑动速度为 1.1m/s 时，磨损表面比较平整，布满了许多细小的磨粒和坑洞。

(a)

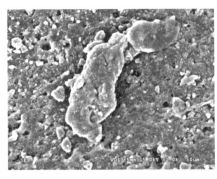

(b)

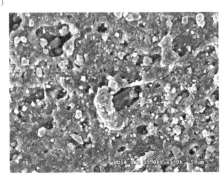

(c)

图 3-13　丁腈橡胶销试样磨损后的 SEM 图片（0.5MPa）

(a)滑动速度 0.11m/s；(b)滑动速度 0.55m/s；(c)滑动速度 1.1m/s

图 3-14 所示是丁腈橡胶销试样在 0.9MPa 和三种不同滑动速度（0.11m/s、0.55m/s 和 1.1m/s）试验条件下的 SEM 图片。当滑动速度为

0.11m/s 时,磨损表面擦伤非常明显,磨损表面出现大量磨损颗粒和层状剥落现象。当滑动速度为 0.55m/s 时,磨损表面也出现了层状剥落黏着等擦伤现象,还分布了较多的细微裂纹。当滑动速度为 1.1m/s 时,磨损表面出现了条状的凸起,并有较大的坑洞,同样布满了较大的磨损颗粒。

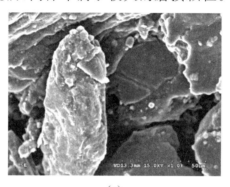

(a)

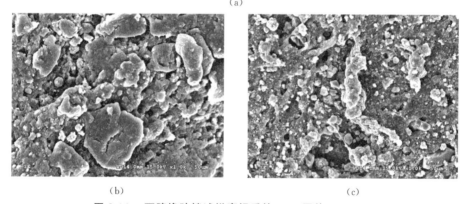

(b)　　　　　　　　　　　　　　　(c)

图 3-14　丁腈橡胶销试样磨损后的 SEM 图片(0.9MPa)

(a) 滑动速度 0.11m/s ;(b) 滑动速度 0.55m/s;(c) 滑动速度 1.1m/s

从图 3-12～ 图 3-14 可以看出,不同磨损条件对丁腈橡胶销与不锈钢盘之间产生不同的磨损,导致其出现不同的摩擦磨损现象。综合起来看,在低滑动速度下,磨损表面较为粗糙,表面分布较大剥落颗粒,是典型的擦伤磨损。随着滑动速度的增大,擦伤磨损明显减弱。在较高滑动速度下,丁腈橡胶销试样磨损表面出现小且多的坑洞和细小的颗粒,呈现出明显的黏着疲劳磨损特征。在相同滑动速度下,随着载荷的增大,磨损表面的磨损颗粒急剧增加,磨料磨损愈加严重,表面变得愈加粗糙。

(3) 丁腈橡胶销试样的磨粒分析

磨粒是判断磨损过程中摩擦磨损机理的一个极为常用和有力的判据。为了深入分析丁腈橡胶销试样和不锈钢盘之间的摩擦磨损机理,观察了磨损之后的具有明显特征的丁腈橡胶磨粒,为后文的摩擦磨损过程和机理分析奠定基础。其观察结果如图 3-15 所示。

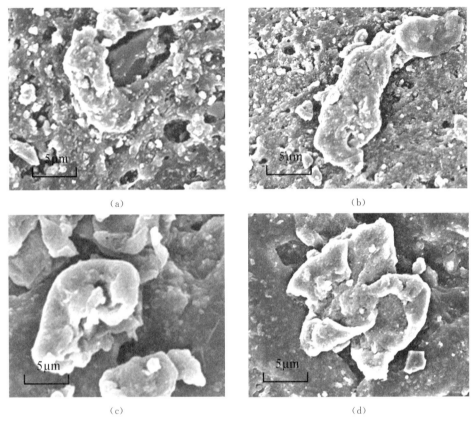

（a）　　　　　　　　　　　　　　　　（b）

（c）　　　　　　　　　　　　　　　　（d）

图 3-15　丁腈橡胶磨粒的 SEM 图片

(a)、(b) 未脱落的橡胶凸起；(c)、(d) 脱落的橡胶磨粒

图 3-15(a) 和图 3-15(b) 是还未形成橡胶磨屑的橡胶凸起。图 3-15(a) 是典型被撕裂的橡胶材料,并且具有明显被拉长的迹象。图 3-15(b) 是磨损过程中丁腈橡胶销磨损表面的材料因不锈钢盘的滑动挤压而发生塑性形变,形成材料堆积现象。图 3-15(c) 和图 3-15(d) 是脱落的橡胶磨粒,这两颗磨粒均具有非常明显的卷曲变形特征。图 3-15 说明丁腈橡胶销与不锈钢盘在磨损过程中,橡胶销磨损面发生了拉伸、撕裂和卷曲的过程。下文将详细分析该磨损过程。

3.3　丁腈橡胶销与不锈钢配副的摩擦磨损机理分析

3.3.1　摩擦力的形成

当不锈钢盘表面与丁腈橡胶销弹性体接触时，在施加载荷 F 作用下，如图 3-16 所示。由于橡胶通常是压皱在不锈钢盘接触面上微凸体的周围，因而丁腈橡胶销磨损面发生弹性形变，近似呈现不锈钢盘的表面轮廓。因此，在橡胶销的实际接触面积上形成了弹性压力，并支撑总载荷，可用以下关系式表达：

$$N = \sum_{i=1}^{n} S_i \overline{p_i} \tag{3-6}$$

式中：S_i——第 i 个微凸体的实际接触面积；

　　　$\overline{p_i}$——第 i 个微凸体的平均接触压力。

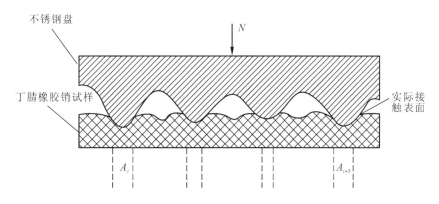

图 3-16　不锈钢盘静加载在丁腈橡胶销试样表面

假如对不锈钢盘施加一个侧推力 F_c，使之以均匀速度 v 在丁腈橡胶销磨损面上滑动，那么不锈钢盘与橡胶试样之间将会产生摩擦力以平衡侧推力 F_c，如图 3-17 所示，即

$$F_f = \sum_{i=1}^{n} F_i \tag{3-7}$$

式中：F_i——第 i 个微凸体与丁腈橡胶销试样之间的摩擦力。

由前可知，丁腈橡胶是典型的高弹性体材料，在滑动情况下，其表面与不锈钢微凸体之间产生摩擦的因素有两个：一个是橡胶表面与微凸体表面之间的黏着作用，另一个是丁腈橡胶因发生弹塑性形变而产生的滞后作用。橡胶

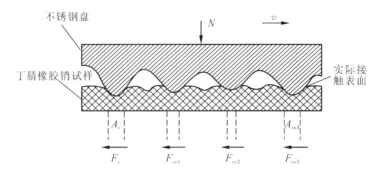

图 3-17 不锈钢盘在丁腈橡胶销试样表面滑动

的滞后作用是指不锈钢接触面上的微凸体压入橡胶表面后,使其产生弹性形变,橡胶在变形和恢复原状的过程中造成能量的扩散损失,由于橡胶的滞后作用产生的摩擦力一般称为摩擦的迟滞分量。那么,丁腈橡胶销试样与不锈钢盘试样之间的摩擦力 F_f 实际上是黏着作用产生的黏着摩擦力 F_S 与橡胶的滞后作用产生的摩擦力 F_H 之和,即

$$F_f = \sum_{i=1}^{n} F_i = \sum_{i=1}^{n} (F_{Si} + F_{Hi}) = \sum_{i=1}^{n} F_{Si} + \sum_{i=1}^{n} F_{Hi} = F_S + F_H \quad (3\text{-}8)$$

式中:F_{Si}——第 i 个微凸体与橡胶销试样之间的黏着摩擦力;

F_{Hi}——第 i 个微凸体与橡胶销试样之间的滞后摩擦力;

F_S——不锈钢盘与橡胶销试样之间总的黏着摩擦力;

F_H——不锈钢盘与橡胶销试样之间总的滞后摩擦力。

式(3-8)中黏附项和迟滞项的物理模型可以用图 3-18 形象地描述。

若将式(3-8)的两边都除以载荷 N,可得到总摩擦系数:

$$\mu = \frac{F}{N} = \frac{\sum\limits_{i=1}^{n} F_i}{N} = \frac{\sum\limits_{i=1}^{n} (F_{Si} + F_{Hi})}{N}$$

$$= \frac{\sum\limits_{i=1}^{n} F_{Si}}{N} + \frac{\sum\limits_{i=1}^{n} F_{Hi}}{N} = \sum_{i=1}^{n} \mu_{Si} + \sum_{i=1}^{n} \mu_{Hi} = \mu_S + \mu_H \quad (3\text{-}9)$$

式中:μ_S——不锈钢盘微凸体与橡胶销试样之间总的黏着摩擦系数;

μ_H——不锈钢盘微凸体与橡胶销试样之间总的滞后摩擦系数;

μ_{Si}——第 i 个不锈钢盘微凸体与橡胶销试样之间的黏着摩擦系数;

μ_{Hi}——第 i 个不锈钢盘微凸体与橡胶销试样之间的滞后摩擦系数。

可以看出,不锈钢盘与橡胶销之间的摩擦系数是其黏着摩擦系数和滞后摩擦系数之和。

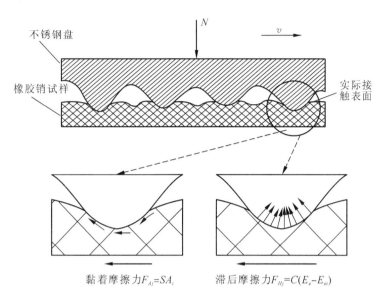

图 3-18　橡胶磨损过程中摩擦力的黏附项和迟滞项

3.3.1.1　黏着摩擦力

根据黏附理论,黏附被形象地比喻成热活化分子的"黏-滑过程"。从微观角度说,橡胶分子链是由处于恒态热运动中的挠性链构成的。在一定速度、压力和温度下,橡胶销试样表面与不锈钢盘表面产生相对滑动时,两接触表面的部分橡胶分子链与不锈钢盘表面的部分分子连接起来,形成局部连接点。滑动过程促使与不锈钢盘连接区域的部分橡胶分子链之间的键出现拉伸、松弛和破裂,产生黏附力和磨损。

参与黏附过程中的橡胶分子链一般呈现一种连续体的特征,因此,可以视其为一种宏观的现象,可以用机械模式来模拟,于是出现了摩擦磨损试验。按照宏观的观点,丁腈橡胶销试样与不锈钢盘之间总的黏附力可表示为

$$F_S = \overline{S} \sum_{i=1}^{n} A_i \tag{3-10}$$

式中:$\overline{S}$—— 各微小接触面的平均剪切阻力;

A_i—— 第 i 个微小接触面积;

n—— 微小接触面总数。

其含义为:黏着摩擦力与实际接触面积之和成正比。由于摩擦副之间的黏着作用已经被大量地研究,此处不再赘述。

3.3.1.2　滞后摩擦力

图 3-19 形象地表示了不锈钢盘试样上的微凸体与丁腈橡胶销试样磨损面之间的滞后摩擦作用。当不锈钢盘试样静加载在橡胶销试样表面上时,不锈钢盘上的微凸体基本上对称、均匀地压在橡胶销表面上,如图 3-19(a) 所示。由于不锈钢盘的硬度远大于丁腈橡胶的硬度以及橡胶的弹性性能,被压的橡胶销表面变形后,其轮廓与微凸体的轮廓基本一致。此时,如果将作用在橡胶销微压缩表面上的载荷分解成竖直方向和水平方向的分量,那么橡胶销竖直方向支撑力的总和必定与载荷相平衡,水平方向的分量则互相抵消,即

在竖直方向上:
$$N_i = \sum_{j=1}^{m} P_{ij}$$

在水平方向上:
$$\sum_{j=1}^{m} Q_{ij} = 0$$

式中:N_i——第 i 个微凸体对橡胶销表面的压力;

　　　P_{ij}——第 i 个橡胶销微压缩表面上第 j 个支撑力在竖直方向上的分量;

　　　Q_{ij}——第 i 个橡胶销微压缩表面上第 j 个支撑力在水平方向上的分量;

　　　m——第 i 个橡胶销微压缩表面上支撑力的数量。

当不锈钢盘以匀速 v 在橡胶销试样上滑动时,不锈钢盘表面上的微凸体会挤压橡胶微压缩表面右边的橡胶材料,使其发生较大的弹性形变,在右边聚集。橡胶销微压缩表面左边的橡胶材料则因为微凸体的离开,会恢复到原来的形状,此过程可以用图 3-19(b) 表示。图 3-19(a) 中静止状态的橡胶销微压缩表面左边的弧段 a—b 在滑动过程中恢复成图 3-19(b) 中的 d—e 弧段;右边的弧段 b—c 在滑动过程中被挤压变形成图 3-19(b) 中的弧段 e—f。总体上讲,右边的接触橡胶弧段因被挤压而前行并且变形加长,从而形成橡胶的堆积,甚至形成塑性形变;左边的接触橡胶弧段因为微凸体的离开而恢复缩短。显然,丁腈橡胶的接触弧段 e—f 因变形增大,其反弹力增加,即阻止不锈钢微凸体前行的作用力增加;而左边的接触橡胶弧段 d—e 支撑力将减小。这种挤压变形效应使得橡胶销微压缩表面上支撑力的水平分量在滑动过程中产生不平衡力,它阻止不锈钢微凸体向前滑行。竖直方向上的分力则依然与载荷相平衡,即

在竖直方向上:
$$N_i = \sum_{j=1}^{m} P_{ij}$$

在水平方向上：
$$\sum_{j=1}^{m} Q_{ij} > 0$$

当不锈钢微凸体滑过橡胶销微压缩表面时，并且在下一个微凸体未滑到之前，由于弹性作用，橡胶销微压缩表面会恢复到原来的形态，如图 3-19(c)所示。在整个滑动过程中，丁腈橡胶销某接触表面经历了变形 — 聚集 — 回弹运动。此过程中为克服橡胶内摩擦力而产生的能量损失，称为滞后损失；在磨损过程中，称之为滞后摩擦力所造成的能量耗散。因为滞后损失是一种耗能过程，成为一种抗滑阻力，被称为滞后摩擦力。通过上面分析，不锈钢盘与丁腈橡胶销试样之间的滞后摩擦力可以表示为

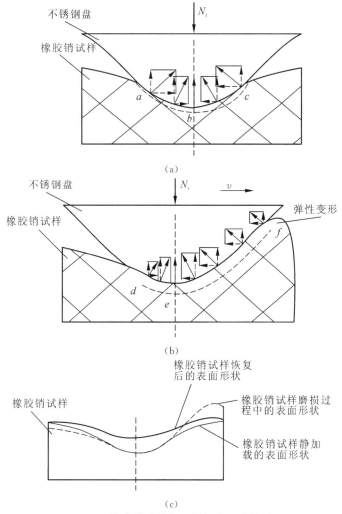

图 3-19　橡胶销试样与不锈钢盘滑动的过程

(a) 静加载下不锈钢微凸体与丁腈橡胶销试样表面之间的接触；(b) 滑动过程中不锈钢微凸体
与丁腈橡胶销试样表面之间的接触；(c) 微凸体静加载、滑动过程中和滑过橡胶销试样的表面形态

$$F_H = C \sum_{i=1}^{n} (E_{iy} - E_{it}) \tag{3-11}$$

式中：C—— 与橡胶类型有关的系数；

　　　E_{iy}—— 橡胶销表面上第 i 个微压缩面上受压缩和挤压而需要的能量；

　　　E_{it}—— 橡胶销表面上第 i 个微压缩面上受压缩恢复所需的能量。

依据上述分析可以看出，丁腈橡胶销与不锈钢盘之间的黏附现象是一种表面效应，而迟滞现象则是与丁腈橡胶销的弹性或黏弹性以及其他性能有关的整体现象。总体来说，黏着摩擦力和滞后摩擦力都是丁腈橡胶销试样与不锈钢盘微凸体在磨损过程的能量耗散现象。

3.3.2　润滑过程分析

研究证明，水润滑薄膜在滑动过程中，具有缓冲和吸振作用，使螺旋桨轴旋转得更加平稳，并且对摩擦副具有明显的冷却作用，降低摩擦热，还对摩擦表面起到冲洗作用，带走磨屑，改善了摩擦副的工作条件。然而，其主要的特点是改善摩擦副之间的润滑特性，从而减小橡胶磨损面的摩擦磨损。

在一定载荷下，不锈钢盘微凸体引起丁腈橡胶销接触表面产生微变形（图 3-20）。在一定滑动速度下，当水介质进入微变形接触面时，由于楔形效应，其流速增加。由于水介质的黏性作用，导致贴近微凸体表面的水介质速度最快，远离微凸体的水介质的速度最慢，这样不锈钢盘微凸体与丁腈橡胶销接触表面之间形成一层具有速度差的水膜楔。由于收敛水膜楔的存在，两运动表面之间会形成压力水膜，在一定程度上能将不锈钢盘微凸体与橡胶销表面分开，从而急剧减弱两摩擦面之间的黏附作用，使摩擦系数大幅度减小。

当不锈钢盘微凸体与丁腈橡胶销接触表面间充满水介质时，即使摩擦副之间不能形成有效的润滑水膜，水介质还是能在一定程度上保证在相邻微凸体间的空穴中产生流体动压力，使得丁腈橡胶销磨损面与不锈钢盘磨损面之间仍存在局部的流体动压润滑。同时，水分子也能在一定程度上阻止不锈钢盘微凸体与橡胶分子链相接触，有效地降低了两者之间的黏附作用，从而减小黏附摩擦力。以上因素可以解释在水介质的接触润滑条件下，不锈钢盘与橡胶之间的摩擦系数仍然比干摩擦条件下小很多的原因。

从上述分析可知，水润滑条件、载荷和滑动速度是通过影响不锈钢盘和丁腈橡胶销之间的黏附作用和滞后摩擦作用来改变摩擦副之间的摩擦磨损状态。

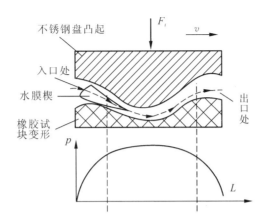

图 3-20　不锈钢盘与丁腈橡胶销之间的润滑

水介质能有效地减小两摩擦副之间的黏附作用，从而减小摩擦副之间的摩擦系数和磨损量。

一方面，较低滑动速度下，由于弹性流体动压不明显，磨损面之间的黏附作用减小得不明显，故而摩擦系数较大。当滑动速度较大时，弹性流体润滑比较明显，能形成有效的润滑水膜，故而黏附作用比较小。另一方面，速度较高时，因微凸体滑过被挤压变形的丁腈橡胶材料[图 3-19(b) 弧段 e—f] 还未恢复至原来形状就快速地被另一个微凸体挤压变形，整个过程中，橡胶材料一直处于变形状态，有效地减小了"变形 — 聚集 — 回弹"运动中的橡胶内部分子的摩擦消耗，从而有效地减小了滞后磨损。总之，较高的滑动速度有利于减小摩擦副之间的黏附摩擦和滞后摩擦，并且有效地改善润滑条件，减小摩擦磨损。

低载荷下，不锈钢盘表面微凸体挤压丁腈橡胶材料而导致的微变形较小，即不锈钢盘与丁腈橡胶销之间的接触面积较小，此时黏附摩擦和滞后摩擦较小，因此摩擦力较小。当载荷较大时，橡胶微压缩变形较大、较深，即图 3-19(a) 中弧段 abc 较长、较深。当微凸体以一定的速度 v 向前滑行时，微凸体挤压的橡胶材料也就越多，那么橡胶变形和反弹时耗散的能量也就越大，即滞后摩擦力越大。同时，由于接触面积增大，黏附摩擦力也增大。综合而言，摩擦力增大。

3.3.3　磨损过程分析

如前所述，由于丁腈橡胶是典型的高弹性体材料，因此丁腈橡胶销与不锈钢盘之间具有特别的摩擦磨损机理。当不锈钢盘与丁腈橡胶销表面相接触,在一定的作用力下,并以一定的滑动速度滑行时,丁腈橡胶销与不锈钢盘之间的磨损过程可以用图 3-21 进行解释。

(1) 当不锈钢盘在丁腈橡胶销表面作相对运动时,高弹性橡胶销表面的部分橡胶材料被不锈钢盘表面的微凸体挤压变形,在它们之间的黏附摩擦共同作用下,继续沿着不锈钢盘滑动的方向拉伸变形,如图 3-21(a) 所示。

(2) 当橡胶材料因拉伸变形而产生的拉力足以克服不锈钢盘微凸体与丁腈橡胶销微变形之间的摩擦力时,橡胶材料不会立即脱落于橡胶销表面。然而,如果摩擦力足够大,丁腈橡胶销的撕裂强度又较低时,丁腈橡胶销变形较大的那部分橡胶材料在拉伸过程中可能会渐渐损坏,并在垂直于拉伸方向上出现细微的裂纹,如图 3-21(b) 所示。这些细微裂纹一般是在橡胶材料受到最大拉伸变形作用的部位开始产生。裂纹产生之后,便会在不太大的拉伸应力或剪切应力的作用下逐步扩展开来,其扩展的方向十分复杂,取决于当时的受力状态、环境、橡胶内部的分子结构和机械性能等其他因素,如丁腈橡胶内部结构中的分子不均匀性、疲劳和老化等原因导致的丁腈橡胶机械性能的退化以及磨损接触界面温度场分布的不均匀性。裂痕扩展开始阶段,一般不可能使拉伸橡胶微凸体立刻脱落而产生磨屑,往往会进一步扩展,使得拉伸变形的橡胶材料被进一步拉长撕裂。于是,发生拉伸变形的橡胶材料因为撕裂拉伸作用而相对于整个橡胶表面产生了微小的相对移动。

(3) 被撕裂拉伸变形的丁腈橡胶微凸体进一步生长成舌状长条,在滑动过程中被不锈钢盘搓成卷曲状,如图 3-21(c) 所示。在磨损过程中,被曲卷的那部分橡胶材料一直处于受力状态,摩擦力(使它受到拉伸作用的力)取决于它脱离丁腈橡胶销表层的拉伸强度。当它被曲卷到可被拉伸的临界值时,再被进一步曲卷之后,就会被拉断而从橡胶销磨损表面脱落,形成具有卷曲特征的丁腈橡胶碎屑。很明显,橡胶碎屑的形状和大小并不固定,它取决于其不断变化的截面尺寸、裂痕扩展方向、摩擦力的大小等因素。

(4) 曲卷的丁腈橡胶碎屑形成后,便在丁腈橡胶销和不锈钢盘之间发生滚动摩擦,最终被带入水介质中,如图 3-21(d) 所示。橡胶销表面的橡胶材料被挤压变形、拉伸、撕裂、曲卷、拉伸和脱落现象一直存在于丁腈橡胶销与不锈钢盘的磨损过程中。

从上面的分析可以看出,丁腈橡胶的磨损只有当外界条件和橡胶自身机械性能之间处于一定关系的情况下才能出现。外界条件包括载荷、滑动速度、润滑介质、界面处的温度、摩擦副的几何条件等。丁腈橡胶的自身机械性能包

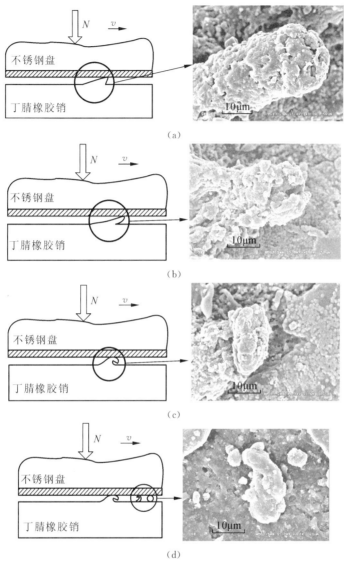

图 3-21　丁腈橡胶销与不锈钢盘之间的磨损过程及其 SEM 图

（a）丁腈橡胶销表面的材料变形；（b）丁腈橡胶销表面变形材料产生细微裂纹；

（c）丁腈橡胶销变形材料的拉伸、撕裂、曲卷；（d）丁腈橡胶销表面橡胶材料的脱落

括拉伸强度、撕裂强度、邵氏硬度、抗疲劳特性和拉伸伸长率等。总之，丁腈橡胶与刚体之间的摩擦学行为非常复杂，展开深入的研究对其应用具有非常重要的实际指导意义。

3.4　本章小结

本章研究了不同载荷和滑动速度在水润滑条件下对丁腈橡胶销试样和

不锈钢盘试样之间摩擦学性能的影响规律,对比分析了摩擦系数、质量磨损率、行程－质量磨损率和粗糙度,并用电子扫描显微镜观察了丁腈橡胶销的磨损表面形貌。基于上述信息,分析了摩擦副之间的磨损过程,得到了如下主要结果:

(1)载荷对摩擦副之间的摩擦系数影响不明显,对丁腈橡胶的质量磨损率和表面粗糙度影响很大,其均随载荷增加而增大。

(2)滑动速度对摩擦副之间的摩擦系数、表面粗糙度、质量磨损率和行程－质量磨损率影响显著。随着滑动速度的增大,摩擦副之间润滑条件改善明显,摩擦系数、表面粗糙度和行程－质量磨损率下降得非常显著。由于滑动速度的增加,磨损面接触的次数增多,故质量磨损率仍随滑动速度增加而增加。

(3)通过对丁腈橡胶磨损形貌的考察,在高载荷和低转速下,摩擦副之间主要以磨料磨损为主;在较低载荷和高转速下,摩擦副之间主要以疲劳磨损为主。

(4)丁腈橡胶销与不锈钢盘之间的摩擦力主要分为黏附摩擦力和滞后摩擦力。低载荷下,不锈钢盘表面微凸体挤压丁腈橡胶材料而造成的微变形较小,磨损面之间的接触面积较小,此时黏附摩擦和滞后摩擦作用较小,因此摩擦力较小。当微凸体施加在橡胶表面上的载荷较大时,橡胶微压缩变形较大、较深,被挤压的橡胶材料越多,于是橡胶变形和反弹时耗散的能量也越大,即滞后摩擦力越大;同时,由于接触面积增大,黏附摩擦力也增大。综合而言,摩擦力增大。

(5)丁腈橡胶销与不锈钢盘之间主要发生卷曲型磨损。橡胶销表面的橡胶材料被挤压变形、拉伸、撕裂、曲卷、拉伸和脱落现象一直存在于丁腈橡胶销与不锈钢盘的磨损过程中。丁腈橡胶销的摩擦磨损只有当外界条件和橡胶的自身机械性能之间存在一定关系下才能出现。外界条件包括载荷、滑动速度、润滑介质、界面处的温度、摩擦副的几何条件等;丁腈橡胶的自身机械性能包括拉伸强度、撕裂强度、邵氏硬度、抗疲劳特性和拉伸伸长率等,部分研究内容将在后续章节中介绍。

参 考 文 献

[1]　俞士将.绿色船舶发展现状及方向分析[J].船舶,2010,21(4):1-5.

[2]　DONG C L, YUAN C Q, BAI X Q, et al. Study on wear behaviour and wear model of nitrile butadiene rubber under water lubricated conditions [J]. Rsc

Advance,2014,4(36): 19034-19042.

[3] ORNDORFF R L. Water-lubricated rubber bearings,history and new developments[J]. Naval Engineers Journal,1985,97(7):39-52.

[4] ORNDORFF R L,FRINCK D G. New design, cost-effective, high performance water-lubricated bearings[J]. Warship,1996(2):367-373.

[5] YUAN C Q,PENG Z X,YAN X P,et al. Surface roughness evolutions in sliding wear process[J]. Wear,2008,265(3):341-348.

[6] ZHANG S W,LIU H C,HE R Y. Mechanisms of wear of steel by natural rubber in water medium[J]. Wear,2004,256(3-4):226-232.

[7] HIRANI H,VERMA M. Tribological study of elastomeric bearings for marine propeller shaft system[J]. Tribology International,2009,42(2):378-390.

[8] VIE R,HAMPSON L G. Grand princess- water lubricated bearings[J]. The Institute of Marine Engineers,2000,112(1):11-25.

[9] CHEN J, LI S L, TAO Z L. Novel hydrogen storage properties of MoS$_2$ nanotubes[J]. Journal of Alloys and Compounds, 2003, 356-357:413-417.

[10] GALIATSATOS V,SUBRAMANIAN P R,KLEIN-CASTNER L. Designing heterogeneity into bimodal elastomeric PDMS networks[J]. Macromolecular Symposia, 2001, 171(1):97-104.

[11] CHEN Z,LIU X W,LIU Y H,et al. Ultrathin MoS$_2$ nanosheets with superior extreme pressure property as boundary lubricants[J]. Scientific Reports,2015, 5:12869.

[12] TANG Y C,YANG J,YIN L T,et al. Fabrication of superhydrophobic polyurethane/ MoS$_2$ nanocomposite coatings with wear-resistance[J]. Colloids and Surfaces A: Physicochemical and Engineering Aspects, 2014, 459:261-266.

[13] TIAN Y, LIU Y Q, HE M H, et al. High damping properties of magnetic particles doped rubber composites at wide frequency[J]. Materials Research Bulletin, 2013, 48(5):2002-2005.

[14] PONOMAREV Y K, ERMAKOV A I, SIMAKOV O B, et al. Metallic counterpart of rubber: a material for vibration and shock protection[J]. Metal Science and Heat Treatment, 2013,55(1-2):8-13.

[15] WANG H J,LIU Z L,ZOU L,et al. Influence of both friction and wear on the vibration of marine water lubricated rubber bearing[J]. Wear, 2017, 376-377: 920-930.

[16] MILIONIS A, LANGUASCO J, LOTH E, et al. Analysis of wear abrasion resistance of superhydrophobic acrylonitrile butadiene styrene rubber (ABS) nanocomposites[J]. Chemical Engineering Journal, 2015, 281(1):730-738.

第4章　含沙水介质中丁腈橡胶轴承材料的摩擦学性能

　　我国幅员辽阔,毗邻黄海、渤海、东海和南陆缘海,大陆岸线长约18000km,6500多个岛屿岸线长约14000km。内河通航水域也极为宽广,其中,流域面积在100km^{2}以上的河流就有5000多条,流域面积在1000km^{2}以上的河流有1500多条。同时,我国是一个多沙河流国家,泥沙问题较为突出。由于植被的减少、雨水的冲刷和船只数量的急剧增加,内河主要河道的含沙量急剧地增加,长江干流多年平均含沙量为2.86kg/m^3,局部流域在枯水季节的含沙量高达8kg/m^3。图4-1所示为含沙量较高的长江水。大量的泥沙随着河流最终流向沿海海域,使得海水含沙量较高。潜艇在浅海近底行驶,或者潜入海底刚启动时,螺旋桨旋转时会带起海底的泥沙,泥沙被带入潜艇尾轴承内从而加剧橡胶尾轴承的磨损。众所周知,橡胶材料对硬性颗粒极为敏感,它不仅影响船舶水润滑尾轴承与尾轴之间的润滑,同时也是加快橡胶尾轴承磨损的重要原因之一。大量的人力和物力被用于修理或更换这些磨损部件。因此,在含沙水环境下橡胶尾轴承与尾轴之间的摩擦学问题日益突出。本章主要研究丁腈橡胶与不锈钢摩擦副在含沙水介质环境下的摩擦学行为,为提高丁腈橡胶水润滑尾轴承在极端环境下的耐磨性能和延长其使用寿命做好铺垫工作。

图 4-1　夏季含沙量高的长江水

4.1　沙粒浓度对丁腈橡胶水润滑尾轴承材料摩擦学性能的影响

4.1.1　材料与试验

4.1.1.1　试验材料

丁腈橡胶被加工成销试样,其直径和高分别为 10mm 和 20mm,表面粗糙度为(1.08±0.05)μm。摩擦配副是 1Cr18Ni9Ti 不锈钢,被加工成盘试样,其外径和内径分别为 60mm 和 8mm,高为 10mm,表面粗糙度为 0.65μm。丁腈橡胶销试样与不锈钢盘试样的外观形貌和部分重要的力学性能已在第 3 章列举,见图 3-1、表 3-1 和表 3-2。本试验中的泥沙颗粒都取自于长江,它们的粒度范围在 5 ～ 60μm,如图 4-2 所示。由于泥沙颗粒的主要成分是二氧化硅,因此试验中主要参照二氧化硅材料的物理属性,它的部分重要的力学性能如表 4-1 所示。长江水中泥沙颗粒的粒度分布如表 4-2 所示。

图 4-2　泥沙颗粒

表 4-1　二氧化硅的部分重要力学性能

莫氏硬度	弹性模量 E /MPa	密度 ρ/(g/cm³)	屈服强度 /MPa	韧性 K_{Ic}/(MPa · m$^{1/2}$)
7	72	2.2	50	1.0

表 4-2　　长江水中悬浮颗粒粒度分布

颗粒粒度区间 /μm	> 60	30 ~ 60	20 ~ 30	10 ~ 20	5 ~ 10	< 5
泥沙含量 %	1.47	4.89	15.41	29.16	35.53	13.54

4.1.1.2　试验设计

所有试验均在船舶轴系磨损试验机(CBZ-1)上进行,试样分别是丁腈橡胶销试样和 1Cr18Ni9Ti 不锈钢盘试样,试验条件是含沙水介质和纯净水润滑,外界环境为室温条件。本章将进行三组对比试验来分别研究滑动速度、载荷和泥沙含量在水环境下对丁腈橡胶试样和 1Cr18Ni9Ti 不锈钢盘试样摩擦副之间摩擦学性能的影响机理。

第一组试验是为了考察滑动速度对摩擦副之间摩擦学性能的影响。不同转速被设定为 50r/min、150r/min、250r/min、350r/min、500r/min 和 1000r/min。销试样对应在盘试样的平均滑动半径为 21mm,那么其滑动速度为 0.11m/s、0.33m/s、0.55m/s、0.77m/s、1.1m/s 和 2.2m/s,或是 396m/h、1188m/h、1980m/h、2772m/h、3960m/h 和 7920m/h。为了排除载荷和泥沙含量的影响,载荷和泥沙含量分别设定为 0.5MPa 和 0.3%。设置载荷和转速分别为 0.5MPa 和 50r/min,以纯净水润滑条件下的摩擦磨损试验为参考试验。需要指出的是,本试验中泥沙含量指的是含沙水介质中泥沙颗粒的质量占含沙水介质总质量的百分比,下文定义相同。

第二组试验是为了探讨载荷对摩擦副之间摩擦学性能的影响。施加名义载荷分别为 8N、24N、40N、56N、72N 和 88N,所以对应的名义压力为 0.1MPa、0.3MPa、0.5MPa、0.7MPa、0.9MPa 和 1.1MPa。为了排除滑动速度和泥沙含量的影响,转速和泥沙含量分别设定为 250r/min 和 0.3%。设置载荷和转速为 0.5MPa 和 250r/min,以纯净水润滑条件下的摩擦磨损试验为参考试验。

最后一组试验是为研究泥沙含量如何影响摩擦副的摩擦学行为。泥沙含量分别设定为(纯净水)、0.15%、0.3%、0.45% 和 0.6%。为了排除滑动速度和载荷的影响,转速和载荷分别设定为 250r/min 和 0.5MPa。

试验过程中,每改变一种转速、载荷或者泥沙含量,均换一个丁腈橡胶销试样和不锈钢盘试样。为了保证丁腈橡胶销试样磨损数据的可靠性,每组试验进行 2h 的不停机试验。磨损试验中每 5s 采集一次摩擦系数。为了保证试的重复性,所有试验均进行两次重复性试验。

4.1.2　试验结果与分析

为了研究丁腈橡胶销试样与不锈钢盘试样在含沙水介质中的摩擦磨损机理,现采用摩擦系数和磨损体积来分析摩擦副在不同工况下的磨损程度。同时,通过观察和分析摩擦副的表面形貌特征,为探讨其摩擦磨损机理提供宝贵信息。结果如下文所示,每一小节围绕一个关键的测试变量进行讨论。

4.1.2.1　摩擦系数

图 4-3(a)显示了定载荷(0.5MPa)和定泥沙含量(0.3%)的情况下,滑动速度对丁腈橡胶销与 1Cr18Ni9Ti 不锈钢盘摩擦副之间的摩擦系数的影响。总体上,在含沙水介质中,滑动速度对摩擦副之间摩擦系数的影响非常显著。无论是纯净水还是含沙水介质润滑环境,在试验的开始阶段,摩擦副之间的摩擦系数均处于较大值,并随滑动时间的延长而急剧地减小,10 min 之后摩擦系数趋近于稳定。这可能因为最初磨损阶段为磨合磨损阶段,摩擦副之间的磨损相对不稳定,摩擦系数偏大。随着磨损时间的延长,慢慢地进入稳定磨损阶段,摩擦系数渐渐稳定。在纯净水环境中,摩擦系数波动较小,比较稳定。在相同滑动速度下,含沙水介质中的摩擦系数明显大于在纯净水中的摩擦系数;40min 之后,摩擦系数随滑动时间的延长而缓慢增加。此外,在低滑动速度分别为 0.11m/s、0.33m/s、0.55m/s 和 0.77m/s 时,摩擦系数比较平稳,波动较小。当滑动速度分别为 1.1m/s 和 2.2m/s 时,摩擦系数波动较大,分别在 0.09~0.112 和 0.082~0.15 之间波动。图 4-3(b)表示摩擦副之间的平均摩擦系数随滑动速度的变化规律。可以看出,在相同滑动速度下,含沙水介质中的平均摩擦系数要明显大于纯净水的。随着滑动速度的增大,平均摩擦系数急剧减小,当滑动速度为 0.77m/s 时,平均摩擦系数达到最小值 0.071,之后随着滑动速度的增加而缓慢地增加。

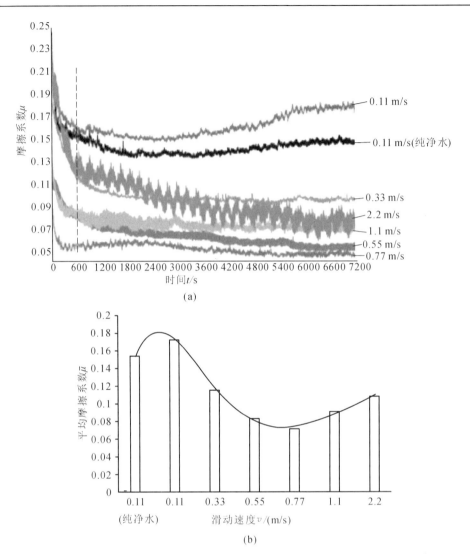

图 4-3 摩擦副之间的摩擦系数和平均摩擦系数随滑动速度的变化规律（0.5MPa 和 0.3% 含沙水介质）

(a) 摩擦系数；(b) 平均摩擦系数

图 4-4 显示了滑动速度（0.55m/s）和定泥沙含量（0.3%）的情况下，载荷对丁腈橡胶销试样与 1Cr18Ni9Ti 不锈钢盘试样摩擦副之间摩擦系数的影响规律。同样，在试验的开始阶段，摩擦系数均处于较大值，10 min 之后趋于稳定。图 4-4(a) 中的试验数据表明，含沙水介质中的摩擦系数要大于纯净水中的摩擦系数。当载荷在 0.1MPa 和 0.3MPa 时，摩擦系数比较稳定，波动较小；随着载荷的增大，摩擦系数波动比较明显。当载荷在 0.7MPa 时，摩擦系数在 0.08 ～ 0.118 之间波动；当载荷在 0.9MPa 时，摩擦系数在 0.112 ～ 0.163 之间剧烈地波动，并且其波动幅度随滑动时间的延长而增大。图 4-4(b) 中的试验数据反映了平均摩擦系数随载荷的变化趋势。总体上，平均摩擦系数随着

载荷的增加而增大。当载荷小于 0.5MPa 时,增加的趋势比较小;当载荷大于或等于 0.7MPa 时,摩擦系数增加得非常明显。这些现象显著地表明,在含沙水介质环境下,随着载荷越大,摩擦副之间的磨损状况越来越恶劣。

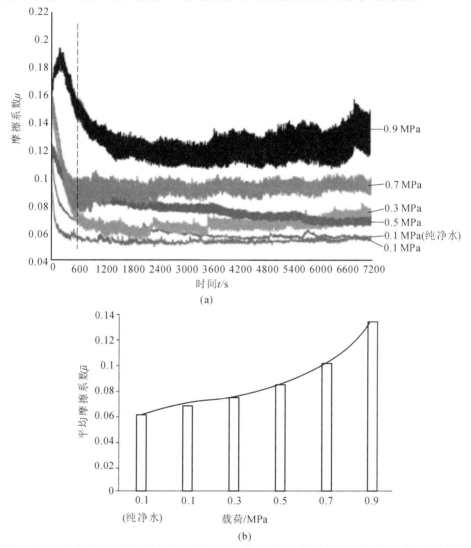

图 4-4　摩擦副之间的摩擦系数和平均摩擦系数随载荷的变化规律(0.55m/s 和 0.3% 含沙水介质)
(a) 摩擦系数;(b) 平均摩擦系数

　　泥沙含量对丁腈橡胶销与不锈钢盘摩擦副之间摩擦学性能的影响规律由图 4-5(a) 和图 4-5(b) 很好地呈现出来。正如上面所述,在试验开始阶段,摩擦系数处于较高水平,10 min 之后明显稳定。含沙水环境下的摩擦系数明显要大于纯净水中的摩擦系数,说明泥沙含量对摩擦副之间的运行状况产生显著影响。除此之外,摩擦系数波动幅度较大,尤其是在 0.6% 含沙水介质中,波动区间在 0.113～0.172,并且泥沙含量在 0.45% 和 0.6% 的情况下,摩擦系数呈现随滑动时间的延长而增大的趋势。说明在泥沙含量高的水介质中,磨损时间越长,摩擦副的磨损状况愈恶劣。图 4-5(b) 表明平均摩擦系数基本上与泥沙含量成线性正相关。

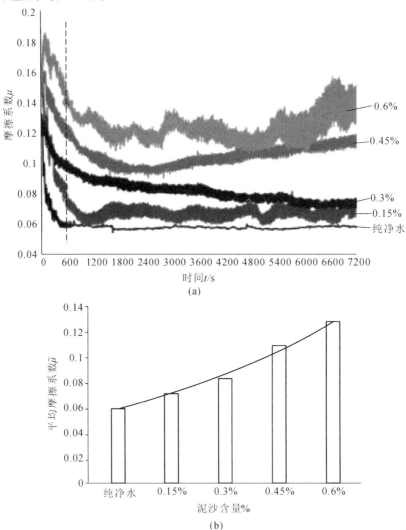

(a)

(b)

图 4-5　摩擦副之间的摩擦系数和平均摩擦系数随泥沙含量的变化规律(0.55m/s 和 0.5MPa)

(a) 摩擦系数;(b) 平均摩擦系数

4.1.2.2　体积磨损量

体积磨损量是摩擦副在磨损过程中因摩擦磨损而减少的体积,是平均磨损质量与对应试样材料密度的比值。本节利用在不同试验条件下的丁腈橡胶销和不锈钢盘的体积磨损量来研究摩擦副的摩擦学行为。图 4-6 所示体现了不同滑动速度、载荷和泥沙含量对摩擦副体积磨损量的影响规律。

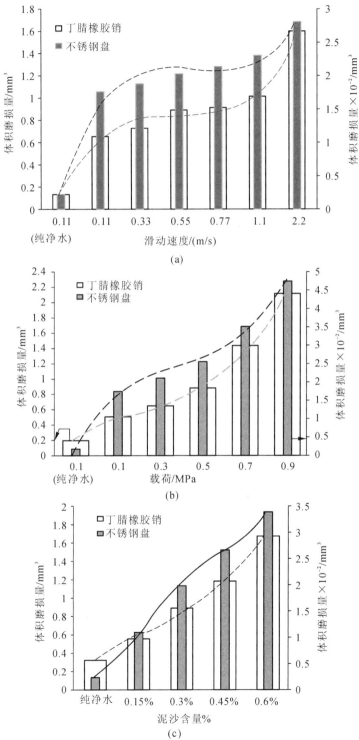

图 4-6　摩擦副的体积磨损量随滑动速度（0.5MPa 和 0.3%）、
载荷（0.55m/s 和 0.3%）、泥沙含量（0.5MPa 和 0.55m/s）的变化规律
（a）滑动速度；（b）载荷；（c）泥沙含量

图 4-6 中的试验数据反映了丁腈橡胶销和不锈钢盘在含沙水润滑条件下的体积磨损量要明显大于在纯净水环境下的体积磨损量。可以判断，硬质的泥沙颗粒在磨损过程中对摩擦副发挥了非常重要的作用。同时也可以看到，在相同条件下的纯净水环境中，丁腈橡胶销的体积磨损量要远大于不锈钢盘的体积磨损量，几乎是其 60 ～ 100 倍。说明在纯净水环境中，不锈钢盘的耐磨损性能要远好于丁腈橡胶销的耐磨损性能，基本上没有磨损，与第 3 章的结论相吻合。图 4-6(a) 表明丁腈橡胶销和不锈钢盘的体积磨损量随着滑动速度的增加而增大，当滑动速度在 0.11 ～ 1.1m/s 之间时，增加的趋势小；在滑动速度为2.2m/s 的试验条件下，两者体积磨损量增加得非常明显。图 4-6(b) 说明了载荷对摩擦副体积磨损量的影响规律。丁腈橡胶销和不锈钢盘的体积磨损量基本上呈现随载荷增加而增大的趋势，当载荷低于 0.5MPa 时，增长的速度较为缓慢；当载荷在 0.7MPa 和 0.9MPa 时，体积磨损量则增加得比较显著。图 4-6(c) 清晰地体现了泥沙颗粒的含量对摩擦副的摩擦磨损有非常明显的影响，摩擦副的体积磨损量基本上随泥沙含量呈线性增加。综合图 4-6 所示的试验数据，水介质中的泥沙颗粒严重地影响了丁腈橡胶销和不锈钢盘摩擦副的耐磨性。

4.1.2.3　表面磨损形貌

摩擦副的表面形貌为判断摩擦副之间的摩擦磨损机理提供了重要信息，磨损之后的丁腈橡胶销和不锈钢盘均通过激光共聚焦和超景深显微镜来考察其磨损形貌以获得磨损信息。为了突出摩擦副在纯净水和含沙水润滑条件下的磨损特征，本文主要对比分析在 0.3% 的泥沙含量水介质和纯净水润滑条件，载荷和滑动速度分别为 0.5MPa 和 0.55m/s 的试验条件下，摩擦副的微观表面形貌，结果如图 4-7 所示。从图 4-7 可清楚看到橡胶销试样磨损面的丁腈橡胶材料并未附着不锈钢金属颗粒；同样，不锈钢盘表面并未附着橡胶颗粒，说明摩擦副之间并未出现材料转移现象。通过观察在纯净水中的磨损形貌[图 4-7(a)]，橡胶销磨损表面出现明显的塑性形变的磨痕；而不锈钢盘表面则磨痕不明显，局部区域甚至出现抛光现象[图 4-7(b)]。而摩擦副在含沙水介质中则出现了非常明显的犁沟形磨损[图 4-7(c) 和图 4-7(d)]，呈现出典型的磨料磨损特征。并且，丁腈橡胶销表面的磨痕明显要比不锈钢盘表面的磨损要宽。总体上表明，在含沙水介质中，摩擦副之间的摩擦磨损比纯净水环境中的更为剧烈，进一步证明，泥沙颗粒在磨损过程中对摩擦副产生显著的作用。

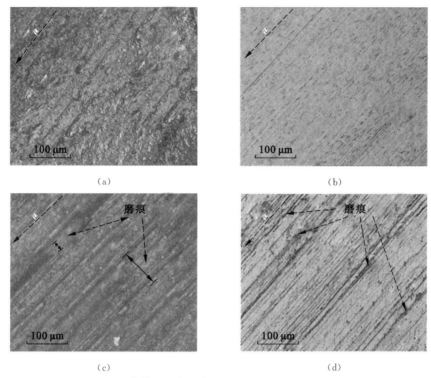

图 4-7　摩擦副的表面磨损特征（0.5MPa 和 0.55m/s）

（a）丁腈橡胶销、纯净水环境；（b）不锈钢盘、纯净水环境；

（c）丁腈橡胶销、0.3％ 泥沙含量水介质环境；（d）不锈钢盘、0.3％ 泥沙含量水介质环境

　　为进一步研究图 4-7 所示摩擦副磨损表面细节，采用激光共聚焦显微镜观察其表面纹理分布特征，如图 4-8 所示。图 4-8（a）和图 4-8（b）显示的是摩擦副在纯净水环境下的 3-D 表面形貌。观察发现，磨损表面的纹理特征不明显，没有明显的犁沟形磨损或者较多的材料堆积现象。相比较而言，在含沙水介质试验条件下［图 4-8（c）和图 4-8（d）］，摩擦副的表面磨损特征非常明显。磨损表面布满了明显的较大、较深、较长的犁沟，与图 4-7（c）和图 4-7（d）所示现象基本吻合。两者均说明摩擦副在含沙水介质条件下的摩擦磨损比纯净水环境下的更为剧烈，发生比较严重的磨料磨损。对比图 4-8（c）和图 4-8（d）可以发现，丁腈橡胶销磨损表面的磨痕要大于不锈钢盘上的磨损。在数值上，丁腈橡胶销磨损表面的犁沟的最高点和最低点分别是 $45.637\mu m$ 和 $-46.345\ \mu m$；而不锈钢盘上的磨损对应的最高点和最低点则是 $11.947\mu m$ 和 $-15.585\mu m$。说明泥沙颗粒对丁腈橡胶销表面的影响要大于对不锈钢盘的影响。

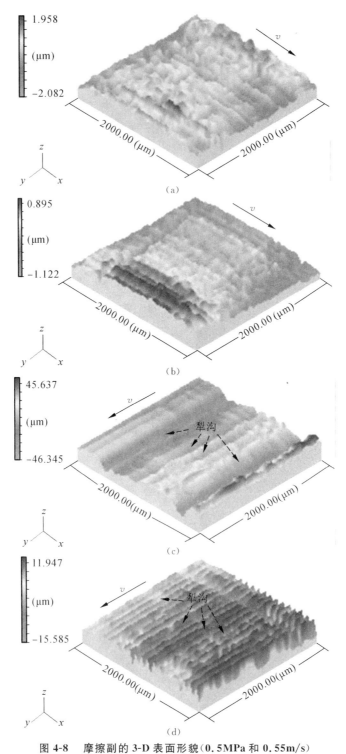

图 4-8　　摩擦副的 3-D 表面形貌（0.5MPa 和 0.55m/s）
（a）丁腈橡胶销、纯净水环境；（b）不锈钢盘、纯净水环境；
（c）丁腈橡胶销、0.3% 泥沙含量水介质环境；（d）不锈钢盘、0.3% 泥沙含量水介质环境

　　现采用表面粗糙度（S_a）定量分析摩擦副在磨损过程中的磨损状况。图 4-9 显示了滑动速度、载荷和泥沙含量对丁腈橡胶销和不锈钢盘试验的粗糙度的变化规律。总体而言，在含沙水介质条件下，摩擦副磨损之后的粗糙度要明显大于在纯净水环境下的粗糙度。橡胶销表面的粗糙度要普遍大于不锈钢盘的粗糙度。数值上的分析结果与图 4-7 和图 4-8 所示的形貌结果一致。图 4-9(a) 体现了滑动速度对摩擦副粗糙度的影响规律。摩擦副的表面粗糙度基本上随滑动速度的增加而增大，增加趋势比较平缓。图 4-9(b) 则表明了摩擦副的粗糙度随载荷的增加而增大，当载荷低于 0.5MPa 时，增加的趋势比较小；当载荷为 0.7MPa 和 0.9MPa 时，增加的趋势比较明显。图 4-9(c) 说明了摩擦副表面粗糙度受泥沙颗粒含量的影响非常之大，随着泥沙含量的增加，粗糙度急剧增大。由图 4-7 ～ 图 4-9 可以看出，泥沙在磨损过程中加剧了摩擦副之间的摩擦磨损，并且随着载荷和泥沙颗粒含量的增加，磨料磨损愈加明显。

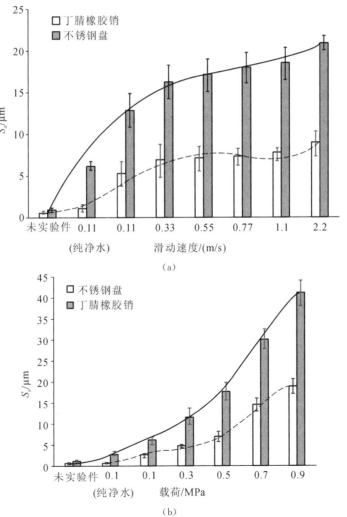

(a)

(b)

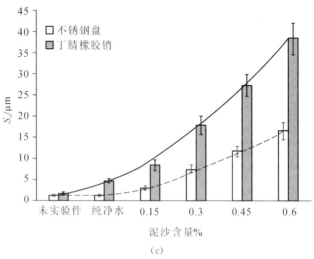

（c）

图 4-9　摩擦副的表面粗糙度随滑动速度、载荷、泥沙含量的变化趋势

（a）滑动速度（0.5MPa 和 0.3%）；（b）载荷（0.55m/s 和 0.3%）；（c）泥沙含量（0.5MPa 和 0.55m/s）

4.1.2.4　讨论

试验结果与现象均表明，硬性泥沙颗粒对丁腈橡胶销和不锈钢盘在水润滑条件下的摩擦学特性有非常显著的影响。可以合理推断，在磨损过程中，与纯净水环境相比较，泥沙颗粒首先破坏摩擦副之间的润滑水膜，然后与摩擦表面接触，从而破坏摩擦副之间的润滑状态，对摩擦副造成比较严重的磨料磨损。这些结论可以通过摩擦副的磨损表面呈现的典型犁沟形磨痕加以印证，如图 4-7 和图 4-8 所示。其结果是，相较纯净水润滑条件下，摩擦系数、体积磨损量和表面粗糙度显著增加，这些可以通过图 4-3 ～ 图 4-6 和图 4-9 所示的试验数据加以证明。下面将逐一讨论滑动速度、载荷和泥沙颗粒含量如何影响摩擦副的摩擦学行为。

为了解释滑动速度对摩擦系数、体积磨损量和表面粗糙度的影响规律，将摩擦副之间的弹性流体动压润滑作为影响磨损过程的关键因素之一。当滑动速度较低时（0.1m/s），摩擦副之间的弹性流体动压润滑并不显著，摩擦表面之间只能形成一层较薄的润滑水膜，这一现象与山本和高岛报告的结果一致。泥沙颗粒能与摩擦副直接接触，从而导致摩擦副间的磨料磨损在磨损过程中成为主导作用，磨损状况比较恶劣，摩擦系数处于一个较高的水平，如图 4-3 所示。当速度增大时（0.33 ～ 0.55m/s），较多的水介质被带入摩擦副之间，并且弹性流体动压润滑作用也比较明显，比较容易形成较厚的润滑水膜。这种现象表明摩擦副之间的润滑条件很明显地被改善了，并且很大程度上减少了泥沙颗粒与摩擦副接触,减少了磨料磨损,从而使摩擦副之间的摩擦系数急剧地减小。同时,体积磨损量和表面粗糙度增加得也不很明显,如图 4-6(a)和图 4-9(a)所示。然而,当滑动速度进一步增大时(0.77 ～ 1.1m/s),由于速度较大,泥沙颗粒运动状态变得比较剧烈,使其比较容易地破坏润滑水膜,使得摩擦系数、体积磨损量和表面粗糙度增加。在很高的滑动速度下(2.2m/s),摩擦副之间的泥沙颗粒的运动状态变得杂乱无章,更加容易破坏水膜,摩擦副之间的磨损状态急剧恶化,导致磨损系数增大,并且波动幅度增大,如图 4-3中试验数据所显示的规律。体积磨损量也随之增大,如图 4-6(a)所示。

很显然,不同的载荷对摩擦副之间的摩擦学性能有非常明显的影响。载荷增加,必然导致丁腈橡胶销和不锈钢盘的磨损面更加贴近彼此,润滑水膜将变薄。硬性泥沙颗粒更加容易破坏摩擦副之间的润滑水膜,从而降低其润滑性能,加剧其摩擦磨损,最终导致摩擦系数、体积磨损量和表面粗糙度的增加。这些已经从图 4-4、图 4-6(b)和图 4-9(b)所示的试验数据得到证实。当载荷进一步加大时(0.7MPa 和 0.9MPa),磨损表面进一步贴近,润滑水膜变得更薄。部分泥沙颗粒的直径已经大于润滑水膜的厚度,与摩擦副的磨损面直接接触。此时,磨料磨损将会急剧增加,磨损过程变得更加剧烈,体积磨损量和表面粗糙度明显地增加,摩擦系数显著增大,并且波动幅度更大。从另外一个角度讲,随着载荷的增加,泥沙颗粒因与两磨损面的相互作用而对磨损面造成的压痕更深、更宽,在滑动磨损过程中,对摩擦副造成的犁沟磨损也更加严重,这应该是导致摩擦副体积磨损量和表面粗糙度急剧增大的原因之一,如图 4-6(b)和图 4-9(b)所示。与此同时,由于橡胶的硬度远小于不锈钢的硬度,在相同的载荷下,泥沙颗粒与橡胶销磨损面的压痕比与不锈钢盘磨损面之间的压痕更加明显,这使得橡胶销磨损面上的犁沟痕迹比不锈钢盘上的犁沟痕迹更宽、更深,如图 4-7(c)和图 4-7(d)以及图 4-8(c)和图 4-8(d)所显示的表面磨损信息。

试验结果已经充分地表明,水介质中的泥沙颗粒对丁腈橡胶销和不锈钢盘摩擦副之间的摩擦学性能产生显著的影响。水介质中,泥沙颗粒的数量随其含量的增加而增加。很明显,在磨损过程中,便有数量较多的泥沙颗粒被卷入摩擦副之间,泥沙颗粒破坏润滑水膜的概率也随之增加,导致摩擦副之间的润滑条件变差;并且泥沙颗粒对两磨损面造成的擦伤磨损概率也急剧增加,磨损状况也愈加严重,导致摩擦系数、体积磨损量和粗糙度增加[图 4-5、图 4-6(c)和图

4-9(c)]，最终使得丁腈橡胶销和不锈钢盘的耐磨性能大幅度降低。

4.2 沙粒粒径对丁腈橡胶水润滑尾轴承材料摩擦学性能的影响

4.2.1 材料与试验

采用丁腈橡胶作为研究对象，其结构尺寸及性能均与第3章相同。泥沙环境下丁腈橡胶轴承摩擦磨损试验在温控条件下进行，利用武汉理工大学可靠性试验室自行研制的船舶轴系材料磨损试验机CBZ-1进行蒸馏环境及泥沙仿真环境下的水润滑磨损试验。试样分别是丁腈橡胶销试样和ZCuSn10Zn2铸铜盘试样，试验的条件分为含沙水介质和纯水水介质，其中含沙水介质中采用质量分数为 3.7% 的二氧化硅泥沙水介质，试验中选取四种不同颗粒度的泥沙粒径水润滑环境以及一种蒸馏水环境，泥沙的颗粒度分别为 200 目（粒径 75 μm）、300 目（粒径 50 μm）、600 目（粒径 23 μm）以及 3000 目（粒径 4.5 μm）。水温控制为 4℃，对蒸馏水同样进行温控，温度为 4℃。在摩擦磨损试验进行过程中，丁腈橡胶销试样由夹具固定在试验台架上，并完全浸泡在润滑水介质中，底部通过电机台架及杠杆调节载荷，铸铜盘试样连同夹具固定在与电机相连的转动轴上，电机转动时带动铸铜盘试样转动，在丁腈橡胶的表面滑动。该试验为探究载荷、转速等工况因素的影响，选择试验电机转速为 50r/min、250r/min 和 500r/min，销试样在对应的盘试样的平均滑动半径为 21mm，换算成滑动速度为 0.11m/s、0.55m/s 和 1.1m/s。本课题中选取的载荷分别为 56N、72N 和 88N，因为销试样与盘试样的接触面积为 $7.85 \times 10^{-5} m^2$，所以对应的压力为 0.7MPa、0.9MPa 和 1.1MPa。试验过程中，每改变一个载荷、滑动速度及泥沙颗粒度水介质中的某个量，均更换一组销、盘试样，为保证摩擦磨损试验数据的可靠性，每组试样进行 135min 不间断摩擦磨损试验。为了考察泥沙的颗粒度对摩擦副之间摩擦学性能的影响，并且综合考虑滑动速度、载荷的影响，本节共进行 45 组试验，具体的试验方案如表 4-3 所示。

表 4-3　　试验方案

试验条件	滑动速度 /(m/s)	载荷 /MPa
75μm 泥沙水介质	0.11	0.7
	0.55	0.9
	1.1	1.1
50μm 泥沙水介质	0.11	0.7
	0.55	0.9
	1.1	1.1
23μm 泥沙水介质	0.11	0.7
	0.55	0.9
	1.1	1.1
4.5μm 泥沙水介质	0.11	0.7
	0.55	0.9
	1.1	1.1
蒸馏水	0.11	0.7
	0.55	0.9
	1.1	1.1

本节研究中,采用统一的泥沙含量。试验中的泥沙含量参考长江年平均含沙量 0.37%。长江中泥沙的粒径范围变化较大,大多数粒径在 $5 \sim 30\mu m$ 之间,长江水中的泥沙颗粒度分布如表 4-2 所示。试验中选取四种不同颗粒度的二氧化硅作为试验泥沙介质,分别为 200 目(粒径 $75\mu m$)、300 目(粒径 $50\mu m$)及 3000 目(粒径 $4.5\mu m$)。泥沙颗粒的主要成分为二氧化硅,因此主要参考二氧化硅材料的物理性能。二氧化硅颗粒的扫描电镜图如图 4-10 所示。

(a)　　　　　　　　　　(b)　　　　　　　　　　(c)

图 4-10　　不同颗粒度泥沙扫描电镜图

(a)200 目二氧化硅颗粒;(b)300 目二氧化硅颗粒;(c)3000 目二氧化硅颗粒

4.2.2 试验结果与分析

为了研究不同颗粒度对不同工况下丁腈橡胶材料的摩擦磨损机理,同时考虑滑动速度、载荷的影响,本节采用摩擦系数、磨损率及表面粗糙度来分析摩擦副的磨损机理,同时利用 LI 激光干涉位移表面轮廓仪来观测其磨损表面特性,为进一步探讨其磨损过程提供试验数据支持。

4.2.2.1 摩擦系数

图 4-11 所示为不同工况下摩擦副在不同颗粒度的含沙水质中摩擦系数变化曲线。从总体上看,摩擦副在蒸馏水中的摩擦系数曲线均低于其他曲线,且变化幅度不大,摩擦系数很快趋于稳定。从滑动速度的角度分析:在低滑动速度 0.11m/s 时,蒸馏水中摩擦副之间的摩擦系数在 0.04 左右浮动,随着滑动速度增大,摩擦系数曲线呈现下降趋势;在高滑动速度 1.1m/s 时,摩擦系数曲线稳定在 0.03 左右,在高滑动速度、高载荷的工况下,摩擦系数低至 0.02以下;再从载荷的角度出发,当滑动速度为 0.11m/s 时,载荷从 0.7MPa 增大至 0.9MPa,蒸馏水中摩擦副间的摩擦系数曲线数值对比之前(0.04 左右)稍微有所下降,再提高载荷至 1.1MPa,摩擦系数曲线在试验前 2400s 内出现了多次明显的波动,最终稳定在 0.35 左右,观测分析其他滑动速度的情况,摩擦系数曲线随滑动速度的变化情况相似,说明在蒸馏水中的摩擦副之间的摩擦系数随滑动速度的增加而下降的趋势明显,随着载荷的增加其变化并不大。

此外,从图 4-11 中也可以看出,在含沙蒸馏水中摩擦副之间的摩擦系数曲线在整个试验过程中不断波动,在试验后期也出现频率较大的波动,这是因为丁腈橡胶的质量磨损严重,随着试验的进行,丁腈橡胶表面被磨损。

图 4-12 显示的是在不同条件下摩擦副之间的平均摩擦系数直方图,从图中可以分析出:在蒸馏水环境下的摩擦副之间的平均摩擦系数值比泥沙环境条件下的平均摩擦系数值更低,蒸馏水环境下的摩擦副间的摩擦磨损仅以水为润滑介质,没有泥沙颗粒参与表面的磨损,摩擦副主要是两表面之间的摩擦磨损。而在含沙水介质中进行摩擦磨损试验的摩擦副,其平均摩擦系数的变化规律如图 4-12 所示曲线。分析可见,多数情况下曲线的凸峰出现在 $4.5 \sim 23\mu m$ 或者颗粒直径大于 $75\mu m$ 时,此时对摩擦副之间的磨损影响严重,相对地,颗粒度在 $23 \sim 50\mu m$ 之间时的摩擦副间平均摩擦系数会在变化曲线中出现谷值,并由 $4.5\mu m$ 以上的曲线分析,当泥沙的颗粒度足够小时,此时的含沙

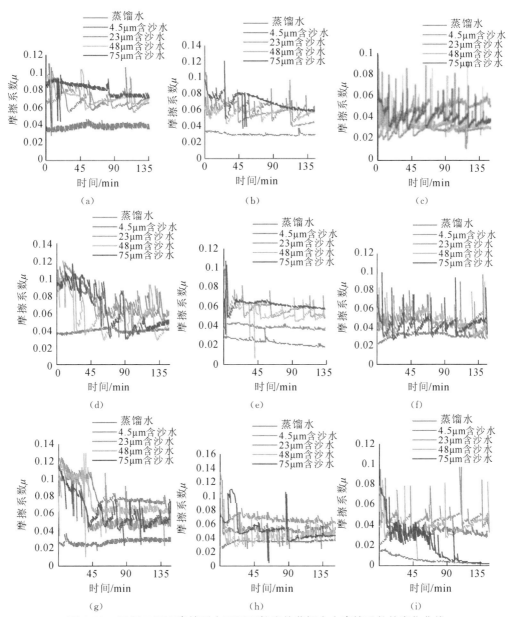

图 4-11　不同工况下摩擦副在不同颗粒度的蒸馏水中摩擦系数的变化曲线

(a)0.7MPa、0.11m/s；(b)0.9MPa、0.11m/s；(c)1.1MPa、0.11m/s；

(d)0.7MPa、0.55m/s；(e)0.9MPa、0.55m/s；(f)1.1MPa、0.55m/s；

(g)0.7MPa、1.1m/s；(h)0.9MPa、1.1m/s；(i)1.1MPa、1.1m/s

颗粒可以忽略不计，此时的摩擦副之间摩擦磨损有极大的改善。由此可分析出，泥沙颗粒会影响摩擦副间的摩擦磨损，对于丁腈橡胶而言，在含沙水介质中的泥沙直径在 $23 \sim 50\mu m$ 时，对丁腈橡胶销和铸铜盘摩擦副间的摩擦磨损影响较小；当水介质中的泥沙颗粒直径足够小时，摩擦副的摩擦磨损将得到极大改善。

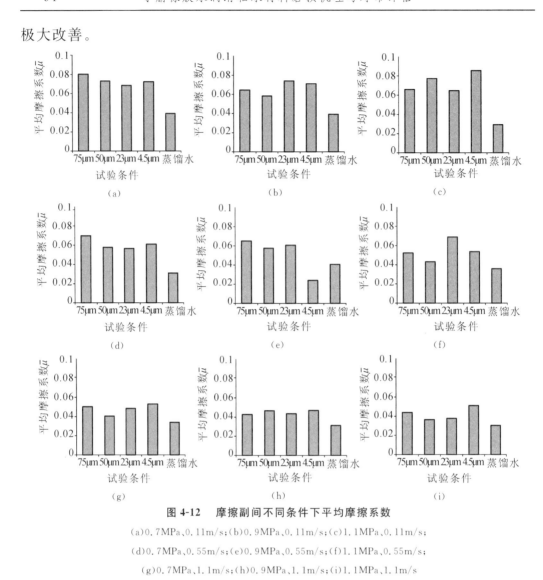

图 4-12　摩擦副间不同条件下平均摩擦系数

(a)0.7MPa、0.11m/s;(b)0.9MPa、0.11m/s;(c)1.1MPa、0.11m/s;

(d)0.7MPa、0.55m/s;(e)0.9MPa、0.55m/s;(f)1.1MPa、0.55m/s;

(g)0.7MPa、1.1m/s;(h)0.9MPa、1.1m/s;(i)1.1MPa、1.1m/s

4.2.2.2　质量磨损率

图 4-13(a) 所示为丁腈橡胶销试样的质量磨损率。可以明显看出,丁腈橡胶销在蒸馏水环境下的质量磨损率均小于含沙水介质中的质量磨损率。选取滑动速度 0.55m/s 时的质量磨损率作随颗粒度变化的曲线,从曲线可以判断,硬性泥沙颗粒在摩擦磨损过程中对摩擦副的表面磨损发挥了明显的作用,在 4.5μm 颗粒度的含沙水介质中的丁腈橡胶质量磨损率远低于其他颗粒度的,并且随着泥沙颗粒直径的不断增大,丁腈橡胶销试样的质量磨损率也在不断增大,曲线总体呈现上升趋势,总体上可以看出,大直径的泥沙颗粒对丁腈橡胶销的磨损比较严重。分析图中的质量磨损率随载荷的变化可以直观地看

出:在相同滑动速度下,丁腈橡胶销试样的质量磨损率随着载荷的增加而增大,并且变化趋势明显,说明载荷在 0.7～0.9MPa 变化时,丁腈橡胶的质量磨损严重,载荷在摩擦副的摩擦磨损过程中起到主要影响作用。分析图中丁腈橡胶的质量磨损率随滑动速度的变化,滑动速度在 0.11～1.1m/s 变化时,丁腈橡胶的质量磨损率变化情况不一致,载荷较低时,泥沙环境下的丁腈橡胶磨损率普遍维持在较低水平,在 0.9MPa 和 1.1MPa 时质量磨损率有明显的变化,具体表现为:在 75μm 颗粒度的泥沙水介质中,当滑动速度 0.55m/s、电机转速 250r/min 时丁腈橡胶质量磨损率最高;50μm 和 23μm 的含沙介质在 0.11m/s 和 0.55m/s 滑动速度时呈现较高的质量磨损,滑动速度增大至 1.1m/s 时质量磨损率减少,且变化明显;4.5μm 颗粒度的泥沙在低滑动速度、高载荷的工况下表面磨损严重。从总体数值上看,当滑动速度变化时,质量磨损率的变化程度并不大,说明滑动速度对丁腈橡胶的质量磨损影响程度不大。

图 4-13(b) 所示为铸铜盘试样的质量磨损率。同样从图中可以看出,在蒸馏水中进行摩擦磨损试验铸铜盘的质量磨损率远小于泥沙环境下的质量磨损率,在铸铜盘的质量磨损中,泥沙仍然起到一定的作用,同样选取滑动速度 0.55m/s 时的质量磨损率作随颗粒度变化曲线,随着泥沙直径的增大,铸铜盘质量磨损率呈现上升趋势,从变化的幅度上看,曲线的变化比较平稳,质量磨损率的变化程度随载荷的变化不大,可以说明泥沙的颗粒度在铸铜盘的质量磨损中有一定的影响作用,但不是主要的影响因素。从滑动速度的角度分析,当滑动速度在 0.11～1.1m/s 变化时,铸铜盘的磨损率总体呈下降的趋势;从变化的幅度上看,当滑动速度增大时,磨损率的变化并不明显,下降趋势小,同样说明铸铜盘的质量磨损率随着滑动速度的增大而减小,但滑动速度的影响程度同样不大。再从载荷变化的角度出发,从图中的柱状图可以明显看出,载荷在 0.7～1.1MPa 变化时,铸铜盘的质量磨损率明显增大,在 75μm 的含沙水介质中,0.7MPa 载荷时铸铜盘的质量磨损率维持在 0.005g/h,载荷增加至 1.1MPa 时铸铜盘的质量磨损率上升至 0.025g/h 左右,可以判断在铸铜盘的质量磨损过程中,载荷是铸铜盘质量磨损的主要因素。

体积磨损率是指摩擦副在摩擦磨损过程中因表面磨损而减少的体积与磨损时间的比值,是质量磨损率与对应试样密度的比值。本节利用体积磨损率来研究摩擦副的摩擦学行为。图 4-14 所示为滑动速度 0.55m/s、载荷 0.9MPa 工况下的摩擦副的体积磨损率随泥沙颗粒度的变化图。

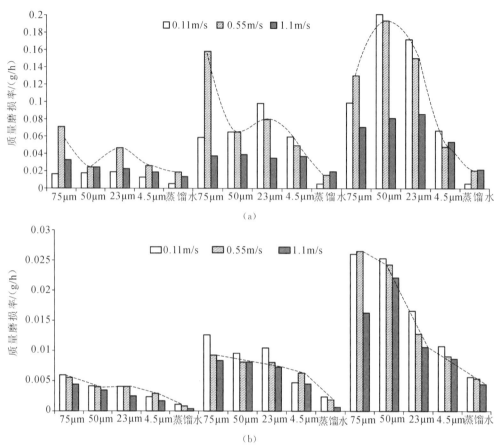

图 4-13 不同工况下的销 / 盘的质量磨损率

(a) 丁腈橡胶销试样；(b) 铸铜盘试样

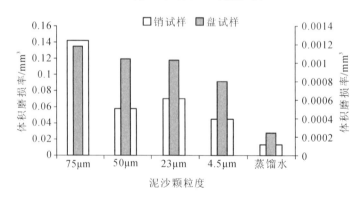

图 4-14 转速 0.55m/s、载荷 0.9MPa 下摩擦副的体积磨损率随泥沙颗粒度变化图

分析图 4-14 中的体积磨损率，铸铜盘试样的体积磨损率远低于丁腈橡胶销试样的体积磨损率，几乎是其 1/100。可以判断：在相同条件下的纯净水及含沙水介质中的铸铜盘的耐磨损性能远高于丁腈橡胶销，基本上没有体积磨

损。从变化趋势曲线可以看出铸铜盘试样体积磨损率随颗粒度的变化趋势平稳，当泥沙颗粒度从 $75\mu m$ 变化至 $23\mu m$ 的体积磨损率可以看出，直径在 $23\sim 75\mu m$ 大颗粒泥沙对于铸铜盘的体积磨损影响不明显；从 $23\mu m$ 变化至 $4.5\mu m$，泥沙颗粒的直径变小，铸铜盘的摩擦程度急剧减小。从整个过程判断，泥沙直径在大于 $23\mu m$ 时，对铸铜盘的体积磨损开始增大，但整体的磨损量仍旧保持在较低水平，可以忽略不计。分析销试样磨损率随颗粒度变化曲线，颗粒度在 $50\sim 75\mu m$ 变化时的波动最大，在 $4.5\sim 50\mu m$ 变化时的体积磨损率变化曲线有起伏，但趋势相对平稳。泥沙的颗粒度对丁腈橡胶销的体积磨损有显著的影响，随着泥沙直径的增大，丁腈橡胶销的体积磨损也随之增大，直径在 $50\sim 75\mu m$ 的泥沙颗粒对丁腈橡胶销表面的体积磨损有显著影响。

4.2.2.3　磨损表面形貌

摩擦副磨损后的表面形貌是判断摩擦副之间摩擦磨损机理的重要依据，试验磨损后的丁腈橡胶销试样和铸铜盘试样均通过激光干涉位移表面轮廓仪进行形貌观测，通过观测其表面磨损和参考表面粗糙度参数来分析其摩擦磨损机理。本节主要通过对比滑动速度 $0.55m/s$、载荷 $0.9MPa$ 工况时泥沙颗粒度为 $75\mu m$、$50\mu m$、$23\mu m$、$4.5\mu m$ 以及纯净水环境下的丁腈橡胶销和铸铜盘试样的表面磨损形貌，研究泥沙颗粒度对摩擦副的磨损影响。

图 4-15、图 4-16 所示为不同泥沙颗粒度水环境下摩擦副 3-D 表面形貌，观察对比丁腈橡胶销试样和铸铜盘试样表面形貌，可以看出丁腈橡胶销表面没有出现排列的犁沟形磨损和材料堆积现象，主要是起伏的山脉形表面磨损，且表面高低峰的落差大；铸铜盘试样表面的形貌特征十分明显，主要是排列的犁沟形磨损。从数据上看，丁腈橡胶销表面高低峰的差值是铸铜盘表面的 $5\sim 10$ 倍，说明泥沙颗粒对橡胶销表面体积磨损量的影响要大于对铸铜盘的影响。分析水介质中泥沙颗粒度对橡胶材料表面特性的影响，在蒸馏水中磨损的橡胶材料表面的磨损较少，磨损后的表面相对平整，数值上最高点和最低点的值分别为 $37.732\mu m$ 和 $-28.201\mu m$，高低点的差值为 $65.933\mu m$。随着润滑水介质中泥沙直径的增大，橡胶试样磨损表面的磨损特性逐渐变得明显，$4.5\mu m$ 时橡胶试样表面已经出现较多的磨损，高低点的差值也不断变大，润滑水介质中泥沙颗粒度为 $75\mu m$ 时，橡胶试样表面的高低点的差值为 $227.83\mu m$，说明水介质中泥沙的颗粒度对橡胶表面磨损具有很大的影响。对比不同颗粒度下铸铜盘试样表面的磨损特性，发现在有泥沙颗粒的水介质

中,铸铜盘试样的磨损表面均有排列的犁沟形磨损,并且随着颗粒度的增大,试样表面的高低点差值有所增大,但是变化的程度不明显。在 $4.5\mu m$ 时高低点差为 $7.31\mu m$,在 $75\mu m$ 时的高低峰差为 $29.05\mu m$,其变化程度远小于橡胶销试样。在蒸馏水环境中的铸铜试样表面也具有少量的犁沟形磨损,且高低点的差值为 $6.45\mu m$,这与颗粒度为 $4.5\mu m$ 泥沙环境中的数值相差不大,说明润滑水介质的泥沙以及泥沙的颗粒度的变化对铸铜表面的磨损影响并不明显。从图 4-17 中可以看出,蒸馏水环境下和 $75\mu m$ 泥沙环境下进行磨损试验的铸铜盘试样在磨损后的表面磨痕没有太大的差别,从而支持了上述的结论。

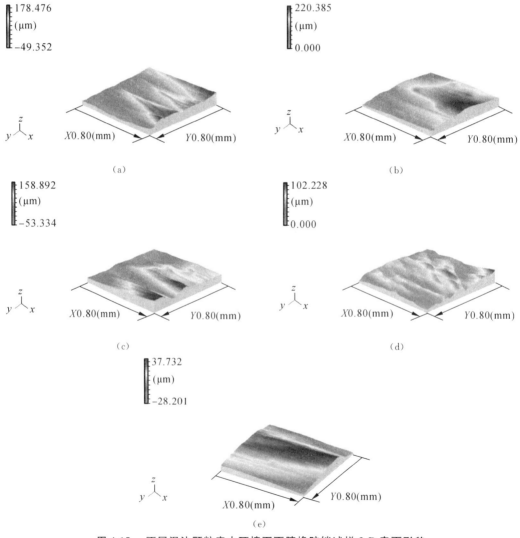

图 4-15　不同泥沙颗粒度水环境下丁腈橡胶销试样 3-D 表面形貌

(a)$75\mu m$;(b)$50\mu m$;(c)$23\mu m$;(d)$4.5\mu m$;(e)蒸馏水

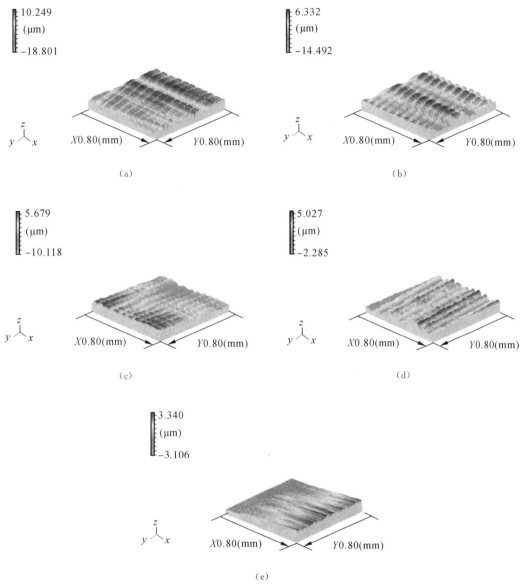

图 4-16　不同泥沙颗粒度水环境下铸铜盘试样 3-D 表面形貌

(a)75μm；(b)50μm；(c)23μm；(d)4.5μm；(e) 蒸馏水

　　现采用表面形貌均方根差(S_q)来定量分析摩擦副表面在试验过程中的磨损程度。图 4-18 显示了泥沙颗粒度、滑动速度和载荷对丁腈橡胶销和铸铜盘试样表面形貌均方根差的影响规律。从总体上看，在含沙水介质条件下的丁腈橡胶销和铸铜盘试样的表面粗糙度明显高于蒸馏水环境下的表面形貌均方根差；丁腈橡胶销的表面粗糙度普遍大于铸铜盘的粗糙度。数值的角度分析所得结论与 3D 表面形貌视觉分析所得结论相吻合。图 4-18(a) 中 S_q 随水

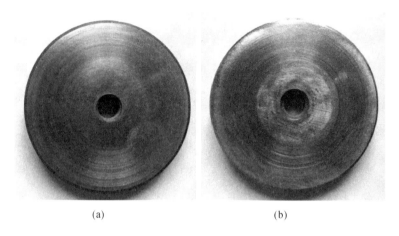

(a)　　　　　　　　　　　　　　　　(b)

图 4-17　不同润滑条件下磨损的铸铜盘

(a) 蒸馏水介质；(b)75μm 泥沙水介质

环境中的泥沙颗粒度变化，丁腈橡胶销和铸铜盘试样的表面形貌均方根差均随着颗粒度的增大（泥沙颗粒直径的减小）而减小，从变化的曲线可以看出，铸铜盘表面 S_q 随颗粒度的变化趋势比较平缓，S_q 的数值也仅为相同条件下丁腈橡胶销表面的 $1/4 \sim 1/2$。图 4-18(b) 表明了含沙水环境和蒸馏水环境中的表面形貌均方根差 S_q 均随着摩擦副间滑动速度的增大而增大。图 4-18(c) 则显示出含沙水环境和蒸馏水环境中的表面形貌均方根差 S_q 均随着摩擦副间载荷的增大而增大。对比图 4-18(b) 和图 4-18(c) 的变化曲线，可以看出载荷的影响要大于滑动速度的影响。

　　综上可知，本节主要讨论了含沙水介质中的泥沙颗粒度在不同工况下对丁腈橡胶销试样和铸铜盘试样之间摩擦学性能的影响规律。泥沙颗粒度对丁腈橡胶销与铸铜盘摩擦副之间的摩擦系数有明显的影响，在泥沙环境下的摩擦系数明显高于在蒸馏水环境下的摩擦系数，且泥沙环境下的摩擦系数存在较大波动，蒸馏水环境下摩擦系数变化趋势则相对平稳，当泥沙直径在 $23 \sim 50\ \mu$m 或小于 4.5μm 时，对摩擦副的摩擦系数影响最小。载荷及滑动速度对丁腈橡胶销和铸铜盘摩擦副的磨损率也存在一定影响，大体的影响规律为摩擦副间的磨损率随载荷的增大及滑动速度的增大而增大，并且载荷的影响高于滑动速度的影响。

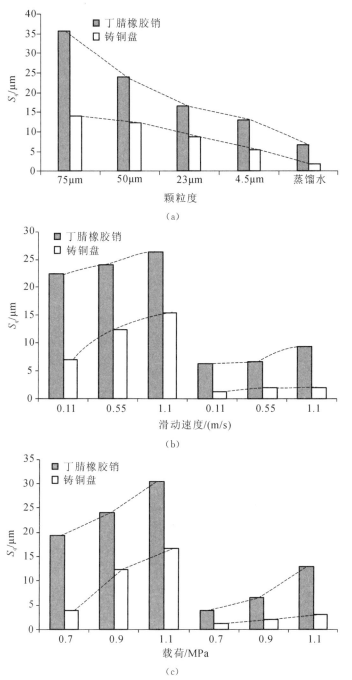

图 4-18　摩擦副的表面形貌均方根差 S_q 的变化趋势

（a）表面形貌均方根差 S_q 受颗粒度影响规律（0.9MPa，0.55m/s）；（b）表面形貌均方根差 S_q 受滑动速度影响规律（0.9MPa）；（c）表面形貌均方根差 S_q 受载荷影响规律（0.55m/s）

4.3　泥沙环境下的磨损机理分析

液体润滑是利用摩擦表面的几何形状和相对运动,并借助黏性流体的动力学作用,使润滑剂进入两摩擦表面之间,以形成动压润滑膜,将两摩擦表面完全分开。在泥沙环境中,由于不同颗粒度的泥沙存在,摩擦副间的磨损存在多种形式,利用其磨损表面的组织形貌、组分含量可以判断材料在磨损过程中的受力,进而判断不同颗粒度的泥沙在材料表面的磨损形式。

4.3.1　沙粒粒径对摩擦过程的影响

在泥沙环境下摩擦副受到泥沙磨粒的作用,接触表面在摩擦磨损过程中存在着复杂的磨损情况,对于不同直径的泥沙颗粒,在摩擦副表面的影响规律也不同,对其表面造成了不同形式的磨损。下面详细介绍泥沙颗粒度大小对摩擦副磨损表面磨损过程的影响。

泥沙颗粒度对摩擦副磨损表面具有明显的影响,泥沙直径在 $75\mu m$ 左右时,泥沙直径大于两表面凸峰高度,泥沙颗粒在磨损过程中被卡在摩擦副两表面间,如图 4-19 所示。沙粒的位置被铸铜盘表面卡住,所受摩擦力来自于销试样表面和铸铜盘表面,此时泥沙随着铸铜盘的滑动一起在销试样表面滑动,其滑动速度与盘和销的滑动速度一致,由于泥沙直径远大于材料表面凸峰高度,所以泥沙颗粒直接作为盘与销之间的接触点,盘所承受的载荷全部作用于泥沙颗粒表面,可以判断此时作用于销试样表面的压强为

$$P = \frac{N}{\sum\limits_{i=1}^{n_1} S_i} \tag{4-1}$$

式中：N——试样加载载荷；

S_i——第 i 个泥沙颗粒与销接触面面积；

n_1——$75\mu m$ 泥沙在摩擦副间运动的总颗粒数。

从上式可以看出,磨损过程中销试样表面的实际比压远高于试验中的 $1.98 \sim 3.11 MPa$(丁腈橡胶材料为 $0.7 \sim 1.1 MPa$)。当载荷越高,摩擦副间摩擦磨损越严重,所以此时的泥沙颗粒对在销试样表面的磨损影响最大,在滑动过程中对销试样表面造成切削和拉伸,销试样表面在周期性切削力和拉伸

力的作用下,产生严重的物料脱离。

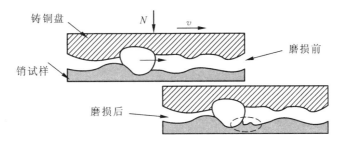

图 4-19　75μm 粒径沙粒在摩擦副之间的相对位置示意图

泥沙粒径在 $50\mu m$ 左右时与摩擦副表面的凸峰高度相近,磨损过程中泥沙在摩擦副中间有一点滑动空间(图 4-20),此时的泥沙颗粒在摩擦副间所受的载荷低于原本加载的试验载荷。同时,由于泥沙粒径的减小,泥沙在摩擦副间的数量也随之增大,由式(4-1)分析可知,泥沙表面所受竖直方向的力:

$$N_i = \sum_{j=1}^{m} P_{ij} < N \tag{4-2}$$

并且泥沙对于销试样表面的总受力面积增大,即

$$\sum_{i=1}^{n_2} S_i > \sum_{i=1}^{n_1} S_i \tag{4-3}$$

式中:n_2—— 粒径在 $50\mu m$ 左右的泥沙在摩擦副间的总颗粒数。

所以,此时的泥沙对于销试样表面的磨损有所减缓,随着摩擦副的滑动,泥沙颗粒在摩擦副间滚动,在载荷与摩擦力的共同作用下,泥沙对销试样表面造成一定程度的挤压和形变,在销试样表面形成明显的裂纹及凹坑。

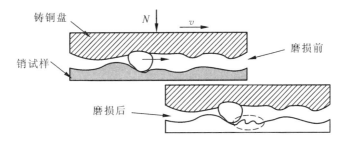

图 4-20　50μm 粒径沙粒在摩擦副之间的相对位置示意图

当泥沙的颗粒度粒径在 $4.5\mu m$ 左右时,泥沙颗粒在摩擦副表面的位置如图 4-21 所示。此时的泥沙粒径远小于材料表面的凸峰高度,泥沙颗粒在水流作用下几乎可以任意出入摩擦副间隙,从压力的角度分析,此时的泥沙在摩擦副间不承担载荷:

$$N \gg N_i \tag{4-4}$$

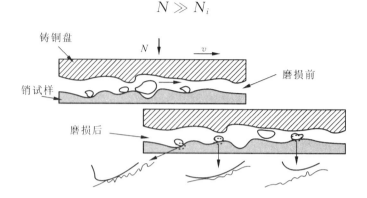

图 4-21　4.5μm 粒径沙粒在摩擦副之间的相对位置示意图

　　所以,此时泥沙对于销试样的作用力远小于摩擦副间凸峰的相互作用力,泥沙在摩擦副间具有足够的空间滚动,摩擦副在相对滑动的过程中,泥沙颗粒在摩擦副之间滚动,在表面形成细小的磨痕和褶皱。

4.3.2　含沙水质环境下的磨损过程

　　综上所述,水介质中的泥沙颗粒在磨损过程中,对摩擦副产生不可忽视的影响。当滑动速度处于较高水平(0.55m/s、0.77m/s 或 1.1m/s)和施加载荷处于较低水平(0.1MPa、0.3MPa 或 0.5MPa)时,摩擦副之间能形成相对较厚的润滑水膜,大部分泥沙颗粒的粒径小于水膜的厚度,它们比较容易被带入和带出摩擦副接触表面。同样地,将铸铜盘换为不锈钢盘结果仍是如此,在此过程中,部分泥沙颗粒会与丁腈橡胶销磨损表面或者不锈钢盘表面接触,对其造成冲刷或者擦伤磨损,如图 4-22(a) 所示。相较于纯净水润滑条件,摩擦系数、体积磨损量和表面粗糙度将会有所增加。当滑动速度较低(0.11m/s 或 0.33m/s)和载荷较高时(0.7MPa 或 0.9MPa),摩擦副之间的润滑水膜较薄,部分泥沙颗粒的直径大于润滑水膜厚度,直接与摩擦副的磨损表面接触,与丁腈橡胶销和不锈钢盘形成三体磨损,如图 4-22(b) 所示。泥沙颗粒会对摩擦副表面造成严重的磨料磨损,使得摩擦系数、体积磨损量和表面粗糙度增加。总之,水介质中的泥沙颗粒不利于摩擦副的润滑,会降低丁腈橡胶销和不锈钢盘摩擦副的摩擦学性能。

　　通过上述分析可以推断,当泥沙颗粒与摩擦副磨损表面直接接触时,由于磨损表面极其复杂,泥沙颗粒在摩擦副之间可能呈现不同的相对位移,对丁腈橡胶销和不锈钢盘产生不同程度的磨损。下面讨论泥沙颗粒在摩擦副磨损表面的 3-D 磨损运动过程。

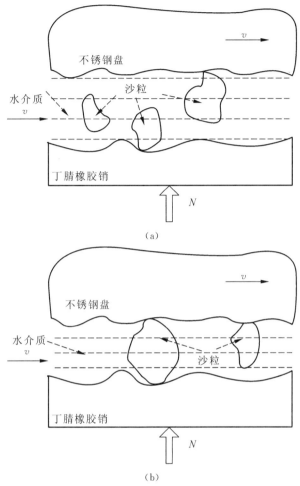

图 4-22　泥沙颗粒在磨损面之间的状态

(a) 沙粒直径小于水膜厚度；(b) 沙粒直径大于水膜厚度

（1）由于不锈钢磨损表面结构和泥沙颗粒特别的几何结构，泥沙颗粒可能被卡在不锈钢盘的磨损表面，如图 4-23(a) 所示。此时泥沙颗粒与不锈钢盘表面的相对位移为零，被不锈钢盘带动在橡胶销表面做切削滑动，对其造成严重磨损。

（2）丁腈橡胶是典型的弹性体材料，泥沙与两磨损面接触时，泥沙颗粒大部分体积被压入橡胶磨损面内，此时，泥沙颗粒有可能因为嵌入橡胶层内而被橡胶锁死，不能滑动，如图 4-23(b) 所示。此时，泥沙颗粒与橡胶销的相对位移为零，与不锈钢盘的相对位移达到最大值，并对不锈钢盘产生擦伤作用。

泥沙颗粒的上述两种运动均会对磨损面造成非常严重的磨料磨损，极大地损伤了磨损表面，降低其耐磨性能。

（3）第三种情况如图 4-23（c）所示，当泥沙颗粒没有被不锈钢盘或丁腈橡胶销磨损面锁死时，不锈钢盘推着泥沙颗粒向前滑行。由于橡胶对泥沙颗粒产生方向相反的摩擦力，泥沙颗粒会由于受力不平衡而在磨损面之间滚动向前滑动。此时，泥沙颗粒在磨损面之间形成的滚动磨损在一定的程度上有利于改善摩擦副之间的摩擦学行为，对两摩擦面造成的磨损明显小于上述两种情况对摩擦副造成的磨损。

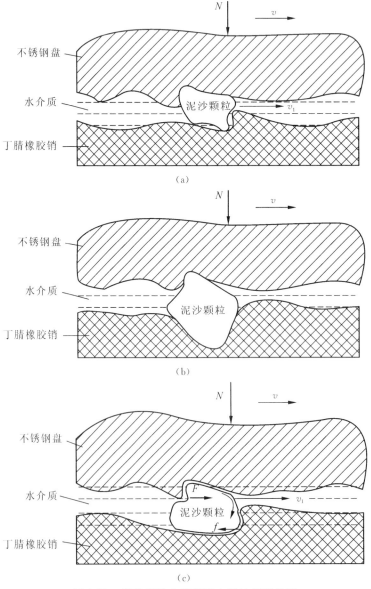

图 4-23　泥沙颗粒在摩擦副之间的相对位移

（a）沙粒卡在不锈钢盘表面；（b）沙粒嵌入橡胶层表面；（c）沙粒未被两表面锁死

4.4　本章小结

本章研究了滑动速度、载荷和泥沙含量在含沙水环境下对丁腈橡胶材料摩擦学性能的影响;对比分析了摩擦系数、体积磨损量和表面粗糙度,并用超景深显微镜、激光共焦扫描显微镜考察了磨损表面形貌。总结试验结果,得到如下结论:

硬性泥沙颗粒对丁腈橡胶销和不锈钢盘试样在水润滑条件下的摩擦学特性有非常显著的影响。在磨损过程中,泥沙颗粒首先破坏摩擦副之间的润滑水膜,然后与摩擦副表面接触,从而降低摩擦副之间的润滑状态,并对摩擦副造成比较严重的磨料磨损和切削磨损。在每组试验的初级阶段,摩擦系数均处于较大水平。滑动速度、载荷和泥沙含量对摩擦副在含沙水环境中的摩擦学性能产生明显影响。随着滑动速度、载荷和泥沙含量的增加,摩擦副的磨损量和表面粗糙度均呈增大趋势。摩擦系数则随着载荷和泥沙含量的增加而增加;随着滑动速度的增大,摩擦系数呈现先显著减小,后逐渐增大的规律。总体上,摩擦副之间润滑水膜的厚度决定了摩擦副之间的润滑状况,润滑水膜厚度大于泥沙颗粒的直径时,摩擦副处于良好润滑状况;当润滑水膜厚度小于泥沙颗粒的直径时,摩擦副之间的摩擦磨损将极大地加剧。因此,从泥沙颗粒的受力分析了在摩擦副间的运动,大粒径的泥沙在摩擦副间的运动空间小,在运动过程中对摩擦副表面的比压更大,所造成的表面磨损更严重,小粒径的泥沙颗粒在摩擦副间具有足够的运动空间,造成的比压也更小,因此磨损较小。

参 考 文 献

[1]　HIRANI H,GOILKAR S. Formation of transfer layer and its effect on friction and wear of carbon － graphite face seal under dry,water and steam environments[J]. Wear,2009,266(11):1141-1154.

[2]　XU Q X,SHI G Y,CHEN Z F. Analysis of recent changing characteristics and tendency runoff and sediment transport in the upper reach of Yangtze River[J]. Advances in water science,2004,15(4):420-426.

[3] NAHVI S M,SHIPWAY P H,MCCARTNEY D G. Particle motion and modes of wear in the dry sand-rubber wheel abrasion test[J]. Wear,2009,267(11): 2083-2091.

[4] ZHANG S W. Green tribology:fundamentals and future development[J]. Friction, 2013,1(2):186-194.

[5] YAGI K,SUGIMURA J. Elastic deformation in thin film hydrodynamic lubrication[J]. Tribology International,2013,59:170-180.

[6] SANTOS E N,BLANCO C J C,MACEDO E N,et al. Integral transform solutions for the analysis of hydrodynamic lubrication of journal bearings[J]. Tribology International,2012,52:161-169.

[7] YUAN C Q,PENG Z,ZHOU X C,et al. The surface roughness evolutions of wear particles and wear components under lubricated rolling wear condition[J]. Wear, 2005,259(1): 512-518.

[8] YUAN C Q,PENG Z,ZHOU X C,et al. The characterization of wear transitions in sliding wear process contaminated with silica and iron powder[J]. Tribology International, 2005, 38(2): 129-143.

[9] 董从林.水润滑橡胶轴承材料的摩擦磨损机理及磨损寿命预测研究[D].武汉:武汉理工大学, 2015.

[10] 苏逢荃,王优强,杨成仁.水润滑动压橡胶轴承的试验研究与误差分析[J].青岛理工大学学报,1997,18(1):39-44.

[11] 董从林.水润滑尾轴承的可靠性寿命评估[D].武汉:武汉理工大学,2010.

[12] DONG C L,YUAN C Q,LIU Z L,et al. Marine propulsion system reliability research based on fault tree analysis[J]. Advanced shipping and Ocean Engineering,2013,2(1):27-33.

[13] Dong C L,Yuan C Q,Bai X Q,et al. Study on wear behaviours for NBR/stainless steel under sand water-lubricated conditions[J]. Wear, 2015, 332-333:1012-1020.

第5章 热老化对丁腈橡胶轴承材料摩擦学性能的影响

　　船舶水润滑橡胶尾轴承的工作环境极为特殊,具有不可预测性和多变性,诸多因素导致水润滑橡胶尾轴承在运转过程中摩擦磨损比较严重,橡胶尾轴承表面不可避免地会摩擦生热,从而导致磨损表面的温度升高。虽然有水介质的冷却作用,但是由于橡胶较差的散热能力,尾轴承磨损表面的温度仍然高于环境温度。有研究表明,当橡胶水润滑轴承处于正常运行状态时,橡胶磨损表面的温度比环境温度高5～10℃;当其处于不良运行状态时,比如过载、低速和在泥沙水质中运行,橡胶尾轴承与尾轴之间处于接触磨损,产生大量摩擦热,此时橡胶轴承表面的温度将会急剧增加。由于船舶连续运行时间过长(远航船舶往往行驶几个月),这些因素使得船舶橡胶尾轴承处于一种长时间的高温加速老化状态。然而,由于船舶在规定时间内的大修、小修,人们往往忽视了船舶橡胶尾轴承的老化现象。

　　橡胶材料对温度极为敏感,温度升高显著地影响其机械性能和摩擦学性能。据报道,磨损过程产生的摩擦热,使橡胶表面的温度升高,最终加快橡胶内部的化学反应速率,改变其交联结构,增加其疲劳裂纹的生长速率,促使其加速老化,降低其机械性能。例如,高弹性性能变差,硬度降低或增加,拉伸强度、抗疲劳性能和抗撕裂性能下降,直到不能满足服役要求。有研究表明,当温度从0℃升高到100℃时,丁苯橡胶的疲劳寿命将减少至原寿命的1/10000,天然橡胶则减少至原寿命的1/4。Zhou发现,热老化条件下,氯丁橡胶内部的交联结构发生显著的变化。当热老化温度高于100℃时,氯丁橡胶的临界撕裂能显著减小。因此,水润滑橡胶轴承在恶劣磨损环境下的高温加速老化现象是降低其可靠性和使用寿命的一个不可忽视的问题。

　　热积累和热老化是橡胶在恶劣环境下工作遇到的极为关键的问题。它们对橡胶材料的机械性能有显著的影响,进而影响其摩擦和磨损性能。然而,很少有研究涉及这一问题。本章聚焦于热老化对橡胶尾轴承材料的摩擦学性能的影响,对保证其可靠性和延长其使用寿命具有实际应用价值。

5.1 丁腈橡胶热老化机理分析

5.1.1 丁腈橡胶的结构与性能

丁腈橡胶(NBR)是将不同比例的丁二烯 $CH_2 = CH—CH = CH_2$ 和丙烯腈 $CH_2 = CH—CN(ACN)$ 在一定的条件和工艺方法下进行乳液聚合反应,最后生成一种具有良好机械性能的通用橡胶,其结构式如图5-1所示。

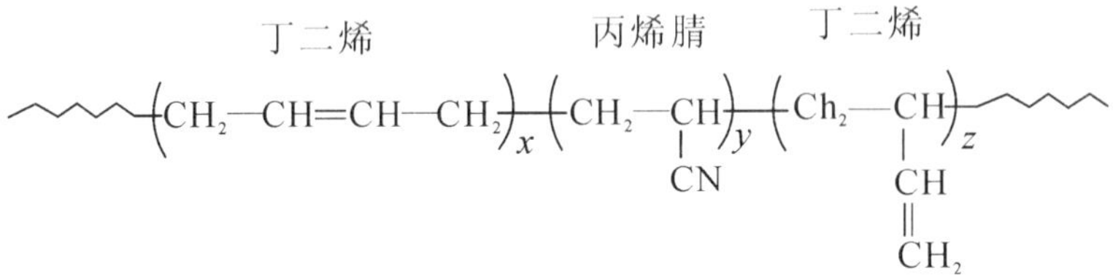

$$\begin{matrix} 丁二烯 & 丙烯腈 & 丁二烯 \end{matrix}$$

$$\sim\!\!\left(\!CH_2\!-\!CH\!=\!CH\!-\!CH_2\!\right)_x\!\left(\!CH_2\!-\!CH\!\atop CN\!\right)_y\!\left(\!CH_2\!-\!CH\!\atop \substack{CH\\||\\CH_2}\!\right)_z\!\!\sim$$

图 5-1　丁腈橡胶分子结构式

丁腈橡胶(NBR)分子链中具有大量的不饱和碳碳双键,不但具有丁二烯所带来的不饱和橡胶的共性,还具有极性丙烯腈单元所带来的一些特征,相对分子量约为70万。丙烯腈的含量极大地影响了丁腈橡胶分子链间的作用力,从而改变了橡胶分子链的柔度和其他物理机械性能。一般来讲,随着ACN含量的增加,丁腈橡胶的耐磨损性能、邵氏硬度、拉伸强度、断裂伸长率、撕裂强度、耐高温性能和耐油渗透性能增强,但是其弹性性能、耐低温性能下降,并且容易产生塑性形变。低、中、高ACN含量的NBR服役温度范围不同,分别为 $-40 \sim 100℃$、$-30 \sim 120℃$、$-20 \sim 150℃$。

5.1.2 老化方式

丁腈橡胶老化是多种影响因素综合作用的缓慢发展过程,开始阶段对丁腈橡胶的机械性能影响较小,随着时间的延长,其影响愈加显著,最终极大地降低了橡胶材料的机械性能和使用寿命。早期研究通过自然老化方式研究橡胶的老化性能,但是耗时长,影响因素不易控制。现今,各国研究工作者主要采取人工加速老化的方式研究其老化性能。具体是通过在较小的空间里或者装备内模拟近似橡胶零部件的服役环境,加强某个或者某些影响因素,在较短的时间内获得试验结果。该试验方法可以研究单一因素对橡胶材料的抗老化性能的影响规律,具有耗时短、可重复、易操作、数据量大等特点。

（1）热老化方式

由于水润滑橡胶轴承在实际工作中浸没在水中,与空气隔离,空气较少参与丁腈橡胶的老化反应,因此本章选择无氧真空加热老化,避免氧气参与反应,尽量使老化环境符合实际工况,保证加速老化数据的可靠性。

（2）热老化温度

提高模拟温度使得丁腈橡胶的老化速度加快,其实质是改变丁腈橡胶内部分子间的化学反应速率。因此,模拟试验温度必须要合理地选择和控制。在高温下,丁腈橡胶外表面与其内部材料可能出现不均匀老化现象,破坏了橡胶内部的化学反应速率。丁苯橡胶、丁腈橡胶、丁基橡胶、顺丁橡胶等合成橡胶的热加速老化温度一般不超过 120℃。而且高温老化试验的极小误差外推到常温下就会被过度放大,使热加速老化温度愈加远离常温,试验误差则愈大,影响性能预测的准确性。橡胶的热加速老化对模拟温度的下限也有严格规定,试验的下限温度与常温之差不得超过 40℃。模拟温度的间距不宜过大,通常选择 10℃、20℃ 或 30℃。根据以上原则,本章选择的模拟丁腈橡胶的热加速老化温度分别是 40℃、60℃ 和 80℃。

5.1.3　橡胶的热老化机理分析

丁腈橡胶在不同的服役环境下,引起橡胶热老化的影响因素不同。研究表明,作为典型的硫化橡胶,丁腈橡胶在热老化条件下主要以交联反应和热降解反应为主。交联反应是丁腈橡胶在加热条件下,橡胶分子链内部活性键之间发生化学反应,形成特殊结构的网状橡胶分子链,其中既有橡胶分子链之间的化学反应,也包括橡胶分子链与环状 S_8 分子之间的化学反应。丁腈橡胶的热降解反应一般存在两种方式,第一种方式是在加热情况下发生解聚反应,即聚合物沿分子链末端逐个切断单体单元,最终形成低聚合物,并释放出小分子。第二种方式是在加热条件下发生无规则降解,生成两种大小不等的分子链碎片。实际上,在加热条件下,丁腈橡胶分子链间交联反应和降解反应是同时存在的,其过程极其复杂,在不同的老化阶段,其主要反应机理和反应速率不同。热老化温度对它们均有非常大的影响,一般温度越高,橡胶分子链内部的交联反应和降解反应速率越快。丁腈橡胶分子链经过长时间的交联反应和降解反应,其过程常常会伴随一些显著的现象,比如拉伸强度、断裂伸长率、冲击强度、弯曲强度、压缩率、弹性等机械性能指标下降。

5.1.3.1 丁腈橡胶的交联反应

丁腈橡胶是一种典型的硫化胶,在热老化时,内部发生了进一步缓慢硫化交联过程,使得橡胶被过度硫化,降低其机械性能。

（1）硫的反应性

自然界中,单质硫一般以8个硫原子组成的环状结构 S_8 分子形式存在。在室温条件下,环形 S_8 分子比较稳定,与橡胶不发生化学反应。加热情况下,环状 S_8 分子则比较活跃,可以活化裂解,均裂成自由基或异裂成离子两种形式,即

$$均裂\ \cdot S \colon S \colon S \colon S \colon S \colon S \colon S \colon S \cdot （自由基）$$
$$异裂\ \delta^+ S \colon S \colon S \colon S \colon S \colon S \colon S \colon S^{\delta-}（离子）$$

由于环状 S_8 分子可以裂解成不同形态,导致丁腈橡胶分子链与 S_8 分子的化学反应有离子型机理和自由基机理两种可能性。当丁腈橡胶被加热时, S_8 分子环活化裂解开来,一般情况下裂解成双基硫活性分子,它可以由不同数目的硫原子组成,如 $\cdot SS_6 S\cdot$、$\cdot SS_4 S\cdot$ 和 $\cdot S_2\cdot$ 等,即

$$S_8 \xrightarrow{\triangle} \cdot S\!-\!S_6\!-\!S\cdot \xrightarrow{\triangle} \cdot SS_4 S\cdot + \cdot S_2\cdot$$

（2）丁腈橡胶不饱和橡胶分子链链的反应性

丁腈橡胶大分子链上含有大量的 $C\!=\!C$ 双键,具有二烯类橡胶典型的特性,可以与环状 S_8 分子发生化学反应。丁腈橡胶大分子链中含有数千个 $C\!=\!C$ 双键基团。$C\!=\!C$ 比较活泼,当其受到外界离子化作用诱导时,$C\!=\!C$ 上的 C 将分别带有部分负电荷和正电荷,即可进行离子型加成反应。当碳碳双键受到自由基作用时,不饱和双键会变成双自由基,可进行加成反应。丁腈橡胶分子链内的 $C\!=\!C$ 反应形式如下:

$$\left[\begin{matrix} H & H \\ | & | \\ -C\!-\!C- \\ \delta- & \delta+ \end{matrix} \right] \underset{离子化}{\rightleftharpoons} \left[\begin{matrix} H & H \\ | & | \\ -C\!=\!C- \end{matrix} \right] \underset{自由基化}{\rightleftharpoons} \left[\begin{matrix} H & H \\ | & | \\ -C\!-\!C- \\ \cdot & \cdot \end{matrix} \right]$$

由于键能的影响,与 $C\!=\!C$ 连接的 H 原子很不活泼,但 α-H 却比较活泼,容易解离脱落而与外界取代物发生取代反应。当丁腈橡胶分子链受到自由基

作用时,则在 α-C 上进行自由基取代反应:

$$\{CH_2-CH=CH-CH_2\}_x\{CH_2-CH\}_y+R\cdot \xrightarrow{\triangle} \{CH_2-CH=CH-\dot{C}H\}_x\{CH_2-CH\}_y+RH$$

（3）丁腈橡胶分子链与硫的环状分子的交联反应

如前所述,丁腈橡胶分子链与环状 S_8 分子之间的交联反应以自由基机理或离子型加成机理进行,或以两种反应机理同时进行或相继进行。20 世纪 60 年代,马来西亚橡胶研究协会（MRPRA）对丁腈橡胶在加热条件下的交联反应做了大量的试验分析研究,并总结出以下主要的反应类型和反应机理。

① 自由基交联反应

当丁腈橡胶被加热老化时,其内部的环状 S_8 分子裂解,并产生了非常活泼的双基硫分子:

$$S_8 \xrightarrow{\triangle} \cdot S_x \cdot + \cdot S_{8-x} \cdot$$

它与丁腈橡胶发生化学反应生成橡胶硫醇化合物。本章采用 R 表示丁腈橡胶大分子链。橡胶硫醇化合物可以是活泼的双基硫分子与 NBR 橡胶分子链间发生加成反应的产物,从而得到多硫交联键结构的橡胶分子链,可以是活泼的双基硫分子与 NBR 橡胶分子链间双键处发生加成反应的产物;还可以是与 NBR 橡胶分子链发生环化加成反应,产生环化结构的橡胶硫醇化合物。双基硫分子与丁腈橡胶分子链在加热的条件下可能进行的交联反应机理归纳如下:

a. 丁腈橡胶分子链链与双基硫分子之间的加成反应

$$\{CH_2-CH=CH-CH_2\}_m\{CH_2-CH\}_n+\cdot S_x\cdot \xrightarrow{\triangle} \{CH_2-CH=CH-CH\}_m\{CH_2-CH\}_n$$

$$\{CH_2-CH=CH-CH\}_m\{CH_2-CH\}_n+RH \xrightarrow{\triangle} \{CH_2-CH=CH-CH\}_m\{CH_2-CH\}_n+H_2S\uparrow$$

可以推断,双基硫活性分子与丁腈橡胶大分子链发生化学反应的过程中,也可以产生非橡胶硫醇化合物,其反应机理如下:

$$\sim\text{CH}_2-\text{CH}=\text{CH}-\text{CH}_2-\text{CH}_2-\underset{\underset{\text{CN}}{|}}{\text{CH}}\sim +\,^{\bullet}\text{S}_x^{\bullet} \xrightarrow{\Delta} \sim\text{CH}_2-\text{CH}=\overset{\bullet}{\text{C}}-\text{CH}_2-\underset{\underset{\text{CN}}{|}}{\text{CH}}\sim +\overset{\bullet}{\text{S}}_x\text{H}$$

$$\sim\text{CH}_2-\text{CH}=\text{CH}-\overset{\bullet}{\text{C}}-\text{CH}_2-\underset{\underset{\text{CN}}{|}}{\text{CH}}\sim +\,^{\bullet}\text{S}_x^{\bullet} \xrightarrow{\Delta} \sim\text{CH}_2-\text{CH}-\underset{\underset{\overset{|}{\overset{\bullet}{\text{S}}_x}}{}}{\text{CH}}-\text{CH}_2-\underset{\underset{\text{CN}}{|}}{\text{CH}}\sim$$

$$\sim\text{CH}_2-\text{CH}=\text{CH}-\underset{\underset{\overset{|}{\overset{\bullet}{\text{S}}_x}}{}}{\text{CH}}-\text{CH}_2-\underset{\underset{\text{CN}}{|}}{\text{CH}}\sim +\sim\text{CH}_2-\text{CH}=\text{CH}-\overset{\bullet}{\text{C}}-\text{CH}_2-\underset{\underset{\text{CN}}{|}}{\text{CH}}\sim$$

$$\xrightarrow{\Delta}$$

$$\sim\text{CH}_2-\text{CH}=\text{CH}-\text{CH}_2-\underset{\underset{\text{CH}}{|}}{\overset{\overset{\text{CN}}{|}}{\text{CH}}}\sim$$
$$\underset{\underset{\overset{|}{\text{S}_x}}{}}{}$$
$$\sim\text{CH}_2-\text{CH}=\text{CH}-\text{CH}_2-\underset{\underset{\text{CN}}{|}}{\text{CH}}\sim$$

b.丁腈橡胶硫醇化合物的环化结构反应

$$\left(\text{CH}_2-\text{CH}=\text{CH}-\underset{\underset{\text{S}_x\text{H}}{|}}{\text{CH}}-\text{CH}_2-\underset{\underset{\text{CN}}{|}}{\text{CH}}-\text{CH}_2-\underset{\underset{\overset{|}{\text{CH}}\,}{\underset{\overset{||}{\text{CH}_2}}{}}}{\text{CH}}\right)_m \xrightarrow{\Delta}$$

$$\left(\text{CH}_2-\text{CH}=\text{CH}-\text{CH}-\text{CH}_2-\underset{\underset{\text{CN}}{|}}{\text{CH}}-\text{CH}_2-\underset{\underset{\overset{|}{\text{CH}_2}}{\underset{\overset{|}{\text{CH}_2}}{}}}{\text{CH}}\right)_m +\text{H}_2\text{S}\!\uparrow$$
$$|\!-\!-\!-\!-\!-\!-\!\text{S}_{x-1}$$

c.丁腈橡胶分子链双键加成交联反应

当丁腈橡胶大分子链中的 C＝C 被活化断裂时,双基硫活性分子可以与链节上断裂的碳碳单键发生加成反应,生成一对连位交联键。

$$2\sim\text{CH}_2-\text{CH}=\text{CH}-\text{CH}_2-\text{CH}_2-\underset{\underset{\text{CN}}{|}}{\text{CH}}\sim +2\,^{\bullet}\text{S}_x^{\bullet} \xrightarrow{\Delta} \begin{array}{c}\sim\text{CH}_2-\text{CH}-\text{CH}-\text{CH}_2-\text{CH}_2-\overset{\overset{\text{CN}}{|}}{\text{CH}}\sim\\ \quad\;\;|\quad\;\;|\\ \quad\text{S}_x\;\;\text{S}_x\\ \quad\;\;|\quad\;\;|\\ \sim\text{CH}_2-\text{CH}-\text{CH}-\text{CH}_2-\text{CH}_2-\underset{\underset{\text{CN}}{|}}{\text{CH}}\sim\end{array}$$

d.丁腈橡胶硫醇化合物分子内部交联键位置重排反应

当双基硫活性分子与丁腈橡胶大分子链发生交联化学反应时,橡胶分子链链节上的C＝C可能被诱导极化,导致 H 原子转移,促使橡胶硫醇化合物分子上交联键的位置发生重排。其反应机理如下:

$$\sim\!CH_2\!-\!CH\!=\!CH\!-\!CH\!-\!CH_2\!-\!CH\!\sim \rightleftharpoons^{\triangle} \sim\!CH\!-\!CH\!=\!CH\!-\!CH_2\!-\!CH\!\sim$$

（结构式，左侧支链 S_x—R，CN；右侧支链 S_x—R，CN）

② 离子型交联反应

当硫的环状分子裂解受到离子介质诱导干扰时，硫的环状分子结构裂解成了离子型的多硫化合物$^{(+)}SS_6S^{(-)}$，离子型多硫化合物可以诱导 NBR 链节中的 $C\!=\!C$ 产生极化反应。很多学者通过试验模拟和化学反应模拟的方式研究了硫化橡胶烯烃分子中的碳碳双键发生化学反应的过程，阐述了质子传递的机理，其关键在于形成锍离子。其交联反应如下：

$$S_8 \xrightarrow{\triangle} S_x^+ + S_{8-x}^-$$

$$2RH + S_x^+ + S_{8-x}^- \xrightarrow{\triangle} RS_x^+ + RS_{8-x}^-$$

（以下为离子型交联反应的化学结构式系列）

5.1.3.2　丁腈橡胶的热降解反应

① 丁腈橡胶硫醇化合物的脱硫反应

丁腈橡胶分子链交联反应过程中生成橡胶硫醇化合物。这些丁腈橡胶硫醇化合物在加热的情况下可以发生降解脱硫反应，此时丁腈橡胶分子链主链

结构有可能发生改变,这个过程称之为主链改性。这样极有可能改变橡胶的物理化学性能。例如:

$$\sim\!\!-CH_2-CH=CH-CH-CH_2-CH-\!\!\sim \xrightarrow{\triangle} \sim\!\!-CH_2-CH=CH-CH=CH-CH-\!\!\sim +RS_xH$$

(结构中 $\underset{R}{\overset{|}{\underset{|}{S_x}}}$ 位于 CH 下方,右侧产物含 CN)

有研究表明,丁腈橡胶环化结构的形成可以由环状 S_8 分子交联键的 S—S 键断裂,硫 S—S 单键与丁腈橡胶硫醇化合物分子内的碳碳双键反应生成,由于 S—S 断裂发生降解反应,其反应机理如下:

$$\sim\!\!-CH_2-CH-CH_2-CH_2-CH_2-CH-CH_2-CH-\!\!\sim \xrightarrow[\triangle]{RH\ (由烯烃传递氢)}$$

$$\sim\!\!-CH_2-CH-CH_2-CH_2-CH_2-CH-CH_2-CH-\!\!\sim +RS_{x-1}H$$

② 丁腈橡胶大分子链的自身降解反应

丁腈橡胶加热过程中,不只是丁腈橡胶硫醇化合物可以发生降解反应,丁腈橡胶大分子链也会发生热降解反应,生成大量的小分子链,例如:

$$NBR \xrightarrow[\triangle]{引发} \sim\!\!-CH_2-\overset{\bullet}{C}H-CH_2-CH_2-CH=CH-CH_2-\!\!\sim \xrightarrow{\triangle} CH_2=\overset{|}{C}-CH_2-\!\!\sim +\bullet CH_2-\!\!\sim$$

$$\xrightarrow{\triangleright} CH_3-\overset{\bullet}{C}-CH_2-\!\!\sim +CH_3-\!\!\sim$$

或
$$\sim\!\!-CH_2-CH-\overset{\bullet}{C}H-CH_2-CH=CH-CH_2-\!\!\sim \xrightarrow{\triangle}$$
$$\sim\!\!-CH_2-CH=CH-CH_2-CH=CH-CH_2-\!\!\sim +\bullet CN$$

$$\bullet CN + RH \xrightarrow{\triangle} HCN + R\bullet$$

$$HCN + R\bullet \xrightarrow{\triangle} \sim\!\!-CH_2-CH-\!\!\sim \quad (CN-C=NH)$$

$$\sim\!\!-CH_2-CH-\!\!\sim \xrightarrow{\triangle} \sim\!\!-C-CH_2-\!\!\sim \xrightarrow[\triangle]{H分解} NH_3 \ 等$$

5.2　热老化对丁腈橡胶摩擦学性能的影响

5.2.1　材料与试验

5.2.1.1　试验材料

丁腈橡胶被加工成销试样,其直径和高分别为 10mm 和 20mm,表面粗糙度为 $(1.08 \pm 0.05) \mu m$。摩擦副配对材料是 1Cr18Ni9Ti 不锈钢,被加工成盘试样,其外径和内径分别为 60mm 和 8mm,高为 10mm,表面粗糙度为 $0.65 \mu m$。丁腈橡胶销试样与不锈钢盘试样的外观形貌和部分重要的力学性能已在第 3 章列举,见图 3-1、表 3-1 和表 3-2。

5.2.1.2　试验试样的准备

橡胶材料是典型的温度敏感型材料,通常在常温环境下具有良好的机械稳定性和化学稳定性,当温度升高时,其机械性能和化学稳定性将会发生改变。探讨其在不同老化条件下的机械性能,对研究橡胶材料运动零部件的摩擦学性能十分有必要。研究表明,橡胶材料的硬度、撕裂强度和抗拉伸强度是影响橡胶运动零部件摩擦学性能的关键机械性能。在不同热老化条件下通过影响丁腈橡胶材料的机械性能而影响其摩擦学性能。本节主要描述丁腈橡胶老化试样的制备及其在不同老化环境下机械性能的测试,为后文的研究做好准备工作。

（1）热老化丁腈橡胶销试样的准备

本试验利用真空恒温干燥箱来获得不同热老化温度下的丁腈橡胶老化销试样。根据以上所述的橡胶老化条件的选择规范,丁腈橡胶的不同老化温度分别设定为 40℃、60℃ 和 80℃。干燥箱的温度波动对老化结果影响很大,当温度波动幅度为 (2 ± 1)℃ 时,机械性能预测误差为 15%;若波动幅度为 (4 ± 2)℃ 时,误差则高达 35%。试验采用的干燥箱的温度波动范围为 (1 ± 0.5)℃,符合橡胶热加速老化模拟规范要求。在同一热加速老化温度下(以热老化温度 80℃ 为例),共有 88 个丁腈橡胶销试样被放入真空恒温干燥箱中进行热老化。试样被分成两组,其中 40 个销试样为一组,用来测量不同老化时间对其邵氏硬度的影响规律。为了实现这一目标,每隔 48h 从真空恒温干燥箱中取出 2 个橡胶销试样,最长的老化时间为 960h(40d),共取 20 次。第二组试样(另外 48 个销试样)被用来研究不同老化时间对丁腈橡胶摩擦学性能的影响。其中,每隔 240h(10d)取 12 个销试样,最后 12 个销试样被老化 960h。上述热老化过程同样被用于获取在热加速老化温度 40℃ 和 60℃ 下的丁腈橡胶老化试样。因此,总共有 264 个丁腈橡胶试样进行不同温度和不同时间的热加速老化。此外,14 个未老化的橡胶试样被用于参考,其中 2 个销试样用于测量在室温下的邵氏硬度,另外 12 个销试样被用于做未老化参考试验。

(2) 热加速老化丁腈橡胶哑铃型和裤型试样的准备

为了研究热加速老化条件下对丁腈橡胶拉伸强度和撕裂强度的影响,丁腈橡胶材料根据 GB/T 2941—2006 规范中的相关标准被制成哑铃型和裤型橡胶试样,如图 5-2 和图 5-3 所示。哑铃型和裤型橡胶试样的厚度均为 (2 ± 0.1)mm,其数量和热老化方法以及过程均相同,故以哑铃型橡胶试样热老化处理为例。类似地,哑铃型橡胶试样被放入真空恒温干燥箱中进行热老化,老化温度被设定为 40℃、60℃ 和 80℃。在同一热老化温度(80℃)下,共有 60 个哑铃型橡胶试样被放入干燥箱中进行热老化试验,这些试样被分成两组,一组为 40 个试样,另一组为 20 个试样。第一组哑铃型橡胶试样是为了研究不同热老化时间对橡胶拉伸强度的影响。为了实现这一目标,每隔 120h(5d) 取 5 个试样,总共取 8 组试样,最长的热老化时间为 960h(40d)。第二组哑铃型橡胶试样是为了研究测试温度对拉伸强度的影响。为了让试样保留一定的拉伸强度,此组试样被热老化 480h(20d)。上述热老化试样的制备过程同样适用于热老化温度 40℃ 和 60℃。此外,25 个未经热老化的哑铃型橡胶试样用作参考试样。总共有 205 个哑铃型橡胶试样用于研究热加速老化时间、热老化温度和测试温

单位:mm

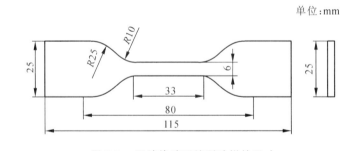

图 5-2　丁腈橡胶哑铃型试样的尺寸

单位:mm

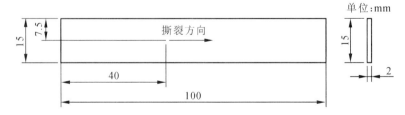

图 5-3　丁腈橡胶裤型试样的尺寸

度对丁腈橡胶拉伸强度的影响规律。同样,总共有 205 个裤型橡胶试样用于研究热加速老化时间、热老化温度和测试温度对丁腈橡胶撕裂强度的影响规律。具体的测试细节在下文中进行描述。

5.2.1.3　试验设计

试验均在船舶轴系磨损试验机(CBZ-1)上进行,试验对象分别是丁腈橡胶销试样和 1Cr18Ni9Ti 不锈钢盘试样,试验条件是纯净水润滑条件,外界环境为室温条件。设置两组对比试验分别研究滑动速度、热加速老化时间和老化温度对丁腈橡胶销试样和 1Cr18Ni9Ti 不锈钢盘摩擦副之间摩擦学性能的影响,进而探讨热老化条件与丁腈橡胶摩擦学行为的关系。

第一组试验是为了考察热加速老化时间对摩擦副之间摩擦学性能的影响。在此组试样中,热老化温度被设定为 80℃,热老化时间分别为 240h、480h、720h 和 960h。转速被设定为 50r/min、150r/min、250r/min、350r/min、500r/min 和 1000r/min,销试样对应在盘试样的平均滑动半径为 21mm,那么其滑动速度为 0.11m/s、0.33m/s、0.55m/s、0.77m/s、1.1m/s 和 2.2m/s,或者是 396m/h、1188m/h、1980m/h、2772m/h、3960m/h 和 7920m/h。为了排除载荷的影响,载荷被设定为 0.3MPa。每种不同的老化时间,均进行 6 组不同转速的摩擦磨损试验,总共有 30 组试验研究不同热老化时间和不同滑动速度对摩擦副之间摩擦学性能的影响。

第二组试验是为了考察热老化温度对摩擦副之间摩擦学性能的影响。在此组试样中,所参与试验的丁腈橡胶销试样分别在温度 40℃、60℃ 和 80℃ 下经历 480h 的热加速老化。滑动速度同样被设定为 0.11m/s、0.33m/s、0.55m/s、0.77m/s、1.1m/s 和 2.2m/s,载荷被设定为 0.3MPa。每种不同的热老化温度下,均进行 6 组不同转速的摩擦磨损试验。总共有 24 组试验研究不同热老化温度下对丁腈橡胶销试样和不锈钢盘之间摩擦学性能的影响。

试验过程中,每改变一种转速或者热老化条件,均换一个丁腈橡胶销试样和不锈钢盘。为了保证丁腈橡胶销试样磨损数据的可靠性,每组试验进行 48h 的不停机试验;为了保证试验的重复性,所有试验均进行两次重复性试验。在磨损试验中,每隔 5s 采集一次摩擦系数。

5.2.1.4　测试方法

丁腈橡胶销试样的邵氏硬度是用德国生产的 Digi test Ⅱ 自动电子硬度测试仪进行测量。经过不同老化时间(240h、480h、720h 和 960h)和不同热老化温度(40℃、60℃ 和 80℃)的丁腈橡胶销试样,从真空恒温干燥箱中取出后冷却到室温(20℃),再进行其邵氏硬度测量。此外,在热老化温度(40℃、60℃

和80℃）下经历480h老化的丁腈橡胶销试样也被用来研究不同工作温度下对其邵氏硬度的影响，即这些试样分别在温度为40℃、60℃、80℃和100℃的温度环境下进行测量。未老化的丁腈橡胶销试样分别在不同热老化温度下测量其邵氏硬度作为参考。每次均进行4次测量，其平均值为丁腈橡胶销试样在此热老化条件下的邵氏硬度值。

丁腈橡胶的拉伸强度和撕裂强度是采用高低温拉伸试验机进行测量的。检测其拉伸强度时，按照规范，试验机的拉伸速度被设定为500mm/min。为了考察热老化时间（240h、480h、720h和960h）和热老化温度（40℃、60℃和80℃）对丁腈橡胶材料拉伸强度的影响，经过热老化的哑铃型橡胶试样从干燥箱中取出后冷却至室温（20℃），再测量其拉伸强度。同样，分别在温度40℃、60℃和80℃下进行480h热加速老化的哑铃型橡胶也被用来研究不同工作温度下对其拉伸强度的影响，即这些试样分别在温度40℃、60℃、80℃和100℃的环境温度下进行测量。25个未老化的哑铃型橡胶试样在不同测试温度下进行测量，以其为参考。在同一热老化条件下，测量5个哑铃型橡胶试样的拉伸强度，平均值为丁腈橡胶在此热老化条件下的拉伸强度值。共有205个哑铃型橡胶试样被进行拉伸试验。同理，205个裤型丁腈橡胶试样用来测量其撕裂强度，根据规范，拉伸速率被设定为100mm/min，其余测试方法与上述相同。

5.2.2　试验结果

本节主要讨论丁腈橡胶的邵氏硬度、拉伸强度和撕裂强度在不同热加速老化时间和热老化温度下的变化规律。为研究丁腈橡胶的机械性能与其摩擦学性能的关系并进而探讨热老化条件对丁腈橡胶摩擦学性能的影响，在此，通过测量摩擦系数、质量磨损率和表面形貌等特征来研究丁腈橡胶在不同测试条件下的摩擦学性能，详细研究结果如下。

5.2.2.1　丁腈橡胶机械性能分析

丁腈橡胶的邵氏硬度在不同热老化条件下的变化规律如图5-4所示。其中，图5-4(a)显示了不同热老化时间和温度对其影响趋势。总体上，丁腈橡胶的邵氏硬度随热老化时间和热老化温度的升高而增大。从细节上看，当热老化温度在80℃时，老化时间在6d以内，邵氏硬度增大的趋势较小；当老化时间在6～30d时，邵氏硬度增大的趋势较大；30d以后，邵氏硬度增大的趋势减缓。当热老化温度在40℃和60℃时，在开始几天，丁腈橡胶的邵氏硬度变化较小，甚至有减小的趋势，之后逐渐增大。最明显的是，在热老化温度为80℃

的条件下,邵氏硬度的增长趋势明显大于在 40℃ 和 60℃ 温度下的增长趋势,而在 40℃ 温度下,邵氏硬度增长得比较缓慢。图 5-4(b)体现了不同工作温度下对丁腈橡胶邵氏硬度的影响规律。一般来讲,丁腈橡胶的邵氏硬度随着工作温度的升高而减小,尤其是当工作温度大于 40℃ 时,下降的趋势极为显著。

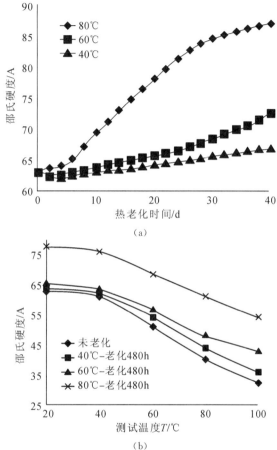

图 5-4　丁腈橡胶的邵氏硬度随不同热老化时间

（测量温度 20℃）和温度（测试时间 480h）的变化趋势

（a）不同热老化时间；（b）不同温度

图 5-5 表明了不同热加速老化时间和温度对丁腈橡胶拉伸强度的影响。拉伸强度基本上随老化时间和温度的增加而减小,如图 5-5(a)所示。在 40℃ 老化环境下,拉伸强度下降的趋势最小;在 60℃ 温度环境下下降趋势居中;在 80℃ 温度环境下拉伸强度下降得最为明显,其中当老化时间在 480 ～ 960h 内,下降的趋势有所减缓。丁腈橡胶拉伸强度随工作温度的变化趋势如图 5-5(b)所示,拉伸强度基本呈现随温度的升高而减小的趋势。

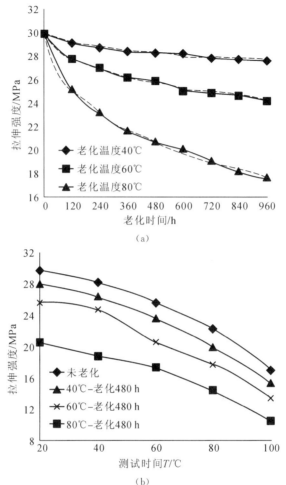

图 5-5 丁腈橡胶的拉伸强度随不同老化时间（测量温度 20℃ ）

和温度（测量时间 480h）的变化趋势

（a）不同老化时间；（b）不同温度

不同热加速老化时间和温度对丁腈橡胶的撕裂强度的影响如图 5-6 所示。很明显，随着老化温度和时间的增加，撕裂强度呈现下降的趋势。在 40℃下，撕裂强度下降得比较缓慢；在 80℃ 下，撕裂强度的下降趋势非常明显，并且撕裂强度在前半段（0～480h）热加速老化时间内的下降趋势要大于后半段老化时间（480～960h）的。图 5-6（b）表明撕裂强度随工作温度的升高而减小。其中，当温度在 20～40℃ 之间，撕裂强度下降得比较少；当温度大于 40℃时，撕裂强度下降的趋势明显增大。

从上面的试验数据可以看出，高温或者长时间的加速老化，对丁腈橡胶的机械性能带来极大的负面影响，包括橡胶的硬化、拉伸强度和抗撕裂能力的降低，这是由于热老化过程中，橡胶内部发生交联反应、橡胶硫醇化合物和丁腈橡胶大分子链的降解反应。

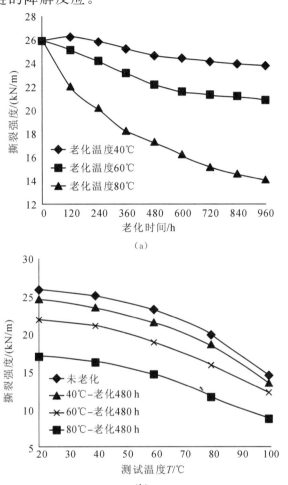

（a）

（b）

图 5-6　丁腈橡胶的撕裂强度随不同老化时间（测量温度 20℃）

和温度（测试时间 480h）的变化趋势

（a）不同老化时间；（b）不同温度

在相同条件下，橡胶材料机械性能的改变是影响其摩擦学性能的关键原因。为了证明这点，下面将探讨不同的热加速老化温度和时间对丁腈橡胶销试样和不锈钢盘摩擦副之间的摩擦学性能的影响。

5.2.2.2　热加速老化对摩擦系数的影响

众多研究表明，材料的硬度对摩擦副之间的摩擦系数有较大影响。为了研究热老化对丁腈橡胶和摩擦副之间摩擦系数的影响，本节选择邵氏硬度作为丁腈橡胶的老化参考量，通过分析邵氏硬度与摩擦副之间摩擦系数变化规律来间接探讨热加速老化对丁腈橡胶摩擦学性能的影响。滑动速度、热加速老化温度和时间对丁腈橡胶与不锈钢摩擦副之间摩擦系数的影响，如图 5-7

所示。图 5-7(a) 表明：在相同的条件下，摩擦系数随滑动速度的增加而减小，与前文所示现象相同。图 5-7(b) 揭示了摩擦系数随热加速老化时间的延长而增大的规律。也可以看到，丁腈橡胶的邵氏硬度也同样随着热老化时间的延长而增加。图 5-7(c) 反映了热老化温度对摩擦系数和丁腈橡胶的邵氏硬度的影响。其中，摩擦系数随着热老化温度的升高而增大。当温度在 20℃、40℃ 和 60℃ 时，摩擦系数增加得较为缓慢；当热老化温度为 80℃ 时，摩擦系数增加得非常显著。与此同时，邵氏硬度随热老化温度增长的趋势基本上与摩擦系数增长趋势相同。从图 5-7(b) 和图 5-7(c) 可以看出，热加速老化时间和温度对摩擦系数和邵氏硬度的影响规律极为相似。可以推测，丁腈橡胶邵氏硬度的改变显著地影响了摩擦副之间的摩擦系数，进而可以说明不同热加速老化温度和时间对摩擦系数产生了不同的影响。

　　在水润滑条件下，滑动速度对丁腈橡胶与不锈钢盘之间摩擦系数的影响机理已经在前文中阐述，此处不再赘述。上面已经讲到，为了解释热老化温度和时间对摩擦系数的影响，利用邵氏硬度的变化来表征热老化条件对丁腈橡胶销试样机械性能的影响。此处便分析邵氏硬度的变化将如何影响摩擦系数。不同热加速老化条件正是通过影响材料的邵氏硬度来影响摩擦副之间的润滑过程，最终导致摩擦系数发生变化。随着热老化温度和时间的延长，丁腈橡胶的邵氏硬度增大，其变形能力也随之变差。在相同载荷下，导致丁腈橡胶弹性流体动压润滑相对不明显，摩擦副之间的润滑状态相对较差，其摩擦系数将会有所增加。并且，硬度改变得越剧烈，对摩擦系数的影响也更为显著，通过图 5-7(b) 和图 5-7(c) 可以看出，这些结论与一些专家学者的研究成果相似。与此同时，丁腈橡胶经过长时间的老化，其良好的自润滑能力也随之变差。

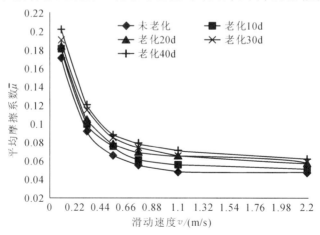

(a)

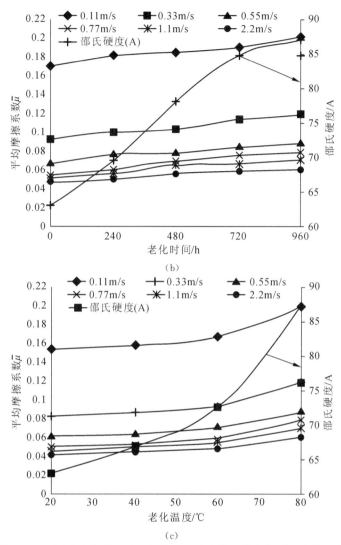

图 5-7　不同试验条件下对丁腈橡胶平均摩擦系数和邵氏硬度的影响

(a) 滑动速度；(b) 老化时间；(c) 老化温度

5.2.2.3　热加速老化对丁腈橡胶行程 - 质量磨损率的影响

第 3 章已经分析了丁腈橡胶销与不锈钢盘的磨损过程，丁腈橡胶材料的反复拉伸与撕裂是其磨损过程中非常关键的特征，据此推断，丁腈橡胶材料的拉伸强度和撕裂强度必定影响其耐磨性能。本节利用拉伸强度和撕裂强度来表征丁腈橡胶材料的热老化程度，通过分析拉伸强度和撕裂强度与丁腈橡胶行程 - 质量磨损率之间的关系，从而反映不同的热老化条件对丁腈橡胶摩擦学性能的影响。图 5-8 所示为不同滑动速度、热老化温度和老化时间对丁腈橡胶行程 - 质量磨损率的影响。从图 5-8(b) 中可以看出，丁腈橡胶的行程 - 质

量磨损率随老化时间的延长而增加,拉伸强度和抗撕裂性能则刚好相反。图
5-8(c)基本上呈现出丁腈橡胶的行程-质量磨损率随着老化温度升高而增加。
当热老化温度为80℃时,图5-8增加得比较显著。拉伸强度和抗撕裂性能则在
80℃的时候显著降低。图5-8(b)和图5-8(c)中的数据足以说明,丁腈橡胶的
拉伸强度和撕裂强度越低,其耐磨损性能越差,进而说明热加速老化条件通
过影响丁腈橡胶的拉伸强度和撕裂强度等机械性能来改变其摩擦学性能这
一说法是成立的。同时进一步说明,热老化温度越高或者老化时间越长,丁腈
橡胶的拉伸强度和撕裂强度越差,丁腈橡胶的耐磨性能也就急剧地降低。

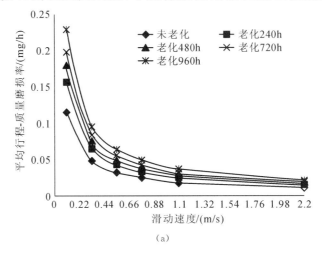

（a）

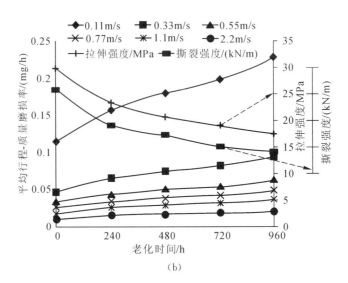

（b）

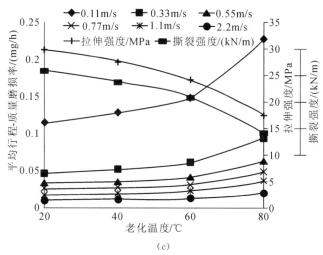

(c)

图 5-8   不同试验条件下对丁腈橡胶平均行程－质量磨损率、拉伸强度和撕裂强度的影响规律

（a）滑动速度；（b）老化时间；（c）老化温度

5.2.2.4   热加速老化对磨损表面形貌的影响

与第 3 章所述相同，不锈钢盘的磨损并不明显，同时观察橡胶销和不锈钢盘的磨损表面，并未发现明显的材料转移现象。因此，本节只是讨论丁腈橡胶的磨损表面。本节中丁腈橡胶的 3-D 磨损形貌通过激光共聚焦显微镜获得。图 5-9 所示为未经磨损和经过磨损的丁腈橡胶销试样的 3-D 表面形貌。这些销试样在 80℃ 环境下，经过 240h、480h、720h 和 960h 的热加速老化，施加载荷为 0.3MPa，滑动速度为 0.55m/s。图 5-9（a）所示为未经过磨损的丁腈橡胶销试样表面，为参考试样。图 5-9（b）所示为未经过加速老化的丁腈橡胶销磨损表面，可以看到其表面未出现明显而特别的磨痕。图 5-9（c）和图 5-9（d）则分别为经历过 240h 和 480h 的热老化丁腈橡胶试样表面，其表面出现明显磨痕，诸如细小的沟壑和少许的材料堆积现象。图 5-9（e）和图 5-9（f）所示的试样经历过较长时间的热老化，分别是 720h 和 960h。在其磨损表面上，很明显地看到较大、较深的磨痕，磨损表面的剥落现象极为明显。从这些 3-D 图片中可以看出，不同热加速老化时间对丁腈橡胶销的摩擦学性能产生了十分显著的影响，老化时间越长，表面磨损形貌从视觉上越粗糙。

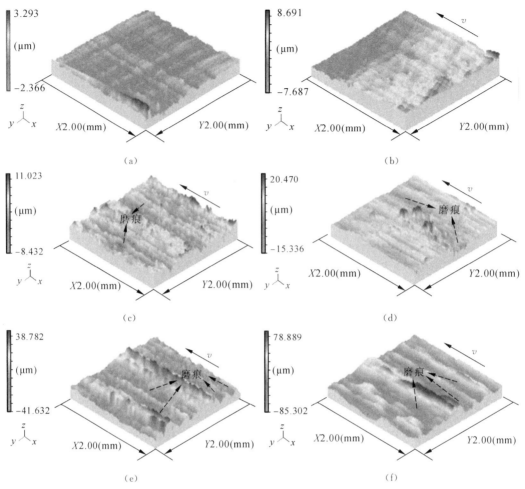

图 5-9　丁腈橡胶销试样的 3-D 磨损形貌(0.55m/s 和 0.3MPa)

(a) 未磨损；(b) 未老化试样；(c) 热老化 240h；

(d) 热老化 480h；(e) 热老化 720h；(f) 热老化 960h

　　上述表面形貌观察主要是定性分析,为进一步了解热加速老化条件对丁腈橡胶销试样的影响,采用表面粗糙度(S_a)定量分析其影响程度,如图 5-10 所示。可以看到,当热老化时间在 0 ～ 720h 时,销试样的粗糙度增加比较缓慢;当热老化时间为 960h 时,粗糙度则增加非常明显。这种现象与图 5-9 所示的 3-D 视觉图基本一致。可以认为,随着热老化时间的延长,丁腈橡胶的机械性能明显下降,在磨损过程中,在相同的条件下丁腈橡胶销试样表面更加容易被破坏,磨痕更加明显,粗糙度也越大。

　　综上所述,不同的热加速老化温度和时间对丁腈橡胶的机械性能和摩擦学性能有显著的影响,具体表现:随着热老化温度的升高或者老化时间的延长,丁

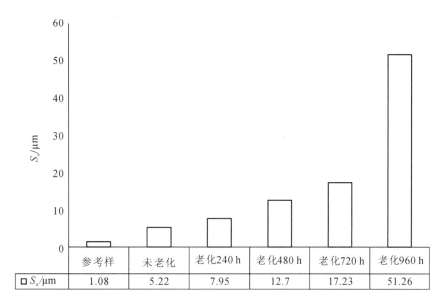

图 5-10　丁腈橡胶销试样的表面粗糙度(0.55m/s 和 0.3MPa)

$\square\ S_a/\mu m$	参考样	未老化	老化240 h	老化480 h	老化720 h	老化960 h
	1.08	5.22	7.95	12.7	17.23	51.26

腈橡胶的邵氏硬度呈现增大的趋势;其拉伸强度和撕裂强度降低。丁腈橡胶机械性能的恶化最终导致丁腈橡胶摩擦学性能发生改变,摩擦系数、质量磨损率和表面粗糙度基本呈现随热老化温度和时间的增加而增大的趋势。

5.2.3　影响机理分析

为了进一步研究热加速老化条件对丁腈橡胶摩擦学性能的影响,上述丁腈橡胶销试样的磨损表面采用电子扫描显微镜进行考察,结果如图 5-11 所示。图 5-11(a) 为未经磨损的橡胶销试样的磨损表面,其为参考表面,可以看出表面比较平整,无其他明显特征。图 5-11(b) 是未经老化的橡胶销试样磨损表面,磨痕很明显,表面出现了非常多的细小龟裂的裂痕,且裂痕不连续。图 5-11(c) 是经过 240h 热加速老化的橡胶销试样的磨损表面,其磨痕很明显,细小裂痕和颗粒分布于磨损表面。由图 5-11(d) 和图 5-11(e) 可以看出,裂纹开始慢慢变长、变深,表面分布的颗粒也逐渐增大。图 5-11(f) 表明经过 960h 热老化的销试样磨损表面,可以看出裂纹是所有 SEM 图片中最大的,裂纹长、深且宽,表面磨损得最为严重。SEM 图片与图 5-9 所示的磨损规律极为相似。根据第 3 章所述的丁腈橡胶销与不锈钢盘之间的摩擦磨损机理可知,上述现象与丁腈橡胶的拉伸强度和撕裂强度有显著的关系。在相同条件的磨损过程中,热加速老化时间越短,丁腈橡胶的拉伸强度和撕裂强度下降不明显,销试样仍然具有良好的耐磨性能,摩损表面材料不易被去除,磨损表面比较光滑,因拉伸撕裂而形成的裂纹比较小且不连续,磨粒也同样较小。当老化时间延长,丁腈橡胶的拉伸强度和抗撕裂性能逐渐下降,销试样的耐磨损能力下降明显,磨损表面磨损得较为严重,表面的裂纹更加显著。当老化时间进一步延长(960h),此时丁腈橡胶的拉伸强度和撕裂强度恶化得非常显著,销试样磨损表面的材料非常容易被拉伸撕裂并被去除,最终在磨损表面形成较大的裂纹和磨损颗粒,最终导致销试样的质量磨损率和表面粗糙度显著增加。

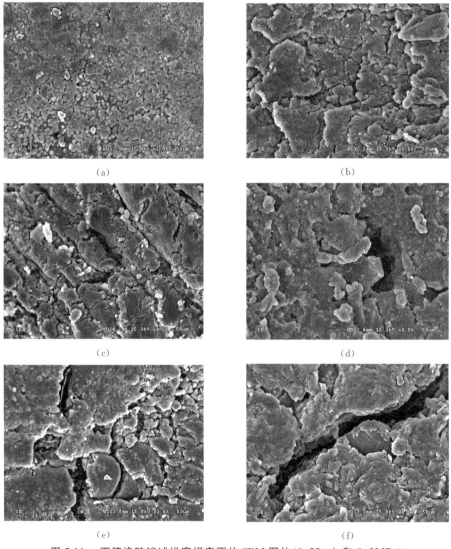

(a)   (b)

(c)   (d)

(e)   (f)

图 5-11 丁腈橡胶销试样磨损表面的 SEM 图片(0.55m/s 和 0.3MPa)

(a) 未磨损;(b) 未老化试样;(c) 热老化 240h;

(d) 热老化 480h;(e) 热老化 720h;(f) 热老化 960h

图 5-12 是在销试样磨损表面所观察的橡胶磨粒图片。图 5-12(a) 所示是一个正在被撕裂的橡胶磨粒,该过程符合第 3 章所描述的丁腈橡胶的磨损过程。图 5-12(b) 是一个已经被磨损掉的橡胶颗粒,该颗粒的特征符合经过拉伸、曲卷和撕裂过程所脱落的磨粒。图 5-12 进一步证明了橡胶磨损过程中的拉伸和撕裂的存在,根据这些特征可以判断在该条件下,摩擦副之间的主要摩擦磨损机理是黏附磨损和疲劳磨损。通过研究拉伸强度和撕裂强度等机械性能来研究热老化条件对丁腈橡胶摩擦学性能的影响是可取的,并且橡胶的热老化对其摩擦学行为有非常显著的影响。在实际工况中,橡胶的高温、长时间的膨胀老化行为应当引起重视。

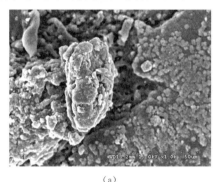 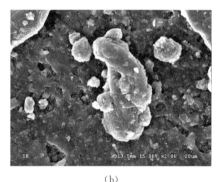

(a)　　　　　　　　　　　　　　　　(b)

图 5-12　丁腈橡胶的摩擦特征

(a) 正在变形撕裂的磨粒;(b) 已经被撕裂的磨粒

5.3　本章小结

本章阐述了热老化条件对丁腈橡胶的机械性能及摩擦学性能的影响。采用丁腈橡胶的邵氏硬度、拉伸强度和撕裂强度来表征其热老化程度,进而分析其对丁腈橡胶销试样与不锈钢盘之间的摩擦系数、行程－质量磨损率和表面磨损形貌的影响,得到了以下结论:

(1) 首先研究了丁腈橡胶在热加速老化条件下的老化机理,总结出了橡胶在加热条件下的反应,即交联反应和热降解反应。丁腈橡胶经过长时间的高温老化,其内部分子进行缓慢的交联反应和降解反应,往往会导致橡胶的物理、化学和机械性能发生改变,比如拉伸强度、撕裂强度、邵氏硬度、断裂伸长率、抗冲击强度、弯曲强度、压缩率、弹性性能等重要参数下降。

(2) 通过试验验证了热老化条件对丁腈橡胶的机械性能产生了非常明显

的影响,进而对丁腈橡胶摩擦学性能产生显著的影响。随着老化时间的延长或温度的升高,摩擦副之间的摩擦系数和丁腈橡胶邵氏硬度、表面粗糙度以及行程‐质量磨损率增加,其拉伸强度和撕裂强度则急剧下降。总之,热加速老化使丁腈橡胶机械性能恶化,最终导致其摩擦学性能发生改变。通过观察丁腈橡胶的磨损形貌和磨粒特征,其磨损特征符合疲劳磨损和黏附磨损的摩擦磨损机理特征。研究表明,在实际工况中,丁腈橡胶的高温、长时间的老化行为会降低其摩擦学性能,增加其摩擦磨损,降低其使用寿命和可靠性,在工程应用中应当予以重视。

参 考 文 献

[1]　REY T,CHAGNON G,CAM J B L,et al. Effects of temperature on the mechanical behaviour of filled and unfilled silicone rubbers[J]. Polymer Testing,2013,32(3):492-501.

[2]　PAEGLIS A U. A simple model for prediction heat ageing of EPDM rubber[J]. Rubber Chemistry and Technology,2004,77(2):242-256.

[3]　CHOU H W,HUANG J S,LIN S T. Effects of thermal aging on fatigue of carbon black ‐ reinforced EPDM rubber[J]. Journal of Applied Polymer Science,2007,103(2):1244-1251.

[4]　DENARDIN E L G,JANISSEK P R,SAMIOS D. Time ‐ temperature dependence of the thermo-oxidative aging of polychloroprene rubber:The time ‐ temperature-transformation(TTT) superposition method and the lifetime prediction[J]. Thermochemica Acta,2002,395(1-2):159-167.

[5]　CHOU H W,HUANG J S. Effects of cyclic compression and thermal aging on dynamic properties of neoprene rubber bearings[J]. Journal of Applied Polymer Science,2008,107(3):1635-1641.

[6]　赵丽,李忠明.丁腈橡胶改性进展[J].四川化工,2005,8(1):18-22.

[7]　马琳,姜蔚,赵崇洲.耐高温滑油丁腈橡胶胶料的研制[J].特种橡胶制品,2004,25(6):27-29.

[8]　孙常胜,刘建伟,张晖,等.丁腈橡胶 N41 的性能评价[J].合成橡胶工业,2001,24(4):201-203.

[9]　王思静,熊金平,左禹.橡胶老化机理与研究方法进展[J].合成材料老化与应用,

2009,38(2):23-33.

[10]　BUDRUGEAC P. Accelerated thermal aging of nitrile-butadiene rubber under air pressure[J]. Polymer Degradation and Stability,1995,47(1):129-132.

[11]　BUDRUGEAC P. Thermooxidative degradation of some nitrile-butadiene rubbers [J]. Polymer Degradation and Stability,1992,38(2):165-172.

[12]　张殿荣,辛振祥.现代橡胶配方设计[M].2 版.北京:化学工业出版社,2001.

[13]　朱敏.橡胶物理化学[M].北京:化学工业出版社,1984.

[14]　杨清芝.现代橡胶工艺学[M].北京:中国石化出版社,1997.

[15]　MARTIN P,MCMANUS N T,REMPEL G L. A detailed study of the hydrogenation of nitrile-butadiene rubber and other substrates catalyzed by Ru(Ⅱ) complexes[J]. Journal of Molecular Catalysis A:Chemical,1997,126(2-3):115-131.

[16]　CHEN S G,YU H Y,REN W T,et al. Thermal degradation behavior of hydrogenated nitrile-butadiene rubber (HNBR)/clay nanocomposite and HNBR/clay/carbon nanotubes nanocomposites[J]. Thermochimica Acta,2009,491(1-2):103-108.

[17]　施纳贝尔.聚合物降解原理及应用[M].北京:化学工业出版社,1988.

[18]　李昂.橡胶的老化机理[J].橡胶参考资料,2009,39(3):2-13.

[19]　LACOUNT B J,CASTRO J M,HOOVER F I. Development of a service-simulating,accelerated aging test method for exterior tire rubber compounds Ⅱ. Design and development of an accelerated outdoor aging simulator[J]. Polymer Degradation and Stability,2002,75(2):213-227.

[20]　ZHAO Q L,LI X G,GAO J. Aging behavior and mechanism of ethylene – propylene-diene monomer (EPDM) rubber in fluorescent UV/condensation weathering environment[J]. Polymer Degradation and Stability,2009,94(3): 339-343.

[21]　TANGUDOM P,THONGSANG S,SOMBATSOMPOP N. Cure and mechanical properties and abrasive wear behavior of natural rubber,styrene-butadiene rubber and their blends reinforced with silica hybrid fillers[J]. Materials and Design, 2014,53:856-864.

[22]　SAFFAR A,SHOJAEI A,ARJMAND M. Theoretical and experimental analysis of the thermal,fade and wear characteristics of rubber-based composite friction materials[J]. Wear,2010,269(1-2):145-151.

[23]　UCHIYAMA Y. The effect of environment on the friction and wear of rubber [J]. Wear,1986,110(3-4):369-378.

［24］ BYSTRITSKAYA E V，POMERANTSEV A L，RODIONOVA O Y. Evolutionary design of experiment for accelerated aging tests［J］. Polymer Testing，2000，19（2）：221-229.

第6章　二硫化钼纳米颗粒改性丁腈橡胶轴承材料

第二次世界大战期间,美国军方就发现潜艇尾部均会出现不同程度的异常噪声,使潜艇噪声增大十几分贝,严重威胁潜艇的安全,从而首次将潜艇的推进系统中油润滑巴氏合金轴承全部换成了水润滑橡胶(天然橡胶)轴承。随后,美国海军对潜艇水润滑尾轴承的结构及材料展开了系统的研究,并取得了重大进展。研究表明,水润滑橡胶尾轴承材料的摩擦特性直接影响振鸣声的发生趋势和条件。1960年,美国将一种自动对中调整轴线的结构应用在潜艇上。这种结构通过允许螺旋桨轴承跟随轴线偏移来减小轴承上的压力,并应用在超过160艘潜艇上。20世纪60年代末期,通过减小橡胶层厚度和提高橡胶成型时的表面质量,使摩擦系数和磨损率大幅降低。这些措施均获得了良好的效果。在大量试验研究和实船试验的基础上,1963年美国颁布了舰船用水润滑橡胶轴承的海军军标,即 MIL-B-17901A(SH),1983年修订为MIL-B-17901B(SH)。随着潜艇尾轴承技术的发展,该海军军标得到了不断的修订、改进和完善,并于2005年颁布了最新版 MIL-DTL-17901C(SH)。该版本进一步规范了各类轴承橡胶材料的物理-机械性能指标,同时规定了检验方法。因此,该标准对水润滑橡胶尾轴承摩擦磨损试验台架、试验大纲、试件规格、验收指标等都做了详细规定。

然而,当潜艇处于低速重载或启停状态工况时,水润滑橡胶尾轴承与轴承之间不能形成有效的水膜,使其处于混合润滑、边界润滑或干摩擦状态,导致舰船水润滑橡胶尾轴承产生局部摩擦即热温升,与尾轴发生严重摩擦磨损,橡胶尾轴承表面材料产生明显的黏-滑行为,最终产生摩擦振动,辐射摩擦噪声,严重威胁潜艇等水下航行器的隐蔽性和生存能力。据日本统计资料表明,轴线速度在0.6m/s以下时,由于橡胶轴承表面与轴颈接触处产生"黏-滑"(stick-slip)而出现摩擦噪声,尤其是新装橡胶轴承,初期运转时更容易出现。随着声呐等电子探测技术日益进步,这一缺点越来越突出。橡胶尾轴承的摩擦噪声不仅是水下航行器的瓶颈问题,同样也是普通船舶的一个不容忽视的问题,研究与解决这个问题有助于减少环境噪声污染。

为了提高水润滑橡胶尾轴承的低速性能和吸振性能,人们尝试对橡胶材料进行改性。二硫化钼作为一种自润滑性能非常好的固体润滑添加剂,常用于添加在橡胶材料中改善橡胶的自润滑性能。人们通常使用的是组分大、块状或大颗粒固体,不利于二硫化钼颗粒与橡胶材料之间的混炼,同时不利于增加橡胶材料的阻尼性能。本章选择片状和球状 MoS_2 纳米颗粒对 NBR 材料进行改性,研究不同类型的 MoS_2 纳米颗粒对水润滑橡胶材料的摩擦学性能和阻尼性能的影响规律,达到降低和控制摩擦噪声的目的。

6.1　二硫化钼简介

6.1.1　二硫化钼基本性质

二硫化钼(MoS_2)是自然界中十分典型的层状矿物,是辉钼矿的主要成分,且储量丰富,其分子结构为六方晶系结构,是一种抗磁性且具有半导体性质的化合物,具有良好的各向异性与较低的摩擦系数,且硫对金属有很强的黏附力,使 MoS_2 能很好地附着在金属表面始终发挥润滑作用。二硫化钼表现为黑色固体粉末(图 6-1),有金属光泽,触摸时有滑腻感,化学稳定性和热稳定性良好,其相关物理化学性质如表 6-1 所示。二硫化钼于 1370℃ 开始分解,1600℃ 分解为金属钼和硫;在空气中加热至 315℃ 时开始被氧化,温度升高,氧化反应加快。二硫化钼不溶于水、稀酸和浓硫酸,一般不溶于其他酸、碱、有机溶剂中,但溶于王水和煮沸的浓硫酸。二硫化钼中有高含量活性硫,容易与铜等金属发生化学反应并产生腐蚀。

图 6-1　MoS_2 粉末

表 6-1　MoS₂ 的物理化学性质

摩尔质量	160.08g/mol
密度	4.68g/cm³
熔点	1185℃
电导性	不良导体(半导体)
显微硬度	1.0 ~ 1.5(莫氏)
摩擦系数	0.03 ~ 0.09(大气中 400℃ 以下)
比电阻	$0.13\Omega/(m \cdot K)(40℃)$；$0.19\Omega/(m \cdot K)(430℃)$
热膨胀系数	$10.7 \times 10^{-6} K^{-1}$
低温特性	$-180℃$ 润滑性能很好
空气稳定性	350℃ 开始缓慢氧化
与气体的反应	除与氧气、氟气、氯气、氢气在高温下反应外,不受侵蚀
溶解性	不溶解于水和有机溶剂,只溶于王水和煮沸的浓硫酸
标准摩尔生成焓	$-59.16kJ/mol(298.15K)$

6.1.2　二硫化钼基本结构

二维层状结构 MoS₂ 由单层或者多层硫化物组成。单层 MoS₂ 是上下两层为硫原子,中间一层为钼原子的"三明治"夹心结构,每一个钼原子周围分布着 6 个硫原子,每一个硫原子周围分布着 3 个钼原子,这类结构使得原子间存在较强的共价键,层与层之间存在较弱的范德华力,因此这种结构和范德华力使得 MoS₂ 和石墨烯一样可以通过机械剥离方法获得。多层 MoS₂ 由若干单层 MoS₂ 组成,层间距大概为 0.65nm,如图 6-2 所示。MoS₂ 有三种晶体结构,分别为 2H、3R 和 1T 型。2H 型 MoS₂ 的结构特点是:Mo 原子为三角棱柱配位,2 个 S—Mo—S 单位构成一个晶胞。3R 型 MoS₂ 的结构特点是:Mo 原子为三角棱柱配位,3 个 S—Mo—S 单位构成一个晶胞。1T 型

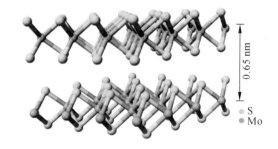

图 6-2　MoS₂ 分子结构图

MoS₂ 的结构特点是:Mo 原子为八面体配位,1 个 Mo 原子构成一个晶胞。上述结构中,3R 和 1T 型为亚稳相,2H 型为稳定相,是最常见的 MoS₂ 晶体结构。

6.1.3　二硫化钼的制备

微纳米的 MoS_2 制备主要分为物理法和化学法。物理法主要有物理气相沉积法、电弧放电法、溅射法、微机械力剥离法、液相剥离法等。化学法主要有水热法、化学气相沉积法、热分解法、硫化法、声化学法等。

6.1.3.1　微机械力剥离法

微机械力剥离法采用特殊的胶带剥离 MoS_2 晶体,从而得到单层或少层 MoS_2。1965 年,Frindt 等最早利用此法得到了 $3.5 \sim 4.0nm$ 厚的 MoS_2,层数大约在 $5 \sim 6$ 层。2010 年,Lee 等将单层或几层厚度的 MoS_2 在衬底上剥离下来并进行拉曼光谱表征,其原理就是通过微机械力克服 MoS_2 层间的范德华力。但是该方法过程复杂、效率低,无法控制每次的厚度。

6.1.3.2　溅射法

溅射法,以 MoS_2 靶材为原料,在氩气和硫化氢混合气体环境中,通过磁控溅射法在基底上制备 MoS_2 薄膜。该方法简单快速,制备工艺简单,厚度可控,同时薄膜便于控制,为其在光电池、锂电池、固体润滑剂和其他方面的广泛应用提供了可能。姚固文等通过溅射法制备了 MoS_2/Ni 复合膜,复合膜能够大大降低不锈钢等基底表面的摩擦系数,并且在高速重载的条件下具有更低的摩擦系数和波动。随着 MoS_2 二维层在光电子学中的飞速发展,Shussain 等在溅射的 MoS_2 薄膜上进行了后沉积硫化退火,与沉积的溅射 MoS_2 薄膜相比具有更高的霍尔迁移率。

6.1.3.3　水热法

水热法是指在以水或者有机溶剂为反应介质的封闭的高温高压容器中,溶解难溶或者不溶的物质并重结晶的方法。Wang 等采用水热法用前驱体六羰基钼($Mo(CO)_6$)和硫粉制备 MoS_2 纳米片。通过控制反应温度、反应压强及体系酸碱度制备 MoS_2,此方法重复性好,易于合成各种形貌,但是生产周期长,结晶性很差。

6.1.3.4　液相剥离法

液相剥离法是指利用离子型插层剂插层到以弱范德华力结合的层与层之间,形成离子复合物,同时使晶体膨胀,减弱层间的作用力,在外力(超声、热力和剪切力)作用下,将层间距进一步扩大,使层与层之间分离,从而达到剥离的效果。液相剥离法可以实现大规模生产,但是得到的二硫化钼材料多分散在水中或者高沸点有机溶剂中。

6.1.3.5　化学气相沉积法

化学气相沉积法是固体先驱体在高温条件下升华为气态并发生化学反应,经过冷凝后,在基体表面生成固态物质沉积的方法。本质上,它属于原子范畴的气态传质过程。化学气相沉积法是最实用的生成大面积、高质量 MoS_2 的方法,且具有流程短、节省能源消耗、过程连续、产品纯度高等优点,最适合工业化生产。

6.1.4　二硫化钼的润滑性能及其应用

MoS_2 属于六方晶系,具有层状结构,且硫与金属之间有很强的附着力,不会轻易从金属表面剥落,能够很好地黏附在金属表面起到润滑的作用。又因其在高温下仍具有较低的摩擦系数,在极端工况下也能发挥良好的润滑效果。陈九菊等通过试验证明了添加类球形纳米级 MoS_2 到基础油中,MoS_2 纳米颗粒能够显著提高润滑油的润滑性能。同时,MoS_2 拥有良好的化学稳定性,不仅不会影响润滑脂的腐蚀性,而且可以明显改善润滑脂的承载能力和耐磨性能。Wu 等在较为常见的锂复合润滑脂中加入二硫化钼(MoS_2)作为添加剂,在磨损表面上形成了由 $Fe(OH)O$、Fe_3O_4、$FePO_4$ 和含有 $P-O$ 键的化合物组成的边界润滑膜,明显改善了摩擦磨损性能。

此外,MoS_2 的自润滑涂层(薄膜)或含难熔金属的 MoS_2 基复合材料润滑性能优异,可采用气相沉积、化学镀、黏结、离子溅射等方法制备,大大降低了基体材料的摩擦磨损,在无法使用液体润滑的极端条件下(真空、高温)添加 MoS_2 的固体润滑剂。Shi 等为避免聚变试验装置内部的污染,采用溅射法制备抗摩擦 MoS_2 涂层,在高温和真空条件下,显示出了良好的固体润滑性能和真空保护性能。二硫化钼(MoS_2)是广泛使用的固体润滑剂,呈现较弱的层状结构的黏合,可以在夹层中顺利滑动,由此呈现低摩擦系数并且具有优异的固体润滑性能。

6.2　丁腈橡胶水润滑轴承材料的改性以及合成

6.2.1　设计原则

丁腈橡胶材料配方的设计过程是高分子材料的各种基本理论的综合应

用过程,是各种结构与性能在实际应用中的体现。配方的设计是建立在了解基体和辅料(填料)配合原理的基础之上,充分发挥整个配方体系的效果,从而得到最佳的配合比关系。中国船标:《船用整体式橡胶轴承》(CB/T 769—2008),美国海军军标 MIL-DTL-17901C(SH),以及日本的相关标准 JISK 6301 都规定了水润滑尾轴承复合橡胶材料的设计原则。

6.2.1.1 丁腈橡胶材料改性配方的设计程序

丁腈橡胶材料改性配方的设计,既要保证橡胶制品的物理性能要求,又要兼顾材料各组分之间的界面结构、网络结构与宏观物理性能之间的关系配合,同时还要考虑加工流程的可行性及高的生产效率、良好的生产条件等。丁腈橡胶材料改性配方的设计程序如图 6-3 所示。

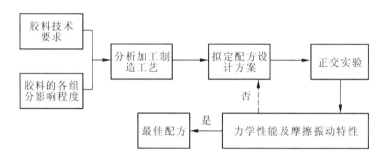

图 6-3　丁腈橡胶材料改性配方的设计流程图

在确定配方的组分、配比、胶料的质量指标、工艺条件及检验方法等基础之上,必要时还应对工艺条件、检测手段进行研究,做出改进,甚至对工装设备进行改造。比如在对丁腈橡胶材料进行混炼时,考虑到丁腈橡胶材料的熔点、硫化温度等,应对混炼机的温控设备进行适当调整。

6.2.1.2 丁腈橡胶配方体系

本研究中涉及的水润滑橡胶尾轴承复合材料,主要成分为丁腈橡胶、二硫化钼、石墨、炭黑、ZnO 等。以 ASTM 标准配方为基础,经共混改性而制成。

(1) 基础配方

基础配方是橡胶配方设计参考的最重要的标准之一,是所要研究的配方设计的基础。在此配方基础之上可建立并拟定其他各种胶料及配比。对于复合橡胶,ASTM 标准中规定了工业用炭黑和白色填充剂补强的方法。考虑到本研究中所要求的胶料性能参数,所参考的基础配方以 ASTM 标准配方来拟定,如表 6-2 所示。

表 6-2　丁腈橡胶（NBR）和基础配方（ASTM）

原　材　料	NBS 标准试样编号	瓦斯炭黑配方 / 质量份
丁腈橡胶	391	100
氧化锌	370	5
硫黄	371	1.5
硬脂酸	372	1
促进剂 MBTS	373	1
瓦斯炭黑	382	40

注：硫化条件温度 150 ℃；时间 10min、20min、40min、80min。

（2）丁腈橡胶

丁腈橡胶，因为其优良的抗振、抗冲击、低噪声等特点，现在仍然是主要的舰艇水润滑尾轴承材料。

大量的工程应用（比如 Duramax 橡 - 塑复合材料轴承 -ROMOR I 系列）也证实了丁腈橡胶作为水润滑尾轴承材料的优越性。

利用乳液聚合方法，以 ACN（丙烯腈）和丁二烯为单体，通过共聚反应制得无规则高分子共聚物：丁腈橡胶。目前，丁腈橡胶的聚合主要采用低温（5℃）乳液聚合的方法。其聚合的工艺流程如图 6-4 所示。

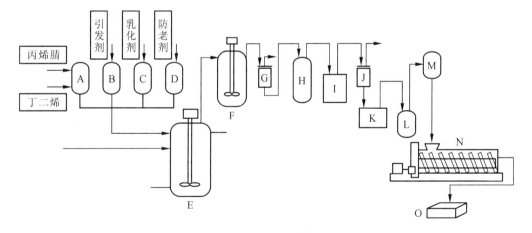

图 6-4　丁腈橡胶的聚合工艺流程图

A— 单体配制槽；B— 引发剂槽；C— 乳化剂槽；D— 防老剂槽；E— 聚合反应釜；F— 胶乳槽；G— 过滤器；

H— 脱气塔；I— 胶乳混合槽；J— 过滤器；K— 凝聚槽；L— 洗涤器；M— 脱水；N— 干燥；O— 包装

丁腈橡胶（NBR）中结合丙烯腈（ACN）含量与拉伸强度、伸长率、永久变形和弹性等之间的关系，如图 6-5、图 6-6 所示。

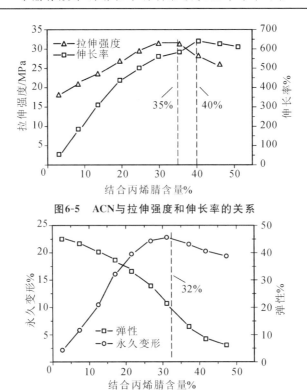

图6-5　ACN与拉伸强度和伸长率的关系

图6-6　ACN与永久变形和弹性的关系

由图 6-5 和图 6-6 可知,随着丁腈橡胶结合 ACN 含量的增大,橡胶的拉伸强度、伸长率以及永久变形均增加,且拉伸强度在结合 ACN 含量 35%、伸长率 40%、永久变形 32% 时,达到最大值,而后开始逐渐下降。橡胶的弹性则随着结合 ACN 含量的增加呈逐渐减小的趋势。

图 6-7 为回弹性随丁腈橡胶结合 ACN 含量的变化曲线,图 6-8 为磨耗量随丁腈橡胶结合 ACN 含量的变化曲线。

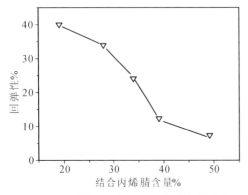

图6-7　回弹性随结合ACN含量的变化曲线

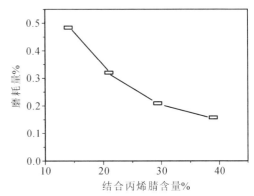

图6-8　磨耗量随结合ACN含量的变化曲线

　　磨耗量是工程用橡胶耐用性能的一项重要指标。由图 6-7 和图 6-8 可知，随着结合 ACN 含量的增多，橡胶的回弹性变差，而耐磨性能得以加强。

　　图 6-9 为试验条件在 120 ℃、70h 条件下，丁腈橡胶的拉伸强度、扯断伸长率与硬度随结合 ACN 含量的变化情况。从图中可看出，结合 ACN 含量与丁腈橡胶的热老化性能之间的关系呈无规律变化状态。这是因为丁腈橡胶热老化性能既受组成和结构的影响，也取决于防老剂品种和加工温度及工艺。

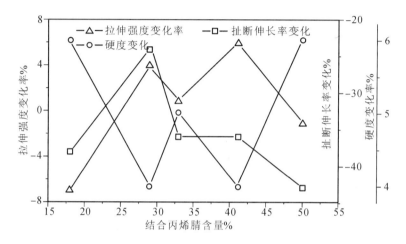

图 6-9　结合 ACN 含量与热老化性能的关系（120 ℃、70h）

　　研究发现，伴随着结合 ACN 含量的上升，丁腈橡胶分子链的极性会逐渐增加，同时玻璃化转变温度与溶解度参数均增加，其机械物理性能会受到影响：如对溶剂的稳定性提高，气密性改善；化学稳定性和耐热性提高。另外，随着结合丙烯腈含量的增加，丁腈橡胶的耐寒性能下降。

　　因此，综合以上结果，本试验采用的丁腈橡胶为日本合成橡胶公司（JSRN）生产的 N230S，如图 6-10 所示。其性能参数见表 6-3。

图 6-10　N230S（生胶）

表 6-3　JSRN 生产的 N230S 性能参数

ACN 含量 %	门尼黏度 $ML(1+4)100℃/(Pa \cdot s)$	相对密度	拉伸强度 /MPa	DOP（邻苯二甲酸二辛酯）
35	56.0	0.98	$\geqslant 20.1$	含，且部分交联

（3）炭黑

在工业橡胶制品中最重要的补强性辅料为炭黑。橡胶的硬度主要由加入炭黑的量控制。炭黑除了能够提高橡胶的拉伸强度、撕裂强度以及硬度之外，还可以使混合胶料的损耗模量和迟滞性增大，即使混合胶料的阻尼性增加，生热量提高。炭黑的这种性质对于水润滑橡胶尾轴承材料的减振降噪作用是很重要的。本研究中采用了粒径小于 40nm 的硬质炭黑。

（4）防老剂和偶联剂

防老剂的加入可使橡胶在制备、存储或生产过程中，减少外部环境因素的影响。本研究中采用防老剂 4010。

通常还在橡胶中加入一定量的偶联剂，可改善、提高橡胶的交联性能以及压延、挤出等加工性能。本研究中采用了二锌酯作为偶联剂。

（5）硫化体系

橡胶的硫化实质上是一种"交联"或者"架桥"的工艺过程：通过高温高压的交联作用将橡胶的线性高分子链叠加成空间网络结构的过程，其间伴随着分子链的断裂和生成以及能量的释放。该过程也是一种将塑性生胶转化为具有高弹性的或者硬度较高的橡胶的一种物化过程。一个完整的硫化体系包含硫化剂、活性剂和促进剂等三部分。工程应用以及试验表明，优异的硫化体系会明显地提高硫化的效率以及硫化胶的交联性能，同时交联度也会有显著提高。

① 硫黄。硫黄是橡胶工业制备过程中必不可缺的硫化剂。本研究中采用了粉末状硫黄。

② 促进剂。本研究中选用了次磺酰胺类 CZ（N- 环己基 -2- 苯并噻唑次磺酰胺）作为主促进剂，选用了秋姆兰类 TMTD（二硫化四甲基秋姆兰）作为次促进剂。

③ 活化剂。本研究中选用了普通的氧化锌和硬脂酸作为活化剂。

④ 配方。以 ASTM 中丁腈橡胶基础配方为参考，选择片状和球状 MoS_2 纳米颗粒对 NBR 材料进行改性，研究不同类型的 MoS_2 纳米颗粒对水润滑橡胶

材料的摩擦学性能和阻尼能力的影响规律,达到降低和控制摩擦噪声的目的。经过正交试验最终确定两种材料的配方(组分及配合比),见表 6-4。

表 6-4　水润滑尾轴承材料的配方质量份数

原材料	NBR	片状二硫化钼改性 NBR	球状二硫化钼改性 NBR
丁腈橡胶(N230S)	100	100	100
片状二硫化钼	0	8	0
球状二硫化钼	0	0	8
促进剂(CZ)	2	2	2
促进剂(TMTD)	0.5	0.5	0.5
硫黄	1	1	1
防老剂(4010)	1	1	1
氧化锌(ZnO)	5	5	5
硬脂酸	1	1	1
偶联剂(二锌酯)	5	5	5
炭黑(220)	20	20	20

6.2.2　制备工艺

水润滑尾轴承复合橡胶材料的加工过程主要包括混炼、压出、压延和硫化等工艺流程。

6.2.2.1　橡-塑混炼

混炼过程实质上是一种力化学的改性过程,即在混炼过程中,反复作用的机械力与化学因素共同作用,使橡胶与辅料得以分散均匀,从而制备出交联度较高的胶料。运用开炼机进行混炼是橡胶加工工艺中最传统的混炼方法之一,也是丁腈橡胶混炼过程中使用较多的方法之一。

除了要注意加料顺序、质量份数,以及转速、温度等因素外,由于丁腈橡胶(尤其硬丁腈橡胶)在发生交联时胶料生热比较大,因此必须采用低温混炼。橡胶的塑炼过程会破坏橡胶分子链链结构,因此,应尽量减少塑炼或者不进行塑炼。通常认为,在满足实际生产条件和力学性能的前提下,生胶的门尼黏度在 50Pa·s 左右即可,不必进行塑炼而直接投入混炼(N230S 的门尼黏度为 56Pa·s),如图 6-11 所示。丁腈橡胶、二硫化钼、防老剂等在开炼机剪切应力和拉伸形变的作用下被充分混合均匀,颗粒尺寸变小并分散于胶料之中。

6.2.2.2　压出

橡胶的压出工艺,是橡胶混炼过程中的一个加热和塑化的过程。在本研究中,丁腈橡胶的压出条件为:机筒和螺杆温度一般为 50 ℃ 左右,口型温度为 85 ℃ 左右,而机头温度大约为 95 ℃。

6.2.2.3　压延

压延是橡胶加工的基本工艺之一。丁腈橡胶的压延过程主要包括压片、贴胶、擦胶等三种操作

图 6-11　混炼胶

流程。压延前,必须将胶料在 50～60 ℃ 辊温和 1∶1.15 速比的条件下热塑炼到压延所需的塑性值后再利用压延机压延。

6.2.2.4　硫化

丁腈橡胶的硫化,是使其机械物理性能及其交联密度等随之发生完全变化的过程:① 分子结构由线性向三维网状结构转变;② 加热之后不再具有流动性;③ 可溶性和介质性能下降;④ 模量、硬度和力学性能提高。

常用的平板硫化可分为模压硫化和移模硫化两种。考虑到水润滑尾轴承材料对机械物理性能的要求较高,且一次模压成型有利于胶体的整体性增强,因此本研究采用模压硫化。硫化条件为:温度 160～170 ℃,压力 3MPa,硫化时间 30 min,图 6-12 所示为模压硫化的硫化胶。

本试验选择片状和球状 MoS_2 纳米颗粒(图 6-13) 对 NBR 材料进行改性,研究不同类型的 MoS_2 纳米颗粒对水润滑橡胶材

图 6-12　合成之后的丁腈橡胶硫化胶

料的摩擦学性能和阻尼性能的影响规律,达到降低和控制摩擦噪声的目的。使用圆-盘摩擦试验机测试橡胶盘与 $ZCuSn_{10}Zn_2$ 圆盘之间的摩擦磨损性能。为了方便起见,未添加 MoS_2 纳米颗粒,添加片状 MoS_2 纳米颗粒和球状 MoS_2 纳米颗粒的橡胶材料分别命名为 NBR、NBR-FMS 和 NBR-SMS。图 6-13(c) 显示了三种材料的 X 射线衍射图。NBR-FMS 和 NBR-SMS 显示出 $2\theta = 14.1°$ 的明显峰值,属于 MoS_2 的特征衍射峰,并表明 MoS_2 纳米颗粒在橡胶材料中保持原始层状结构。

图 6-13　MoS₂ 纳米颗粒 SEM 图及橡胶材料 X 射线衍射图

（a）片状 MoS₂ 纳米颗粒的 SEM 图；（b）球状 MoS₂ 纳米颗粒的 SEM 图；（c）三种橡胶材料的 X 射线衍射图

6.3　改性丁腈橡胶材料力学性能分析

邵氏硬度、拉伸强度、撕裂强度和压缩性能不仅是表征橡胶材料机械性能的重要参数，而且影响其摩擦学性能。一般来说，船用水润滑橡胶尾轴承的使用温度通常在 0～80℃。因此，考察改性橡胶在 0～80℃ 温度范围的邵氏硬度、拉伸强度和撕裂强度，如图 6-14 所示。图 6-14（a）～ 图 6-14（c）表明，这些机械性能随着温度的升高而降低，当温度在 40～80℃ 范围，下降趋势更为陡峭。在相同温度下，邵氏硬度呈现如下顺序：NBR-FMS ＞ NBR-SMS ＞ NBR，如图 6-14（a）所示。因为 MoS₂ 的弹性模量远大于橡胶的弹性模量，故而添加 MoS₂ 纳米颗粒使橡胶材料的邵氏硬度增大。图 6-14（b）表明 NBR-SMS 的拉伸强度远大于其他两种，而 NBR 和 NBR-FMS 的拉伸强度相似。图 6-14（c）显示 NBR-SMS 的撕裂强度大于 NBR 的，而 NBR-FMS 的撕裂强度小于 NBR 的。图 6-14（d）显示三种橡胶材料在压应变率为 2640 s⁻¹ 和室温条件下的动态压缩性能。当压缩应变低于 30% 时,压缩应力几乎呈线性增加,但随着压应变进一步增加,其应力增加幅度更大。在相同压缩应变下,压缩应力呈现如下顺序:NBR-FMS > NBR-SMS > NBR。数据显示,粗糙的球状 MoS_2 纳米颗粒增强了橡胶材料的拉伸强度和撕裂强度,而光滑的片状 MoS_2 纳米颗粒减少了橡胶材料的拉伸强度和撕裂强度。但是,片状 MoS_2 纳米颗粒由于其几何结构显著提高了橡胶的邵氏硬度和压缩性能,与 Eshelby 的夹杂理论一致。

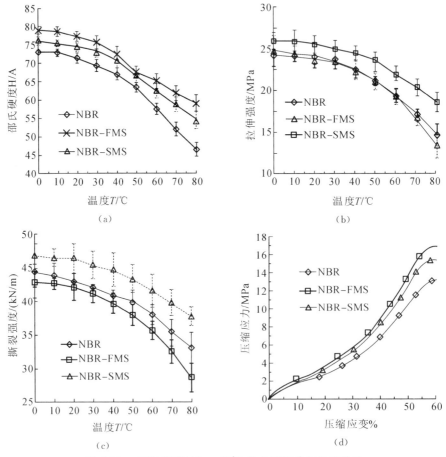

图 6-14　三种橡胶在 0 ～ 80℃ 条件下的典型机械性能

(a) 邵氏硬度;(b) 拉伸强度;(c) 撕裂强度;(d) 在压应变率为 $2640s^{-1}$ 和室温条件下的动态压缩性能

储能模量、损耗模量和损耗因子表征了橡胶的黏弹性,有效体现其阻尼性能。图 6-15 显示了在 0 ～ 80℃ 温度范围内,球状和块状 MoS_2 纳米颗粒对橡胶材料的动热态力学性能(DMA)的影响规律。总体上,温度升高,储能模量急剧下降,尤其在 0 ～ 30℃ 范围内,如图 6-15(a) 所示。在相同温度下,NBR-FMS 和 NBR-SMS 的储能模量大于 NBR。当温度在 0 ～ 60℃ 时,图 6-15(b) 显示了 NBR-SMS 的损耗模量明显大于 NBR 和 NBR-FMS,说明

NBR-SMS 在动态变形过程中能吸收更多的机械能。损耗因子是损耗模量与储能模量的比值,即 $\tan\delta = E''/E'$。NBR-SMS 的损耗因子峰值最高,为 0.71,如图 6-15(c) 所示,并且峰值位置明显向高温方向偏移。此外,它在 $0 \sim 67℃$ 的宽温域范围内保持较高的值。NBR-FMS 的损耗因子峰值最小(0.64),与 NBR 相比略微偏向高温方向。总体上,与片状 MoS_2 纳米颗粒相比,NBR-SMS 的阻尼性能最好,说明球状 MoS_2 纳米颗粒更有利于强化橡胶材料的阻尼性能。

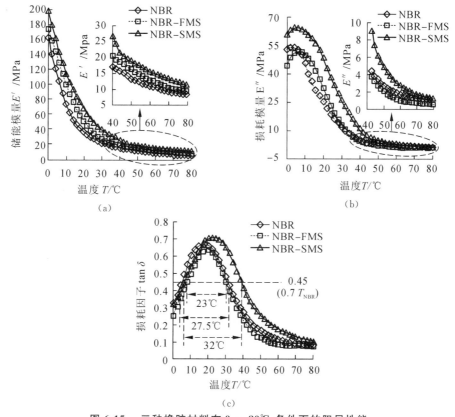

图 6-15　三种橡胶材料在 $0 \sim 80℃$ 条件下的阻尼性能

(a) 储能模量;(b) 损耗模量;(c) 损耗因子

Payne 效应是指无定形填充聚合物对应力 - 应变的依赖性的影响,可间接评估填充物对橡胶材料微观结构的影响。本研究对三种橡胶材料的 Payne 效应进行了检测,如图 6-16 所示。图 6-16(a) 表示当应变幅度小于 15% 时,NBR-SMS 的储能模量 E' 略有变化,随着应变幅度增加(15% $\sim$ 120%),储能模量急剧下降至 84MPa。NBR-FMS 的储能模量在低应变区域(< 5%)的应变依赖性较低,但在较高的应变幅度表现出明显的应变依赖性,从 174MPa 降至 57MPa。NBR 表现出比 NBR-FMS 和 NBR-SMS 更明显的应变依赖性,其储

能模量降低至 43MPa。NBR 和 NBR-SMS 的损耗模量具有明显的峰值,如图 6-16(b) 所示。与 NBR-FMS 材料相比,NBR-SMS 的峰值向较高的应变方向移动。然而,储能模量的显著降低导致损耗因子随着应变幅度的增大而相应地增大,如图 6-16(c) 所示。结果表明,球状 MoS_2 纳米颗粒相较片状 MoS_2 纳米颗粒而言,更有利于增强橡胶在高应变幅度下的微观结构。

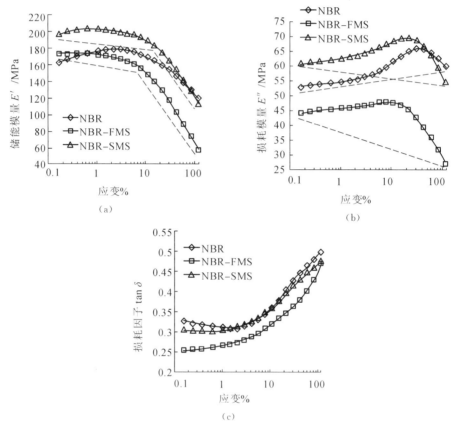

图 6-16　三种橡胶材料在不同应变幅度条件下(频率为 **10Hz**;温度为 **25℃**)的 Payne 效应

(a) 储能模量;(b) 损耗模量;(c) 损耗因子

6.4　二硫化钼纳米颗粒对改性丁腈橡胶摩擦学性能的影响

6.4.1　摩擦系数分析

橡胶环盘和 $ZCuSn_{10}Zn_2$ 环形盘之间的平均摩擦系数如图 6-17 所示。平均摩擦系数与滑动速度呈负相关,当速度范围在 $0.055 \sim 0.44m/s$,摩擦系数迅速下降；当滑动速度在 0.44～1.1m/s，摩擦系数缓慢下降；当滑动速度超过 1.1m/s，摩擦系数保持稳定。总体上，摩擦系数的变化趋势符合 Stribeck 曲线。因此，橡胶环盘和 $ZCuSn_{10}Zn_2$ 盘摩擦副经历了边界润滑、混合润滑和流体动压润滑三个阶段。在边界和混合润滑条件下，NBR-FMS 和 NBR-SMS 的摩擦系数比 NBR 低，NBR-SMS 的摩擦系数略高于 NBR-FMS。所以，MoS_2 纳米颗粒显著改善了橡胶材料的自润滑性能。与粗糙的球状 MoS_2 纳米颗粒相比，光滑的片状 MoS_2 纳米颗粒更能改善润滑条件。在高速（超过 1.1m/s）下，三种橡胶材料的摩擦系数相似。

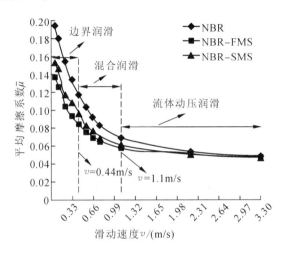

图 6-17　三种橡胶材料平均摩擦系数随滑动速度的变化趋势

6.4.2　磨损量分析

图 6-18 展示了三种橡胶材料在 1km 滑动距离下的行程磨损体积随速度的变化趋势。总体上，平均行程磨损体积随着速度增加而减小，在 0.055～0.44m/s 内急剧下降，在 0.44～1.1m/s 内缓慢地下降。当速度超过 1.1m/s，行程磨损体积几乎不变。值得注意的是，NBR-FMS 的行程磨损体积大于 NBR-SMS 的行程磨损体积，甚至比 NBR 的行程磨损体积更大（速度在 0.055～0.11m/s）。但是，NBR-SMS 的行程磨损体积在三种橡胶材料中最小。显然，在低速下，球状 MoS_2 纳米颗粒比片状 MoS_2 纳米颗粒更有利于增强橡胶材料的耐磨损性能。当速度在 0.22～1.1m/s 时，行程磨损体积呈现如下趋势：NBR > NBR-FMS > NBR-SMS。

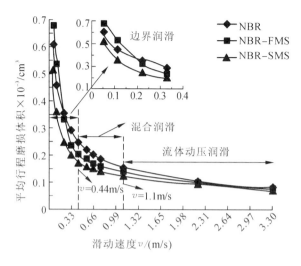

图 6-18　三种橡胶材料的平均行程磨损体积随滑动速度的变化趋势

6.4.3　磨损形貌分析

为了凸显三种材料经受边界润滑、混合润滑和流体动压润滑三个阶段的典型磨损特征,本节主要展现在 0.055m/s、0.55m/s 和 3.3m/s 三种滑动速度下的磨损表面 SEM。如图 6-19 所示,许多由于塑性形变引起的明显的 NBR 颗粒分布在经历滑动速度为 0.055m/s 工况下的磨损表面。此外,还产生了一些 NBR 橡胶的细小拉伸现象。滑动速度增加,变形的 NBR 颗粒变小[图 6-19(b)]。当滑动速度为 3.3m/s 时,磨损表面没有明显变形的 NBR 颗粒[图 6-19(c)]。

(a)　　　　　　　　　　(b)　　　　　　　　　　(c)

图 6-19　NBR 环盘在不同速度条件下的磨损形貌 SEM

(a)0.055m/s;(b)0.55m/s;(c)3.3m/s

同样,许多明显变形的 NBR-FMS 微突体呈现出经历 0.055m/s 工况下的磨损表面,如图 6-20(a) 所示。另外,在变形的 NBR-FMS 微突体底部有一个明显的孔,并且在孔中挤出一个块状颗粒。通过拉曼光谱检测,该颗粒在 379cm^{-1} 和 405.1cm^{-1} 处具有明显的特征峰[图 6-20(a)],与 MoS$_2$ 在 380.3cm^{-1} 和 404.9cm^{-1} 处的标准特征峰接近,证明此颗粒为片状 MoS$_2$ 颗粒。当速度为 0.55m/s 时,NBR-FMS 材料磨损表面也产生了塑性形变和积聚[图 6-20(b)]。微突体旁边也有一个坑洞,里面露出一颗被证明的 MoS$_2$ 颗粒,并且 MoS$_2$ 颗粒上方发生了明显的橡胶材料拉伸和撕裂现象。图 6-20(c) 表明在磨损表面没有特殊的磨损特性。

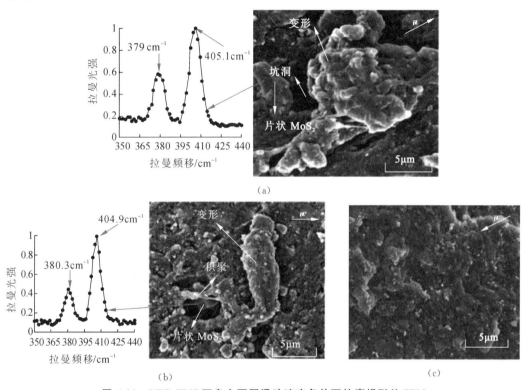

图 6-20　NBR-FMS 环盘在不同滑动速度条件下的磨损形貌 SEM

(a)0.055m/s;(b)0.55m/s;(c)3.3m/s

在 0.055m/s、0.55m/s 和 3.3m/s 滑动速度下,被测试的 NBR-SMS 环盘的磨损形貌 SEM 图如图 6-21 所示。当滑动速度在 0.055m/s 和 0.55m/s 时,虽然磨损痕迹清晰可见,但是橡胶材料变形现象并不明显。滑动速度为 3.3m/s 时,磨损表面上没有明显的特征。

通常,由于摩擦力和拉伸应力,三种橡胶材料在磨损过程中发生变形、拉伸和撕裂这些典型的磨损现象,片状和球状 MoS$_2$ 纳米颗粒显著地影响橡胶材料的摩擦学性能,尤其是在低速条件下。

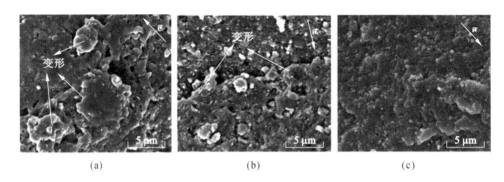

图 6-21　NBR-SMS 环盘在不同滑动速度条件下的磨损形貌 SEM

(a)0.055m/s;(b)0.55m/s;(c)3.3m/s

6.4.4　临界噪声分析

在室温下,考察了三种橡胶材料在不同载荷下的摩擦噪声和临界速度(橡胶环盘开始产生摩擦振动的速度)以验证上述分析,并确定 NBR-FMS 和 NBR-SMS 是否能有效降低摩擦噪声。

本节采用三种橡胶材料在不同载荷条件下刚开始产生振动的临界转速来衡量其摩擦振动特征,结果如图 6-22 所示。总体上,载荷强烈影响橡胶材料产生摩擦噪声的临界振动速度,临界振动速度随着载荷的增加而增大,如图 6-22(a) 所示。NBR-FMS 和 NBR-SMS 的临界振动速度小于 NBR,NBR-SMS 的临界振动速度最小。重载荷(0.7MPa 和 0.9MPa)下,NBR-FMS 的临界振动速度略小于 NBR 的临界振动速度,而 NBR-SMS 的临界振动速度远小于 NBR 和 NBR-FMS。正常负载(0.3MPa 和 0.22m/s)下,摩擦噪声值呈现如图 6-22(b) 所示的顺序:NBR > NBR-FMS > NBR-SMS。高负载(0.9MPa)下,呈现 NBR-FMS > NBR > NBR-SMS 的趋势。图 6-22(c) 和图 6-22(d) 展示了三种橡胶材料产生摩擦噪声时的振动频谱特性。当载荷为0.3MPa 时,NBR 材料在 1.24kHz 频率处的振动加速度最大,NBR-SMS 的振动加速度最小。当载荷为 0.9MPa 时,NBR-FMS 在 1.32kHz 频率处的振动加速度高于 NBR 和 NBR-SMS,并且在 0.14kHz、0.3kHz 和 5.23kHz 频率处也有振动发生。这些现象间接反映,NBR-FMS 材料磨损表面的摩擦和磨损严重增加,而 NBR-SMS 在 1.39kHz 频率处的振动加速度仍然最小。摩擦振动特性结果与摩擦噪声值结果一致。这些数据表明,与 NBR-FMS 和 NBR 相比,NBR-SMS 具有显著降低摩擦噪声和摩擦振动临界速度的能力,在高载荷条件下尤其突出。NBR-FMS 可以稍微降低摩擦振动临界速度,但在高载荷条件下却增加了摩擦噪声。

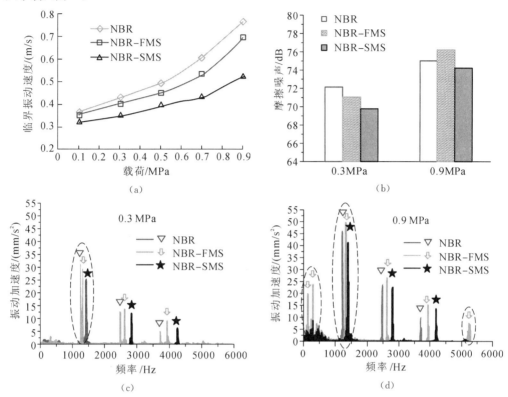

图 6-22 三种橡胶在室温条件下的摩擦噪声和摩擦振动特征

(a)三种橡胶在不同载荷下的临界振动速度;(b)三种橡胶分别在速度为 0.22m/s 条件下的低载荷(0.3MPa)和高载荷(0.9MPa)的摩擦噪声;(c)在 0.3MPa 和 0.22m/s 条件下三种橡胶材料振动加速度频域图;(d)在 0.9MPa 和 0.22m/s 条件下三种橡胶材料振动加速度频域图

6.4.5 片状和球状二硫化钼纳米颗粒对机械性能的影响

MoS_2 具有化学惰性,不与橡胶分子链发生化学反应,主要通过范德华力黏附在橡胶分子链上,试验结果如图 6-19 ~ 图 6-21 所示,表明拉伸过程在摩擦磨损过程中发挥着重要作用。MoS_2 纳米颗粒和橡胶材料之间的拉伸模型如图 6-23 所示。由于 MoS_2 纳米颗粒弹性模量大,与橡胶材料相比,几乎没有变形。图 6-23(a)中插图 Ⅰ 和插图 Ⅱ 表明,当 NBR-FMS 经历拉伸或撕裂变形时,与片状 MoS_2 纳米颗粒表面接触的橡胶分子链在应力方向上产生明显的变形,导致橡胶和 MoS_2 纳米颗粒的接触界面产生相对位移,致使彼此之间发生界面剥离现象。因为低的结合力和相对位移,导致 NBR-FMS 橡胶材料产生缺陷,尤其是在高应力条件下。最终,片状 MoS_2 纳米颗粒使得橡胶材料表现出明显的应变依赖性,不能明显地提高橡胶材料的拉伸强度和撕裂强度,甚至在某些情况下降低这些性能,如图 6-14(b)、图 6-14(c) 和图 6-16 所示。此外,作为良好固体润滑剂的光滑片状 MoS_2 纳米颗粒有助于改善摩擦界面润滑,减弱 NBR-FMS 的内部摩擦,最终降低橡胶材料的损耗模量和损耗因子,如图 6-15(b)、图 6-15(c) 所示。

具有纳米片结构的球状 MoS_2 纳米颗粒表面非常粗糙。当球状 MoS_2 纳米颗粒与橡胶分子链充分混合时,橡胶分子链也嵌入 MoS_2 纳米颗粒表面的纳米片结构沟槽内,使得 MoS_2 纳米颗粒与橡胶分子链形成充分而强烈的接触,增大了两者之间的黏附力。此外,粗糙的表面有效地阻止了嵌入沟槽内的橡胶材料发生拉伸或撕裂运动,将材料锁定在纳米片结构沟槽内,如图 6-23(b) 所示。因此,大的黏附力和粗糙的表面减小了球状 MoS_2 纳米颗粒与橡胶分子链之间的相对位移和界面脱落,减小了材料内部缺陷的数量。有理由认为,球状 MoS_2 纳米颗粒能增强橡胶材料的拉伸强度和撕裂强度,降低其 Payne 效应;并且粗糙的球状 MoS_2 纳米颗粒增加了橡胶材料内部摩擦,有效地增强了损耗模量和损耗因子。总体上,与 NBR 相比,添加球状 MoS_2 纳米颗粒的橡胶材料具有良好的阻尼性能。

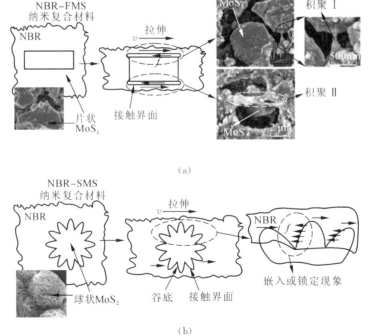

(a)

(b)

图 6-23　MoS_2 纳米颗粒在橡胶材料内部拉伸模型

(a) 片状 MoS_2;(b) 球状 MoS_2

6.4.6　片状和球状二硫化钼纳米颗粒对润滑性能的影响

片状和球状 MoS_2 纳米颗粒添加剂在边界润滑和混合润滑条件下对降低橡胶材料的摩擦系数起着非常重要的作用。MoS_2 的层状结构和低剪切强度致使其具有优异的自润滑性能。因此，必然有部分 MoS_2 纳米层在摩擦磨损过程中被剪切并转移到对摩副磨损表面上。为了证明这种猜测，并解释片状和球状 MoS_2 纳米颗粒在橡胶材料中的润滑机理，对分别与三种橡胶材料对摩过的 $ZCuSn_{10}Zn_2$ 环盘的磨损表面进行拉曼光谱和 EDS 元素分析检测（0.055m/s 和 0.3MPa 条件下），结果如图 6-24(a) 和图 6-24(b) 所示。拉曼光谱分析表明，与 NBR-FMS 和 NBR-SMS 对摩后的 $ZCuSn_{10}Zn_2$ 环盘磨损表面在 380 cm^{-1} 和 404 cm^{-1} 处显示出明显的 MoS_2 拉曼光谱特征峰。而与 NBR 对摩之后的环盘磨损表面没有 MoS_2 特征峰。证明在摩擦磨损过程中，一部分 MoS_2 纳米层转移到环盘磨损表面。图 6-24(b) 显示了 S 和 Mo 的元素含量，定量分析环盘磨损表面上 MoS_2 的含量。与 NBR-FMS 对摩之后的环盘磨损面 S 和 Mo 的元素含量分别为 4.12% 和 5.74%。它们显著高于与 NBR-SMS 对摩之后的环盘磨损表面 S(3.16%) 和 Mo(4.17%) 的元素含量，分别高出约 34.6% 和 37.6%。EDS 检测结果直接证明，与球状 MoS_2 纳米粒子相比，片状 MoS_2 纳米颗粒由于其几何形状更加容易被剪切和转移。这些关键性差异体现了图 6-17 所示的 NBR-FMS 和 NBR-SMS 的不同润滑性能。

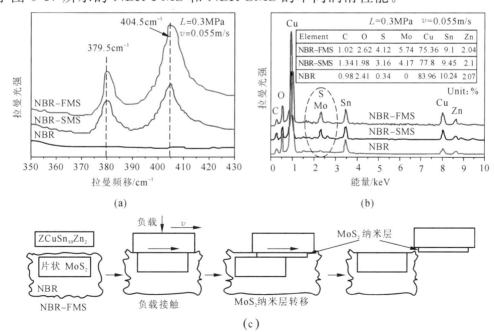

(a)　(b)　(c)

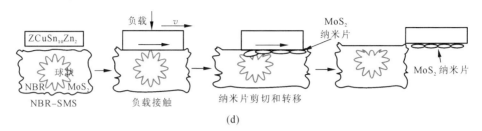

图 6-24 片状和球状 MoS₂ 纳米颗粒对橡胶材料的润滑性能影响机理

(a) 拉曼光谱;(b) EDS 元素分析;(c) 片状 MoS₂ 纳米颗粒的润滑机理;(d) 球状 MoS₂ 纳米颗粒的润滑机理

图 6-24(c) 展示了磨损过程中片状 MoS_2 纳米颗粒在 NBR-FMS 内部的润滑机理物理模型。当 NBR-FMS 与 $ZCuSn_{10}Zn_2$ 环盘接触时，片状 MoS_2 纳米颗粒在磨损表面上凸起，并且片状结构使其更加容易与环盘形成面接触。这种情况下，层状且低剪切强度的 MoS_2 有助于降低摩擦副之间的摩擦系数。此外，在磨损过程中，被剪切的 MoS_2 纳米层转移到 $ZCuSn_{10}Zn_2$ 环盘的磨损表面，并形成一层 MoS_2 薄膜，进一步降低摩擦系数。这种润滑机制使片状 MoS_2 纳米颗粒在低速下极大增加了橡胶材料的自润滑性能，如图 6-17 所示。然而，由于其几何形状，球状 MoS_2 纳米颗粒难以与环盘之间形成良好的面接触，如图 6-24(d) 所示。随着磨损过程的进行，嵌入在球状 MoS_2 纳米颗粒表面的 MoS_2 纳米片被剥落，并转移到环盘的磨损表面，最终形成了一层由纳米片组成的 MoS_2 薄膜，显著改善了润滑条件，有效地降低了摩擦系数。显然，与片状 MoS_2 纳米颗粒相比，球状 MoS_2 纳米颗粒表面上的纳米片并没有那么容易转移到环盘的磨损表面，这可以通过图 6-24(b) 所示的 S 和 Mo 的元素含量的差异来证明。所以，片状 MoS_2 纳米颗粒更加有利于降低橡胶材料与环盘之间的摩擦系数，如图 6-17 所示。

在高速条件下(大于 1.1m/s)，更多的水介质被带到摩擦界面，使得摩擦副之间的弹性流体动压效应显著增加，改善了润滑条件。此时摩擦副之间接触较少，MoS_2 纳米颗粒改善橡胶材料自润滑性能的优势不能充分体现，故而三种橡胶材料的摩擦系数基本相近，如图 6-17 所示。

6.4.7 片状和球状二硫化钼纳米颗粒对耐磨性能的影响

当处于边界润滑时(0.055m/s 和 0.11m/s)，摩擦副之间的摩擦力较大，磨损过程恶化，导致产生的橡胶塑性形变相对出现，如图 6-20(a) 所示。由于 MoS_2 纳米颗粒与橡胶材料之间极差的结合力和抗变形能力，磨损表面上的片

状 MoS_2 纳米颗粒容易脱落,使得摩擦界面产生缺陷,即使 NBR-FMS 的自润滑性能优于 NBR 和 NBR-SMS,其磨损体积最终仍然增加(图 6-18)。因此,片状 MoS_2 纳米颗粒在高载荷下降低了橡胶材料的耐磨性能。然而,球状 MoS_2 纳米颗粒的粗糙表面改善了自润滑性能,有效提高了 NBR-SMS 的拉伸强度和撕裂强度[图 6-14(b) ～ 图 6-14(c)],从而减少了磨损量和变形现象,如图 6-18 和图 6-21(a) 所示。随着速度的增加,润滑性能明显提高,从而降低了摩擦系数(图 6-17),纳米颗粒不易从磨损表面脱落,使得 NBR-SMS 和 NBR-FMS 仍然保持良好的润滑性能。最终,NBR-SMS 和 NBR-FMS 的行程磨损体积小于 NBR,如图 6-18 所示。当滑动速度进一步提高时,由于摩擦副之间摩擦接触较少,三种橡胶材料的行程磨损体积均较小,磨损面亦无明显特征。

6.4.8　片状和球状二硫化钼纳米颗粒对摩擦噪声的影响

摩擦振动是产生摩擦噪声的主要原因之一,而摩擦力是摩擦振动的激励力。橡胶材料的阻尼性能表征其在动态应变下吸收机械能的能力。降低摩擦力并提高橡胶材料的阻尼性能是降低和控制摩擦噪声的有效方法。

为了进一步解释 MoS_2 纳米颗粒对橡胶材料降噪能力的影响,在 0.22m/s 的低载荷(0.3MPa) 和高载荷(0.9MPa) 下,对三种橡胶材料的摩擦力和行程磨损体积进行了测验,结果如图 6-25 所示。低载荷 0.3MPa 下,NBR-FMS 和 NBR-SMS 显著降低了摩擦力,如图 6-25(a) 所示,最终降低了摩擦噪声和振动加速度[图 6-22(b) 和 7-22(c)]。因为 NBR-SMS 的平均损耗因子最大[图 6-25(c)],故而其降噪能力最大。NBR-FMS 橡胶在高载荷(0.9MPa) 条件下的耐磨性能受到挑战,使其行程磨损体积远大于 NBR 和 NBR-SMS[图 6-25(b)],与图 6-18 所示的行程磨损体积讨论结果是一致的。这种现象表明,NBR-FMS 与 NBR-SMS 相比,摩擦磨损严重,破坏了界面磨损和润滑状态,导致其摩擦力增加[图 6-25(a)],尽管 NBR-FMS 的自润滑性能优于 NBR-SMS(图 6-17)。此外,NBR-FMS 的平均损耗因子远低于 NBR-SMS 和 NBR。综合上述,NBR-FMS 减小摩擦振动的能力最差,故而 NBR-FMS 的摩擦噪声和振动加速度均是最大的。NBR-SMS 具有良好的自润滑性能和较大的平均损耗因子,可以降低摩擦力和摩擦振动,显著降低振动加速度和摩擦噪声。总体而言,片状和球状 MoS_2 纳米颗粒通过影响橡胶材料的自润滑性能、耐磨性能和阻尼性能,从而调节橡胶材料的损耗因子和摩擦力,最终表现出不同的临界振动速度和摩擦噪声。片状 MoS_2 纳米颗粒减少了摩擦系数,但没有有效提高材料的阻尼性能和耐磨性能。因此,它不但增加了橡胶材料在高载荷时的摩擦噪声,也没有大幅度降低橡胶材料的临界振动速度[图6-22(a)]。相比之下,球状 MoS_2 纳米颗粒增强了橡胶材料的机械机能和摩擦学性能,最终降低了临界振动速度和摩擦噪声。

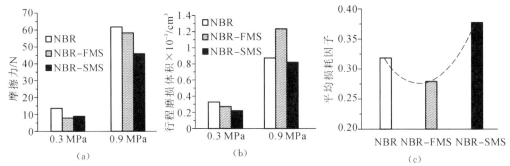

图 6-25　三种橡胶材料在低载荷(0.3MPa)、高载荷(0.9MPa)和 0.22m/s 条件下的阻尼性能

(a)摩擦力;(b)行程磨损体积;(c)三种材料在 0～80℃ 温度范围内的平均损耗因子

6.5　本章小结

本章研究了 MoS_2 纳米颗粒对改性橡胶的摩擦性能和机械性能的影响。通过对比分析不同试验条件下的邵氏硬度、拉伸强度、撕裂强度、压缩性能、动热态力学性能、摩擦系数、行程磨损体积、磨损表面形貌、摩擦噪声和临界振动速度,研究了改性橡胶材料的典型机械性能和摩擦学性能。结果表明,球状 MoS_2 纳米颗粒增强了橡胶材料的机械性能和摩擦学性能,最终降低了摩擦噪声。片状 MoS_2 纳米颗粒减少了摩擦系数,但不能提高橡胶材料的机械性能,包括阻尼性能、拉伸强度和撕裂强度。也就是说,片状 MoS_2 纳米颗粒既增加了橡胶材料在高载荷时的摩擦噪声,也没有大幅度降低橡胶材料的临界振动速度。本章研究有助于优化摩擦副,并减少和控制水润滑橡胶船尾管轴承的摩擦噪声。

参 考 文 献

[1]　严新平,袁成清,白秀琴,等.绿色船舶的摩擦学研究现状与进展[J].摩擦学学报,
　　2012,32(4):410-420.

[2]　VIE R, HAMPSON L G. Grand princess- water lubricated bearings[J]. The Institute of Marine Engineers,2000,112(1):11-25.

[3]　TUONONEN, ARI J. Digital image correlation to analyse stick-slip behaviour of tyre tread block[J]. Tribology International,2014, 69:70-76.

[4]　HIRANI H, VERMA M. Tribological study of elastomeric bearings for marine propeller shaft system[J]. Tribology International, 2009, 42(2):378-390.

[5]　DONG C L,YUAN C Q,BAI X Q,et al. Study on wear behaviour and wear model of nitrile butadiene rubber under water lubricated conditions[J]. RSC. ,2014,4:19034-19042.

[6]　RORRER R A L,JUNEJA V. Friction-induced vibration and noise generation of instrument panel material pairs[J]. Tribology International,2002,35(8):523-531.

[7]　RORRER R A L,BROWN J C. Friction-induced vibration of oscillating multi-degree of freedom polymeric sliding systems[J]. Tribology International,2000,33(1):21-28.

[8]　LIN T R,PAN J,MECHEFSKE C K,et al. A study of vibration and vibration control of ship structures[J]. Marine Structure, 2009, 22(4):730-743.

[9]　TANG G G,ZHANG J,LIU C C,et al. Synthesis and tribological properties of flower-like MoS_2 microspheres [J]. Ceramics International, 2014, 40 (8):11575-11580.

[10]　CHHOWALLA M,AMARATUNGA G A J. Thin films of fullerene-like MoS_2 nanoparticles with ultra-low friction and wear[J]. Nature,2000, 407(6801):164-167.

[11]　TANG H,LI C S,YANG X F,et al. Synthesis and tribological properties of $NbSe_3$ nanofibers and $NbSe_2$ microsheets[J]. Crystal Research Technology,2011, 46:400-404.

[12]　UZCANGA I,BEZVERKHYY I,AFANASIEV P,et al. Sonochemical preparation of MoS_2 in aqueous solution:replication of the cavitation bubbles in an inorganic material morphology[J]. Chemistry of Materials,2005,17(14):3575-3577.

[13]　LI X L,LI Y D. Formation of MoS_2 inorganic fullerenes (IFs) by the reaction of MoO_3 nanobelts and S [J]. Chemistry-A European Journal, 2003, 9 (12):2726-2731.

[14]　RAPOPORT L, FLEISCHER N, TENNE R. Applications of WS_2 (MoS_2) inorganic nanotubes and fullerene-like nanoparticles for solid lubrication and for

structural nanocomposites[J]. Joural of Materials Chemistry,2005,15(18):1782-
1788.

[15] KAMALIANFAR A,HALIM S A,NASERI M G,et al. Growth and characterization
of pencil-like ZnO nanowires in the presence of a disturbance in boundary layer[J].
Acta Metallurgica Sinica(English letters),2016, 29(6):595-600.

[16] LIANG L,ZHAO S H,ZHU L L,et al. Properties and compression morphological
characteristics of hydrogenated nitrile rubber filled with nano-fillers [J]. China
Synthetic Rubber Industry, 2012, 35(1):17-21.

[17] DONG C L,YUAN C Q,BAI X Q,et al. Tribological properties of aged nitrile
butadiene rubber under dry sliding conditions[J]. Wear,2015,322-323:226-237.

[18] CASTELLANOS-GOMEZ A,POOT M,STEELE G A,et al. Elastic properties
of freely suspended MoS_2 nanosheets[J]. Advanced. Materials,2012,24(6):
772-775.

[19] LUKOWSKI M A,DANIEL A S,MENG F,et al. Enhanced hydrogen evolution
catalysis from chemically exfoliated metallic MoS_2 nanosheets[J]. Journal of the
American Chemical Society,2013,135(28):10274-10277.

[20] QIN H L,ZHOU X C,ZHAO X Z,et al. A new rubber/UHMWPE alloy for
water-lubricated stern bearings[J]. Wear,2015,328-329:257-261.

[21] ROSENTSVEIG R, GORODNEV A, FEUERSTEIN N,et al. Fullerene-like
MoS_2 nanoparticles and their tribological behavior[J]. Tribology Letters,2009,
36:175-182.

[22] CHAZEAU L,BROWN J D,YANYO L C,et al. Modulus recovery kinetics and
other insights into the payne effect for filled elastomers [J]. Polymer
Composites,2000,21(2): 202-222.

[23] CASSAGNAU P. Payne effect and shear elasticity of silica-filled polymers in
concentrated solutions and in molten state[J]. Polymer,2003,44(8):2455-2462.

[24] KRAKER A D,OSTAYEN R A J,RIXEN D J. Calculation of stribeck curves for
(water) lubricated journal bearings [J]. Tribology International, 2007, 40:
459-469.

[25] ZHOU K Q,LIU J J,ZENG W R,et al. In situ synthesis, morphology, and
fundamental properties of polymer/MoS_2 nanocomposites[J]. Composites Science
Technology,2015,107: 120-128.

[26] DONG C L,YUAN C Q,BAI X Q,et al. Study on wear behaviours for NBR/

stainless steel under sand water-lubricated conditions[J]. Wear, 2015,332-333: 1012-1020.

[27] SHI Y M,ZHOU W,LU A Y,et al. Van der waals epitaxy of MoS_2 layers using graphene as growth templates[J]. Nano Letters,2012,12(6):2784-2791.

[28] MANASHI N,MUKHOPADHYAT K,RAO C N R. $Mo_{1-x}W_xS_2$ nanotubes and related structures[J]. Chemical Physics Letters,2002,352(1):163-168.

[29] ZHANG X F,LUSTER B,CHURCH A,et al. Carbon nanotube-MoS_2 composites as solid lubricants[J]. ACS Applied Materials Interfaces,2009,1:735-739.

[30] DONG C L,YUAN C Q,WANG L,et al. Tribological properties of water-lubricated rubber materials after modification by MoS_2 nanoparticles [J]. Scientific Reports,2016,6:35023.

第 7 章 丁腈橡胶水润滑轴承的寿命评估

中国工程院院士、知名摩擦学专家谢友柏教授认为,摩擦学设计的根本目的之一是为了减小摩擦副之间的摩擦系数,提高磨损面的耐磨损度,从而达到延长运动零部件的使用寿命、保证机械正常运行的目的。可见磨损是摩擦学行为研究中非常重要的指标。在前面章节中已经分析,因为船舶水润滑尾轴承的工作状况和环境极其恶劣,导致橡胶轴承的磨损问题十分突出,严重威胁船舶可靠性。统计分析表明,大部分船舶尾轴承是由于摩擦表面过度磨损而失效的。无论从理论试验上,还是从实际工程中,研究探讨船舶橡胶尾轴承的磨损寿命评估,对减少磨损和预测其使用寿命、提高橡胶轴承的质量和节约原材料无疑具有重大意义。

船舶水润滑橡胶尾轴承系统是一个运行状况恶劣的系统,影响其磨损的因素极为复杂,有外界原因和橡胶材料自身的原因。外界原因包括环境介质、载荷、温度和滑动速度等,内部因素包括摩擦副材料的性质、摩擦副的几何形状、机械性质变化、摩擦热以及温度场等。本章在大量试验研究的基础上,根据船舶尾轴承的结构和运行特点,采取理论与试验相结合的方法建立船舶丁腈橡胶尾轴承在不同速度、不同载荷、不同温度环境下的磨损模型,并用于预测丁腈橡胶水润滑轴承的磨损寿命。

7.1 丁腈橡胶的磨损

7.1.1 磨损的定义

磨损现象及过程极为复杂,至今仍然没有一个公认的定义。美国材料试验协会认为"磨损"是两物体发生相对运动,使得物体表面产生损伤,并伴随着物体表面材料慢慢损失。该"损伤"不仅包括摩擦磨损造成材料损失的情况,也包括外界物质的撞击、冲击等原因造成材料损失的情况。著名的摩擦学专家张嗣伟教授定义"磨损":因为机械运动单因素原因或者机械运动和其他因素(疲劳、老化、电化学反应、穴蚀、气蚀等)的综合原因导致固体摩擦表面材料慢慢脱落损耗的现象,这种损耗主要表现为固体表面形貌(包括微观形貌)和(或)几何形状的改变。这个定义表明,材料磨损不仅是单一的机械运动的结果,也是材料的腐蚀、疲劳、穴蚀等其他复杂因素综合作用的结果,充分体现了物体表面磨损现象的复杂性。此定义包含以下几个典型特征:

(1) 磨损是发生于固体表面上的一种现象,因而固体材料内部的裂纹、应力集中、混合不均匀和其他因素导致的断裂和疲劳破坏并非磨损所致。

(2) 磨损是固体接触表面由于相对机械运动而造成表层材料的逐渐损失,静止情况下单纯的腐蚀、电化学反应、穴蚀、橡胶表面老化等原因引起材料的损耗并非磨损所致。

(3) 磨损肯定会导致固体接触表面材料的损耗,磨损过程具有显著的时变特征,并且是一个渐进的动态过程。不产生固体接触表面材料逐渐损耗的单纯的塑性形变不属于磨损。

本章将采用张嗣伟教授所给出的磨损的定义。

7.1.2　磨损的分类

经过国内外众多摩擦学工作者半个多世纪不懈的努力,材料的摩擦磨损机理被划分为黏着磨损或黏附磨损;磨粒磨损或磨料磨损;疲劳磨损;腐蚀磨损;其他磨损,如侵蚀磨损、冲蚀磨损以及微动磨损等。详细划分如图 7-1 所示。

通常情况下,摩擦副的磨损过程往往是多种摩擦磨损机理并存、相互影响、相互转化的综合作用的结果。实际工况中,很难找到单一摩擦磨损机理影响的摩擦学系统。比如前文已经研究表明,丁腈橡胶水润滑尾轴承在高载荷和低转速下,磨料磨损和黏着磨损占据主导地位;经过长时间的运行后,疲劳磨损将越来越突出;在低载荷和高转速下,黏着磨损和疲劳磨损占据主导地位;当磨损面在磨损过程中越来越粗糙时,磨料磨损将会占据主导地位。因此,很难采取有效手段来严格定量区别各个磨损阶段的磨损机理,以及各种摩擦磨损机理在磨损过程中所占据的重要程度。因此,摩擦学工作者往往通过大量试验和大量数据来研究各种摩擦学问题。

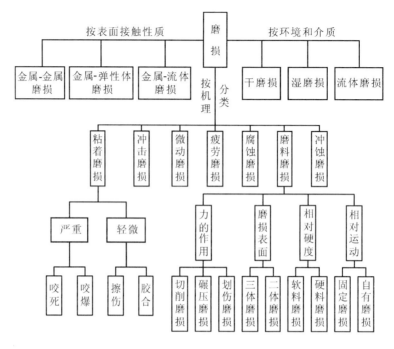

图 7-1　摩擦磨损机理的划分

7.1.3　磨损率的表征

物体磨损面的耐磨损度是表征其摩擦学性能十分常用和重要的参数,通常采用磨损率定量表征这一磨损特征。根据不同试验方式和测量手段,一般采用以下基本表达方式。

(1)体积磨损率 R_V:

$$R_V = \frac{\Delta V}{LA_a} \tag{7-1}$$

(2)重量磨损率 R_W:

$$R_W = \frac{\Delta W}{LA_a} = \rho R_V \tag{7-2}$$

式中:ΔV——摩擦副因磨损而损失体积;

ΔW——摩擦副因磨损而损失重量;

L——相对滑动距离;

A_a——表观接触面积;

ρ——被磨损材料的密度。

研究摩擦副磨损率的过程中,很多学者通过大量试验和数据模拟的方法探讨摩擦副的磨损与工况条件或材料自身机械性能之间的定量关系,并给出了相应的表征磨损特性影响参数的系数。下面给出几个典型磨损率的其他表征方式:

① 磨损因数 χ:

$$\chi = \frac{\Delta V}{NL} = \frac{R_v}{p} \tag{7-3}$$

式中: p—— 正压力;

N—— 法向载荷。

② 磨损度(能量磨损率) γ:

$$\gamma = \frac{\Delta V}{FL} = \frac{\Delta V}{fNL} = \frac{\chi}{f} \tag{7-4}$$

式中: F—— 摩擦力;

f—— 摩擦系数。

③ 磨损系数 U:

$$U = \frac{WH}{Nvt} \tag{7-5}$$

式中: W—— 磨损量;

H—— 材料硬度;

v—— 速度;

t—— 时间;

N—— 法向载荷。

7.1.4　丁腈橡胶磨损的基本特性

丁腈橡胶水润滑轴承的磨损如同一般机械零部件的磨损,具有两个典型的基本特点:

(1)磨损是丁腈橡胶水润滑轴承正常运转过程中不可避免的一种现象。丁腈橡胶轴承的磨损过程通常包括磨合磨损、正常磨损和剧烈磨损三个阶段,其磨损率通常可以用"浴盆"曲线进行形象的表示。

(2)磨损不仅是橡胶轴承的固有特性,而且是外界影响因素与机械系统等组成的摩擦学系统对磨损的综合反映,因此具有系统性。

橡胶轴承的磨损之所以具有此特点,是因为它不但取决于橡胶材料本身的机械性能(如拉伸强度、撕裂强度、邵氏硬度、断裂伸长率等),而且取决于此摩擦学系统的结构和其他零部件及其系统的工况和工作时间,除此之外,还取决于外界环境条件(水环境、大气环境、温度环境等),是一种非常复杂的现象。在不同结构的摩擦学系统、工作状况和外界条件下,丁腈橡胶水润滑轴承呈现出不同程度以及不同机理的磨损。前文已经研究的不同载荷、滑动速度、润滑介质和热老化条件对丁腈橡胶摩擦磨损的影响就很好地体现了这一点。因此,在处理丁腈橡胶在水润滑轴承摩擦学系统中的磨损问题时,不仅要考虑丁腈橡胶自身的固有特征,还要考虑该摩擦学系统的固有特征,才能对丁腈橡胶的磨损现象做出准确的分析判断,并且进行合理评估预测,从而正确指导摩擦学设计,通过改变工况、摩擦学系统的结构或者材料本身属性,进而改进摩擦副的一方或双方的磨损状况,最终确保丁腈橡胶水润滑轴承安全可靠地运行。

7.1.5　丁腈橡胶磨损的分析方法

水润滑橡胶尾轴承的摩擦学问题极其复杂,具有多学科交叉性、时变性和系统依赖性,因此,采用系统分析法来研究丁腈橡胶的磨损问题比较符合实际情况。本书研究的水润滑橡胶尾轴承主要用于船舶尾管系统,尾管系统主要承载船舶螺旋桨轴和螺旋桨,以及维持两者稳定运转。橡胶轴承不可避免地与螺旋桨轴轴颈发生摩擦。丁腈橡胶的摩擦磨损除了取决于材料本身的机械性能外,同时也会受到系统工作状况和外界条件的影响,具有典型的系统性。因此,本章将通过摩擦学系统工程的方法来探讨丁腈橡胶的磨损问题,采用结构、目标函数和评价指标三个基本因素完整地表达水润滑丁腈橡胶轴承摩擦学系统,进而得到可靠的丁腈橡胶的磨损模型。其结构包括水润滑橡胶尾轴承摩擦学系统的外部因素和内部因素,如图 7-2 所示,其中外部因素包括航行水域环境、施加载荷、温度和滑动速度等,内部因素包括系统工作状态、橡胶材料机械性能、摩擦副的几何形状和摩擦热等。功能函数是摩擦学系统的结构由磨损过程转化成评价指标的过程。评价指标则是摩擦学系统的输出因素,包括摩擦力、摩擦系数和磨损率等。水润滑尾轴承摩擦学系统可以用以下函数表达:

$$Y_i = X \times I_j \tag{7-6}$$

式中:Y_i——摩擦学系统不同的输出结果;

X——摩擦学系统的输入因素;

I_j——不同输出结果的转换函数。

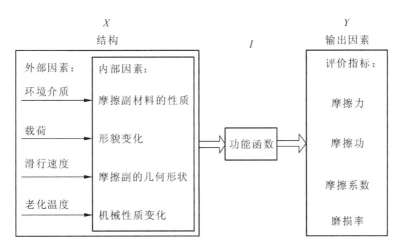

图 7-2　水润滑橡胶尾轴承摩擦学系统的系统工程研究方法

众多摩擦学工作者聚焦于研究摩擦学系统的结构对其评价指标的影响，对摩擦学系统的"功能函数"研究甚少。本章主要探讨该系统的输出结果磨损率与系统结构之间的功能函数，即根据前面章节的磨损试验数据建立丁腈橡胶的磨损模型，定量地分析丁腈橡胶的磨损率与转速、载荷和老化条件之间的相互对应关系，从而预测丁腈橡胶水润滑轴承在其他条件下的磨损率，为维修和更换水润滑橡胶尾轴承、确保船舶顺利完成任务提供理论指导。

7.2　丁腈橡胶水润滑轴承的磨损数学模型

船舶水润滑尾轴承工作参数的不断提高使摩擦磨损问题日益突出，往往因为尾轴承的磨损使得尾轴承与尾轴之间的配合间隙超过了最大配合间隙而导致其失效，因此对尾轴承进行寿命预测时，磨损寿命是一个主要的考虑因素。可以依据船舶橡胶尾轴承磨损量和最大配合间隙建立数学模型，从而对水润滑橡胶尾轴承磨损可靠性寿命进行评估，为船舶橡胶尾轴承的维修和更换提供理论依据。

7.2.1　均值法

均值法是一种简单的算法，对参加试验的多个相同水润滑橡胶尾轴承，按试验前、后船舶橡胶尾轴承和尾轴尺寸的精密测量结果，算出平均的磨损量，与运动副允许的最大配合间隙进行比较，得出水润滑橡胶尾轴承的使用寿命或更换期限,表示为 $T = (U_{max} - U_0)/\bar{v}$,又因为 $\bar{v} = \dfrac{U}{t}$,故有:

$$T = \frac{U_{max} - U_0}{\bar{v}} = \frac{(U_{max} - U_0)t}{U} \tag{7-7}$$

式中:U_{max}—— 水润滑橡胶尾轴承允许的最大配合间隙(mm);

　　　U_0—— 试验前初始配合间隙的平均值(mm);

　　　$\bar{v}$—— 平均磨损速率(mm/h);

　　　U—— 试验过程中水润滑橡胶尾轴承的磨损量(mm);

　　　t—— 耐磨试验的时间(h);

　　　T—— 水润滑橡胶尾轴承的寿命或更换期限(h)。

7.2.2　可靠性磨损寿命

耐磨损可靠度是指船舶橡胶尾轴承在规定条件下达到预期耐磨寿命的概率,耐磨损可靠寿命是指其在预期可靠度和规定条件下的耐磨寿命。

假定水润滑橡胶尾轴承的磨损速度 v 遵循正态分布规律,即 $v \sim N(\bar{v}, \sigma_v)$,那么 v 的函数密度为

$$f(v) = \frac{1}{\sigma_v \sqrt{2\pi}} \exp\left[\frac{-(v - \bar{v})^2}{2\sigma_v^2}\right] \tag{7-8}$$

设水润滑橡胶尾轴承的磨损量为 U,那么有 $\bar{U} = \bar{v}t$,因此磨损量也应该遵循正态分布:$U \sim N(\bar{v}t, \sigma_v t)$。

设水润滑橡胶尾轴承摩擦副的初始间隙为 C_0,由于尾轴承座孔、尾轴承及尾轴加工误差的存在,初始间隙值 C_0 是一个服从正态分布的随机变量,即 $C_0 \sim N(\overline{C_0}, \sigma_{c0})$。

在尾轴承摩擦副磨损后,允许的最大间隙值 C_{max} 是一个定值,由产品设计确定。所以,最大允许磨损量 U_{max} 为

$$U_{max} = C_{max} - C_0 \tag{7-9}$$

由于 C_0 是服从正态分布的随机变量,C_{max} 为常量,所以 U_{max} 也是服从正态分布的随机变量,即 $U_{max} \sim N(C_{max} - \overline{C_0}, \sigma_{c0})$。

按照可靠性理论,其计算模型可以用橡胶尾轴承初始配合间隙和尾轴承配副磨损量及最大允许磨损量干涉来建立。水润滑橡胶尾轴承配副磨损可靠性寿命计算的干涉模型(图 7-3)中,其阴影部分即为失效概率。由于船舶橡胶

尾轴承的磨损量和最大允许磨损量均为服从正态分布的独立随机变量,磨损量的概率密度函数 $f(U)$ 为

$$f(U) = \frac{1}{\sigma\sqrt{2\pi}}\exp\left[-\frac{1}{2}\left(\frac{U-\overline{U}}{\sigma}\right)^2\right] \quad (-\infty < U < \infty) \quad (7\text{-}10)$$

橡胶尾轴承的最大允许磨损量的概率密度函数 $f(U_{\max})$ 为

$$f(U_{\max}) = \frac{1}{\sigma_{c0}\sqrt{2\pi}}\exp\left[-\frac{1}{2}\left(\frac{U_{\max}-\overline{U}_{\max}}{\sigma_{c0}}\right)^2\right] \quad (-\infty < U_{\max} < +\infty)$$

$$(7\text{-}11)$$

橡胶尾轴承的可靠度为

$$R = f(U \leqslant U_{\max}) = \Phi\left[\frac{\overline{U}_{\max}-\overline{U}}{\sqrt{\sigma_{c0}^2+\sigma^2 t^2}}\right] = \Phi\left[\frac{(C_{\max}-\overline{C_0})-vt}{\sqrt{\sigma_{c0}^2+\sigma_v^2 t^2}}\right] \quad (7\text{-}12)$$

由式(7-12)得正态分布的分位点 z 为

$$z = (C_{\max}-\overline{C_0}-\overline{v}t)/(\sigma_{c0}^2+\sigma_v^2 t^2)^{\frac{1}{2}} \quad (7\text{-}13)$$

利用式(7-13),由已知时间 t 可求相应可靠度 R(或 z);同样,由式(7-13)解得在已知 R(或 z)的条件下水润滑橡胶尾轴承的磨损可靠性寿命 T。

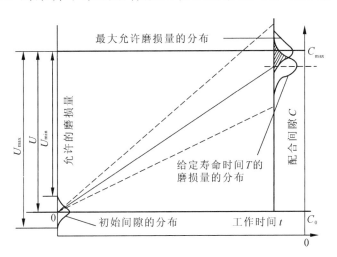

图 7-3　可靠性计算的干涉模型

7.2.3　模糊可靠性

由于水润滑橡胶尾轴承的工作环境比较恶劣,其磨损过程受多种因素的影响,如润滑条件、温度、水域条件和匹配材料等,这些因素都具有相当大的不确定性,即具有模糊性,所以将其处理为模糊变量是比较合理的。这种磨损

模型是以可靠性为理论基础时,所以称之为模糊可靠性计算方法。

实际中,假设水润滑橡胶尾轴承与尾轴之间的初始配合间隙为 C_0,在摩擦副配对材料磨损之后允许的最大间隙为 C_{max},从而可以得到水润滑橡胶尾轴承最大的磨损量为:

$$U_{max} = C_{max} - C_0 \tag{7-14}$$

将水润滑橡胶尾轴承的磨损视为基于时间的磨损寿命模糊事件,可表示为:

$$\overline{A} = \{U - U_{max} \leqslant 0\} \tag{7-15}$$

式中:U——实际磨损量;

U_{max}——最大允许磨损量。

U 的隶属函数如下式:

$$f(U) = \begin{cases} 1, & U \leqslant U_{max} - \delta \\ \dfrac{U - (U_{max} - \delta)}{2\delta}, & U_{max} - \delta < U < U_{max} + \delta \\ 0, & U \geqslant U_{max} + \delta \end{cases} \tag{7-16}$$

由于水润滑橡胶尾轴承与尾轴在磨损过程中受到其他模糊因素的影响,假定 δ 为 $\overline{A}$ 中 U_{max} 的变化量,用其表达磨损量的模糊不确定性。它可依经验和实际,用扩增(或缩小)因数法确定。

从失效的形式来讲,该数学模型很好地反映了水润滑橡胶尾轴承是一种磨损消耗性失效,是一个由"量变"到"质变"的渐进过程,可以采用降半梯形分布图形(图 7-4)形象地表达出来。当磨损状态量 U 小于 $U_{max} - \delta$ 时,其水润滑橡胶尾轴承配副模糊安全状态 $\overline{A}$ 对应的安全隶属度为 1,而在磨损状态量达到 $U_{max} + \delta$ 时,水润滑橡胶尾轴承配副模糊安全状态 $\overline{A}$ 对应的安全隶属度为 0,在区间 $(U_{max} - \delta, U_{max} + \delta)$ 内,与 U 的值有关。这个模型较好地反映了水润滑橡胶尾轴承配副由于磨损而失效的渐进性。

水润滑橡胶尾轴承过渡到稳定磨损阶段后,可以近似地认为 U 与时间呈线性关系,所以磨损量可表示为

$$U = U_0 + vt \tag{7-17}$$

式中:U_0——初始磨损,可视为正态分布,所以 U_0 遵循 $U_0 \sim (\overline{U_0}, \sigma_0)$;

v——磨损速度,遵循 $v \sim (\overline{v}, \sigma_v)$;

t——磨损时间。

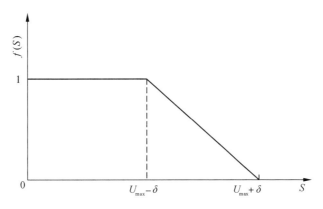

图 7-4　渐进性失效梯形模型

U 可视为正态分布,U 遵循:

$$U \sim (\overline{U}, \sigma) = (\overline{v}\,t + \overline{U_0}, \sqrt{\sigma_v^2 + \sigma_0^2}) \tag{7-18}$$

综合上述分析,依据模糊事件概率计算水润滑橡胶尾轴承基于时间的磨损工作可靠度如下:

$$R = \Phi(\beta_1, \beta_2) = \frac{1}{\beta_2 - \beta_1} \left\{ \left[\beta_2 \Phi(\beta_2) - \beta_1 \Phi(\beta_1) \right] + \frac{1}{\sqrt{2\pi}} \left[\exp\left(-\frac{\beta_2^2}{2}\right) - \exp\left(-\frac{\beta_1^2}{2}\right) \right] \right\} \tag{7-19}$$

式中

$$\left. \begin{aligned} \beta_1 &= \frac{U_{\max} - \delta - \overline{U}}{\sigma} \\ \beta_2 &= \frac{U_{\max} + \delta - \overline{U}}{\sigma} \end{aligned} \right\} \tag{7-20}$$

此模型可在已知 t 的前提下求得相应水润滑橡胶尾轴承的可靠度 R。

7.2.4　半经验公式

以上三个数学模型是根据船舶水润滑橡胶尾轴承的磨损率和尾轴承与尾轴之间配合间隙的关系来建立,然而这三个模型并没有很好地反映一些重要影响因子对橡胶尾轴承可靠性寿命的影响,比如转速、载荷、尾轴承的结构等。因此,有必要建立一种方法将这些影响因子进行多元素归一化处理,形成具有一定意义的经验公式。

7.2.4.1　Weibull 方法

由于水润滑橡胶尾轴承的寿命影响因素是多方面的,评估其磨损寿命具有一定的分散性,因此,用单一的磨损率和尾轴承与尾轴之间配合间隙的关系来预测橡胶尾轴承的磨损寿命不能反映尾轴承寿命的复杂性。Weibull 概率统计方法能够比较客观地反映橡胶尾轴承单个影响因子的差异,其磨损寿命符合 Weibull 分布。利用每组磨损寿命的试验值求出 Weibull 影响因子 m_i 和磨损寿命 T 之间的关系,用 T(可靠度 $R = e^{-1}$)表征磨损寿命。恒定单因素磨损寿命方程可以拟合为

$$\ln T_i = a + b\ln m_i \tag{7-21}$$

式中:T_i—— 各种单一影响因素下对应的磨损寿命;

$\quad\quad m_i$—— 各种单一的影响因素;

$\quad\quad a$、b—— 待定的常数。

7.2.4.2　归一化处理

前面章节分析中表明,影响水润滑橡胶尾轴承的磨损寿命的影响因素有载荷、转速、温度、尾轴承的结构和磨粒特征等。由于温度和磨粒特征影响因素试验难以模拟,因此模型中主要对载荷 F、转速 v 和橡胶尾轴承的结构影响因子 η 三个参数进行多元线性归一化处理。

通过上述的归一化理论,在其他影响因素不变的情况下,可以得到在定转速 v_1 情况下的转速 - 寿命方程:

$$\ln T_i = a_1 + b_1\ln v_i \tag{7-22}$$

式中,a_1、b_1 为已知数。很显然,在不同的转速下 a_1、b_1 是变化的,实际过程中,可以对不同转速下的 a_1、b_1 进行拟合,以求得到更加合理的 a_1、b_1。

同理,可以得到在定载荷 F_1 情况下的载荷 - 寿命方程:

$$\ln T_i = a_2 + b_2\ln F_i \tag{7-23}$$

在式(7-22)、式(7-23)中,假如将橡胶尾轴承的磨损寿命 T 定为因变量,那么尾轴承寿命的影响因素转速 v 和载荷 F 便是自变量。很显然,因变量和自变量之间并非是线性关系,然而因变量的对数 $\ln T$ 和自变量的对数($\ln v$、$\ln F$)是呈线性关系的。那么我们可以运用 SPSS 数据分析处理软件对已知的参数 a_1、a_2、b_1、b_2 进行多元线性归一化处理,得到 $\ln T$ 与自变量 $\ln v$、$\ln F$ 之间的关系:

$$\ln T = c_1 + a_3\ln v + b_3\ln F \tag{7-24}$$

取反对数得到:

$$T = e^{c_1}v^{a_3}F^{b_3} \tag{7-25}$$

对于橡胶尾轴承的结构影响因素,可以对凹面型橡胶尾轴承、平面型橡胶尾轴承和凸面型橡胶尾轴承进行试验模拟。假定以凹面型橡胶尾轴承为基准,可以得到其他结构尾轴承与之比较的结构影响因子 η,并将 η 作为已知量,将 η 放入式(7-25)中得到:

$$T = e^{c_1} v^{a_3} F^{b_3} \eta \tag{7-26}$$

式中:T——橡胶尾轴承的磨损寿命(h);

　　　v——尾轴的转速(r/min);

　　　F——尾轴对橡胶尾轴承的载荷(N);

　　　η——尾轴承的结构影响因子,可视为常量;

　　　c_1、a_3、b_3——通过式(7-22)和式(7-23)进行归一化处理,拟合出来的常数。

式(7-26)便是水润滑橡胶尾轴承的磨损寿命关于载荷、转速和尾轴承结构的半经验公式。

这个模型能较好地反映多个因素对船舶橡胶尾轴承磨损寿命的共同影响结果,是一个数量映射关系,能够很好地反映橡胶尾轴承的实际工况,具有一定的实际意义。但是由于本模型中的各个参数均需要通过试验数据进行拟合,因此要完整地推算本模型或者增加磨损变量,均需建立在大量试验的基础之上。

7.2.5　案例分析

7.2.5.1　试验装置

船舶水润滑橡胶尾轴承耐磨试验是在武汉理工大学尾轴承试验室研制的 SSB-100 型船舶尾轴试验机上进行的,其结构如图 7-5 所示。试验机主要由驱动部分、试验部分、加载部分和测试部分组成。试验主轴用 45 钢制成,其轴颈镶有 ZQSn8-2 衬套。加载方式为中间径向加载,以保证橡胶尾轴承比压均匀。测试装置主要包括转矩转速仪、压力表和温度传感器等。转矩转速仪用于测试试验轴的摩擦力矩,压力表提供液压加载油缸的载荷大小,温度传感器用来测量水润滑介质的温度。试验所用的各种仪器仪表都经过有关部门校准和标定,使用时都处在其有效期范围内。

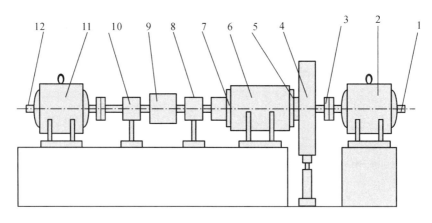

图 7-5　SSB-100 型船舶尾轴试验机结构示意

1— 测速传感器；2— 激振电机；3— 绕性联轴器；4— 激振加载装置；5— 主轴；6— 尾轴承；

7— 密封装置；8,10— 支承；9— 转矩等测试装置；11— 变频主电机；12— 测速传感器

7.2.5.2　试验目的

在一定的载荷、转速和温度范围内，对水润滑橡胶尾轴承进行长时间的耐磨试验，检验该材料的橡胶尾轴承的磨损可靠性寿命，并且对上述三个磨损可靠性寿命模型进行验证。

7.2.5.3　试验对象、结构及基本尺寸

试验对象为整体式平面型橡胶尾轴承。轴承套筒的外径为 190mm，内径为 176mm；整体式橡胶尾轴承开有 10 个水槽，分布 10 块轴承板条，轴承长 150mm，橡胶尾轴承的外径为 176mm、内径为 154mm。安装时，将该轴承的某一板条安装在试验轴的正下方，即该板条的静压力方向垂直于该板条表面。安装的截面图如图 7-6 所示，橡胶尾轴承实物如图 7-7 所示。

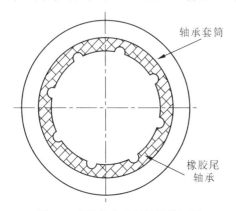

图7-6　水润滑橡胶尾轴承截面图

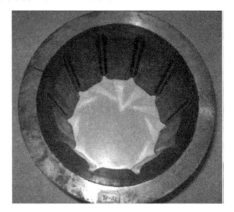

图7-7　水润滑橡胶尾轴承实物图

7.2.5.4　试验内容及方法

（1）试验内容

此耐磨试验在船舶尾轴试验机上运转 545h。为保证该尾轴承可靠性寿命验证结果具有可信性，该耐磨试验是在确定条件下进行的，具体是：

① 使用液压千斤顶在橡胶尾轴承的中间径向施加载荷，保证橡胶尾轴承承受压力的均匀性，其定载荷为比压 $p = 0.45\mathrm{MPa}$。

② 使用电机带动本试验机主轴转动，为保护电机，该转速避免了共振区间。转速 $n = 158\mathrm{r/min}$，其线性速度为 $v = 1.26\mathrm{m/s}$。

③ 为排除温度对橡胶尾轴承可靠性磨损寿命的影响，同时防止环境硬性颗粒杂质进入摩擦副界面内，采用水泵不间断地向尾轴承内泵无硬性颗粒的自来水进行冷却，其润滑排水量为 $13\mathrm{L/min}$。

④ 为计算橡胶尾轴承的磨损速率，该耐磨试验连续运转136h之后拆卸下来，也就是整个试验过程要拆卸 4 次，以测量橡胶尾轴承的磨损量。

在耐磨试验过程中，在线检测尾轴承与轴颈之间的摩擦系数，并且在线检测润滑用水的进口温度和出口温度。

（2）试验方法

① 测量要求

橡胶尾轴承装机前三天每隔 24h 测量一次内孔尺寸，装机前测量一次内径尺寸。该试验每隔136h拆卸一次，测量尾轴承的磨损量，拆卸后当天每隔8h测量一次内孔尺寸，第二天每隔12h测量一次内孔尺寸，然后再将橡胶尾轴承装入试验机进行下一轮的试验，直至累计运转 545h。试验前后两次内孔尺寸的平均值之差定为磨损量。

② 测量方法和测量点的选择

轴承内径测量点选取是以原轴承外套固有标记为起点作为 1 号板条，然后顺时针依次标记为 2、3、4、5 号板条。轴承轴向选取首、中、尾三个测量横截面，共有 15 个测量点，如图 7-8 所示。

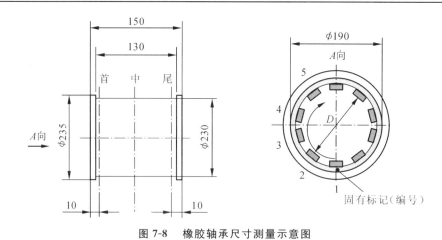

图 7-8 橡胶轴承尺寸测量示意图

7.2.5.5 试验现象

耐磨试验过程中,电机电流和电压较稳定,转速和载荷在正常范围内波动,水温基本恒定,轴系运行平稳,在试验过程中没有出现振鸣音。

试验结束后(累计磨合时间 545h)的检测表明,试验轴铜套表面光滑,无明显损伤现象。在垂直方向上,轴承的正中底部板条及其左右相邻 4 块板条(主要承载部位)均可见磨痕,其中底部板条及其左右相邻 2 块板条整块表面都有磨痕,其余 2 块相邻板条有部分磨痕,如图 7-9 所示。这与耐磨时间较长以及试验温度变化条件下,材料摩擦学性能发生变化有关。图 7-10 表示试验结束后轴的状态。

图7-9 试验结束后轴承的实物图

图7-10 试验结束后轴的实物图

7.2.5.6 结果与分析

(1)结果

在定载荷 $p = 0.45\text{MPa}$、定转速 $n = 158\text{r/min}$ 下,利用船舶尾轴试验台对某船舶水润滑橡胶尾轴承进行 545h 的耐磨试验。测得的数据结果是:

① 由于是在冬天做试验,测得的进口温在 10 ℃ 左右,出口温度在 11℃,可以说明此次耐磨试验过程中温度波动范围不大。

② 在线测得的橡胶尾轴承与轴颈之间的平均摩擦系数为 $f = 0.004511$,该摩擦系数在正常范围内,说明未出现不良摩擦。

在耐磨试验过程中,每隔 136h 测量一次橡胶尾轴承的磨损量,共计四次,得到其平均磨损率为 $\overline{\mu} = 0.00039$mm/h,标准差为 $\sigma_v = 0.00009$mm/h。

根据产品规范,橡胶尾轴承的初始配合间隙为 $\overline{C_0} = 0.6$mm,标准差为 $\sigma_{c0} = 0.12$mm。根据经验,直径为 150mm 的尾轴承,在尾轴承和轴颈之间的配合失效间隙为 $C_{max} = 4.5$mm。

根据此次耐磨试验所得的数据,分别利用平均寿命模型、可靠性磨损寿命模型和模糊可靠性计算模型核定该船舶橡胶尾轴承在该条件下的规定寿命内运转 7000h 和 8000h 的可靠度。

（2）分析

由平均寿命模型可得 $T = (C_{max} - C_0)/\overline{\mu} = (4.5 - 0.6)/0.00039 = 10000$h,很显然,在此模型下该橡胶尾轴承运行 7000h 和 8000h 的可靠度为 100%。

利用可靠性磨损寿命模型得到,该尾轴承在该条件下运行 7000h 的可靠度为 $\Phi(1.82) = 0.9656$,即为 96.56%;该尾轴承在该条件下运行 8000h 的可靠度为 $\Phi(1) = 0.8413$,即为 84.13%。

根据产品允许,该模型中的模糊变量 $\delta = 0.1 \times U_{max}$,计算求得该尾轴承在此条件下运行 7000h 的可靠度为 $\Phi(1.25, 2.48) = 0.9204$,即为 92.04%;运行 8000h 的可靠度为 $\Phi(0.54, 1.63) = 0.8316$,即为 83.16%。

这三种寿命模型得到的可靠度的对比如表 7-1 所示。

表 7-1　三种寿命模型可靠度对比

磨损寿命评估模型	以下运行时间的可靠度 %	
	7000h	8000h
平均寿命模型	100	100
可靠性磨损寿命模型	96.56	84.13
模糊可靠性计算模型	92.04	83.16

从上述三个结果来看,利用模糊可靠性计算模型获得的可靠度最为保守,针对船舶航行的苛刻环境,采用模糊可靠性计算模型进行寿命评定能在

最大程度上保证船舶尾轴承的营运安全。

对于建立的磨损寿命半经验公式模型,数据完整性正在积累之中,目前暂不能给出案例分析。

综合而言,通过耐磨试验验证,磨损可靠性寿命模型和模糊可靠性计算模型能较好地反映水润滑尾轴承配副由于磨损而失效的渐进性,具有一定的实际意义和一定的参考价值。然而它们只是反映了船舶水润滑尾轴承的磨损率和最大允许配合间隙之间的关系,并没有很好地反映其他因素的影响,比如工作环境、螺旋桨轴弯曲应力、尾轴承的形状和水膜润滑状态等。半经验公式模型能较好地反映多个因素对船舶橡胶尾轴承磨损寿命的共同影响结果,能够较好地反映橡胶尾轴承的实际工况,具有一定的实际意义。但是由于本模型中的各个参数均需要通过试验数据进行拟合,因此要完整地推算本模型或者增加磨损变量,均需建立在大量试验的基础之上。

7.3 丁腈橡胶摩擦功磨损预测

多年来,由于磨损表面微观分析技术的迅猛发展,针对摩擦副的磨损理论,众多专家学者做了大量的工作,推动了对各种磨损现象本质的深入研究,从而提出了许多有关材料磨损的理论,主要有:

① 黏着磨损理论。Achard(1953 年)在其建立的黏附磨损理论中提出了材料磨损计算公式,该公式表明磨损量与载荷成正比关系,与磨损材料的屈服极限或硬度呈反比关系。

② 切屑磨损理论。众多学者采取微观切削机理计算摩擦副之间的磨料磨损,并建立了磨料磨损切削模型。此理论说明:减少摩擦副之间的微观磨粒切削作用有利于提高材料的耐磨性能。

③ 剥层磨损理论。1973 年,Suh 基于弹塑性力学理论、前人的研究成果以及大量试验研究,提出了剥层磨损理论,揭示了摩擦副的磨损量与施加压力、相对滑动距离成正比关系,与硬度没有直接关系的规律。

④ 疲劳磨损理论。苏联学者 Крагельский 提出了材料疲劳磨损理论,随后众多学者对其进行了修正和发展。它表明表面材料疲劳磨损破坏,必须反复施加多次摩擦作用,并且与材料表面粗糙峰的形状以及受到的应力状态有关,进而与摩擦副的运动状态、材料自身的力学性能和摩擦副表面形貌有

关系。

　　上述经典磨损理论均是基于单一的摩擦磨损机理所建立的。然而摩擦学系统非常复杂,许多影响磨损的参数缺乏准确的数据,应用上存在局限性,很难基于单一的摩擦磨损机理建立一个适用于预测实际摩擦副磨损的理论。并且这些磨损理论公式大多建立在金属摩擦副之间的磨损数据之上,在金属材料磨损寿命的预测中应用较多。作为典型的弹性体,丁腈橡胶的摩擦磨损过程与金属材料的磨损有较大差异,其磨损机理有别于金属材料的磨损机理,使得这些磨损理论不一定适用于预测橡胶的磨损。因此,需要从其他角度建立磨损理论用于预测橡胶的磨损率及其磨损寿命。

　　从第 3 章的丁腈橡胶的磨损过程机理分析可以看出,只有当外部条件和橡胶内部条件达到某种关系的情况下丁腈橡胶的摩擦磨损才会出现,即当界面处的摩擦力所做的功大于丁腈橡胶材料脱落所需要的功才会出现磨损,如图 7-11 所示。此过程与载荷、滑动速度、磨损界面的粗糙度以及丁腈橡胶材料本身的力学性能有关,下文将详细阐述。

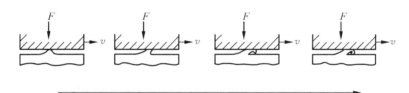

图 7-11　丁腈橡胶与不锈钢盘的磨损过程

7.3.1　摩擦功磨损理论

　　根据第 3 章分析丁腈橡胶磨屑的产生过程可以知道,一个充分小的单位体积为 V_i 的丁腈橡胶磨屑在挤压变形、拉伸、撕裂、再拉伸以及从橡胶销表面脱落的过程中所需的总能量为

$$Q_i = q_t + q_e + q_h \tag{7-27}$$

式中:q_t—— 丁腈橡胶磨屑从橡胶表面被撕裂所需要的能量(J);

　　　 q_e—— 丁腈橡胶磨屑被挤压、变形、拉伸和曲卷所需的能量(J);

　　　 q_h—— 丁腈橡胶磨屑断裂脱落所需要的能量(J)。

　　众多研究表明,Q_i 受橡胶材料机械性能、种类、接触表面温度和老化因素的影响很大。橡胶的硬度、弹性模量、拉伸强度、撕裂强度和抗疲劳强度等参数均被用于表征产生单位体积橡胶磨屑所需要的能量。Kraghelsky 和

Charrier 认为单位体积橡胶磨屑因磨损而脱落所需的能量与橡胶的拉伸强度成正比。因此,丁腈橡胶单位体积的磨屑因磨损而脱落所需能量为

$$Q_i = \lambda A_i l_0 \sigma \tag{7-28}$$

式中:λ—— 单位体积的磨屑拉伸能量与发生形变时橡胶材料断裂的能量的比率;

A_i—— 橡胶材料被拉伸的横截面面积(mm^2);

l_0—— 橡胶材料断裂时的拉伸长度,与橡胶材料的属性有关;

σ—— 橡胶材料的拉伸强度,与橡胶材料的自身属性相关(MPa)。

实际中,单位体积橡胶磨屑的拉伸能量与其断裂所需的能量不完全呈线性关系,为了突出它们之间的非线性关系,给橡胶的拉伸强度加了一个修正系数 d,即

$$Q_i = \lambda A_i l_0 \sigma^d \tag{7-29}$$

那么在磨损过程中,丁腈橡胶实际磨损体积 V 所需要的总能量为

$$Q = \sum_{i=1}^{m} Q_i = l_0 \sigma^d \lambda A \tag{7-30}$$

式中:A—— 丁腈橡胶被磨损体积 V 总的拉伸面积(mm^2)。

假定在稳定的磨损过程中,不锈钢盘微凸体与丁腈橡胶销表面每次接触时,与之接触的橡胶材料所承受的平均摩擦功为 q_l;并且每次摩擦时所承受的摩擦功转化成单位橡胶磨屑所需能量的累积能量为恒定的,定义为 q_f。显然,并非所有的摩擦功均转化为使碎屑脱落的能量,其中大部分能量转化成摩擦热或者被橡胶的滞后磨损所耗散掉。总之,每次摩擦时转化为磨屑脱落所累积的能量仅为摩擦功的一部分,即

$$q_f = kq_l \tag{7-31}$$

式中,k 是用来考虑摩擦功转化成为导致单位体积橡胶材料脱落的能量的修正系数。

通常情况下,单位体积橡胶材料是经过 n 次摩擦之后才能形成磨屑。转化成磨屑前,橡胶微凸体累积使其脱落的能量为 $(n-1)q_f$,最后一次所做的摩擦功 q_l 使得单位体积橡胶材料脱落为磨屑。那么单位体积橡胶磨屑脱落所需的总能量也可以表示为

$$Q_i = (n-1)q_f + q_l = q_l[k(n-1)+1] \tag{7-32}$$

令 p_r 表示橡胶单位磨损体积所消耗的能量,于是有:

$$p_r = \frac{f_i S_i}{V_i} \tag{7-33}$$

式中：f_i——不锈钢表面微凸体与橡胶表面接触的单位面积上的摩擦力（N）；

　　　S_i——不锈钢盘在丁腈橡胶销表面上滑行的面积（mm^2）；

　　　V_i——单位磨损体积（mm^3）。

那么，丁腈橡胶线性磨损率可以表示为

$$\frac{V_i}{S_i} = \frac{f_i}{p_r} \tag{7-34}$$

由于 p_r 是单位体积丁腈橡胶材料磨损所需要的摩擦功，而 q_l 是摩擦一次时单位体积橡胶材料所承受的摩擦功，且经过 n 次才形成磨屑，于是有：

$$p_r = n q_l \tag{7-35}$$

式（7-32）代入上式得：

$$p_r = \frac{n Q_i}{[k(n-1)+1]} \tag{7-36}$$

由于形成橡胶磨屑需要多次摩擦，即 $n \gg 1$，上式可近似改写成：

$$p_r = \frac{n Q_i}{kn + 1} \tag{7-37}$$

式（7-37）建立了摩擦 n 次之后，单位体积的丁腈橡胶材料因为磨损所需的摩擦功 p_r 与其形成磨屑实际所需的能量密度 Q_i 之间的关系。

通过式（7-34）和式（7-37）得到丁腈橡胶的体积磨损量：

$$V_i = \frac{(kn + 1) f_i S_i}{n Q_i} \tag{7-38}$$

那么丁腈橡胶与不锈钢盘在磨损过程中所失去的磨损体积可以表示为

$$V = \sum_{i=1}^{m} V_i = \frac{(kn + 1) f S}{n Q} \tag{7-39}$$

式中：f——丁腈橡胶与不锈钢盘之间的摩擦力（N）；

　　　S——不锈钢盘在丁腈橡胶上滑行的实际面积（mm^2）；

　　　Q——丁腈橡胶失去的磨损体积所需的实际能量（J）。

因为

$$S = S_0 \times L \tag{7-40}$$

式中：S_0——丁腈橡胶销的接触面积（mm^2）；

　　　L——不锈钢盘在丁腈橡胶上滑行的距离。

将式(7-40)代入式(7-39),则有:

$$V = \frac{(kn+1)S_0 fL}{nQ} \tag{7-41}$$

丁腈橡胶与不锈钢盘在磨损过程中的线性磨损度为

$$\frac{V}{S_0 L} = \frac{(kn+1)f}{nQ} \tag{7-42}$$

其中

$$f = N_\mu \tag{7-43}$$

式中:N—— 实际载荷(N);

　　　μ—— 摩擦系数。

在丁腈橡胶水润滑尾轴承运行过程中,大量的研究和数据表明,橡胶与刚体表面在水润滑条件下的摩擦系数与转速、载荷近似服从下述关系:

$$\mu = av^b N^c \tag{7-44}$$

式中:a、b、c—— 常数。

由式(7-30)、式(7-41)、式(7-43)和式(7-44)得到丁腈橡胶销与不锈钢盘在磨损过程中所失去的磨损体积为

$$V = \frac{(kn+1)av^b N^{1+c}S_0 L}{n\lambda A l_0 \sigma^d} \tag{7-45}$$

如果令 $\alpha = \dfrac{(kn+1)aS_0}{n\lambda A l_0}$，$\beta = b$，$\eta = 1+c$，那么:

$$V = \frac{\alpha v^\beta N^\eta L}{\sigma^d} \tag{7-46}$$

从式(7-46)可以看出,丁腈橡胶在磨损过程中的磨损量与滑动速度、载荷和拉伸强度有关,与滑动距离呈线性关系。α 则是与橡胶材料的其他属性和其他外载荷条件相关的系数。由于影响丁腈橡胶磨损的因素太过复杂,根据实际需要仅建立了丁腈橡胶的磨损量与滑动速度、载荷、拉伸强度以及滑动距离的关系,其他影响因素,例如橡胶的硬度、弹性模量、撕裂强度、几何尺寸等均需要进一步研究。

7.3.2　老化条件对磨损量的影响规律

第5章详细研究了不同热加速老化条件对丁腈橡胶机械性能的影响规律,可以验证不同老化条件下通过影响丁腈橡胶的机械性能从而影响其单位体积磨屑所需要的能量,最终影响其磨损总量。本节将集中讨论不同老化温

度和时间是如何影响丁腈橡胶的磨损量。

评价橡胶材料老化的指标有很多,依据不同的老化指标对橡胶材料性能进行预测,可以得到不同的预测结果。本章选择了主要与丁腈橡胶摩擦学性能相关的重要机械性能参数:拉伸强度、撕裂强度和邵氏硬度。由于试验条件的限制,没有采取正交试验方法逐一分开讨论丁腈橡胶的邵氏硬度、拉伸强度和撕裂强度对丁腈橡胶磨损量的影响,而只选取了丁腈橡胶的拉伸强度来表征其老化程度,用来研究不同老化条件对丁腈橡胶磨损量的定量影响。

第 5 章中的图 5-5(a)考察了丁腈橡胶的拉伸强度在不同热加速老化条件下的变化规律,可以看出,在 40℃、60℃ 和 80℃ 环境下,丁腈橡胶的拉伸强度均随老化时间的延长而减小。随着老化温度的升高,拉伸强度减小得愈加明显。本章将根据这些试验数据用 MATLAB 软件拟合研究丁腈橡胶的拉伸强度与老化温度和时间的关系式。

根据图 5-5(a)中的数据,利用 MATLAB 软件进行拟合,丁腈橡胶的拉伸强度与老化时间关系呈现以下关系:

$$\sigma = G\exp(- Kt^{\theta}) \tag{7-47}$$

式中:σ—— 丁腈橡胶的拉伸强度(MPa);

　　K—— 丁腈橡胶的老化速率常数;

　　t—— 老化时间;

　　G、θ—— 与温度无关的常数。

丁腈橡胶的老化速率常数 K 随温度的变化规律可以用阿累尼乌斯方程来描述:

$$K = C\exp\left(\frac{- E_i}{RT}\right) \tag{7-48}$$

式中:C—— 系数;

　　E_i—— 丁腈橡胶老化的表观活化能(J/mol);

　　R—— 气体常数,$R = 8.314\ \mathrm{J \cdot K^{-1} \cdot mol^{-1}}$;

　　T—— 老化温度(K),以绝对温度表示。

研究表明,橡胶的老化表观活化能其实不是一个定值,温度和材料对其影响较大。但是在较低的温度环境下波动较小,可以认为是定值;在较高老化温度下,则波动很大。因此,在橡胶的热加速老化模拟试验中,要求老化温度不宜过高,否则预测误差很大。

为简化式(7-48),两边取自然对数后得到:

$$\ln K = G_0 + \frac{B}{T} \tag{7-49}$$

其中，$G_0 = \ln C, B = -\dfrac{E_i}{R}$。

依据式(7-47)，对图 5-5(a) 中所示各温度点的老化速率常数进行线性回归分析，得到丁腈橡胶在一定温度范围内的表观活化能，及其老化速率常数与温度的表达关系式，并且得到常数 G、θ，最终得到丁腈橡胶的拉伸强度随老化温度和时间的数学表达式。

式(7-50) ～ 式(7-52) 依次是经过线性回归分析得到的丁腈橡胶哑铃型试样的拉伸强度分别在老化温度 40℃、60℃ 和 80℃ 下随老化时间变化的数学关系。

$$\sigma_{40} = 30\exp(-0.01187t^{0.52}) \tag{7-50}$$

$$\sigma_{60} = 30\exp(-0.03155t^{0.52}) \tag{7-51}$$

$$\sigma_{80} = 30\exp(-0.07751t^{0.52}) \tag{7-52}$$

根据上式中拟合出丁腈橡胶的老化速率常数 K 在 40℃、60℃ 和 80℃ 分别是 $K_{40} = 0.01187$、$K_{60} = 0.03155$ 和 $K_{80} = 0.07751$。利用式(7-49)可以得到三个不同的系数"G_0" 和 "B"，分别是：$G_{040-60} = 11.828$、$G_{040-80} = 12.12$ 和 $G_{060-80} = 12.42$；$B_{40-60} = -5089.867$、$B_{40-80} = -5182.4$ 和 $B_{60-80} = -5286.77$。取其平均值得到常数 $G_0 = 12.12$ 和 $B = -5186.35$，那么 $C = e^{12.12} = 183510$ 和丁腈橡胶老化的表观活化能 $E_i = -B \times R = 5186.35 \times 8.314 = 43119.31$J/mol。那么，丁腈橡胶的老化速率常数 K 可以表示为

$$K = 183510\exp\left(\frac{-43119.31}{8.314T}\right) \tag{7-53}$$

将式(7-53)代入式(7-47)中可以得到丁腈橡胶的拉伸强度与热加速老化温度和时间关系：

$$\begin{aligned}
\sigma &= 30\exp\left[-183510\exp\left(\frac{-43119.31}{8.314T}\right)t^{0.52}\right] \\
&= 30\exp\left[-183510\exp\left(\frac{-5186.35}{T}\right)t^{0.52}\right]
\end{aligned} \tag{7-54}$$

将式(7-54)代入式(7-46)中得到丁腈橡胶的体积磨损率与老化温度和时间的关系：

$$V = \frac{\alpha v^{\beta}N^{\eta}L}{\left\{30\exp\left[-183510\exp\left(\frac{-5186.35}{T}\right)t^{0.52}\right]\right\}^d} \tag{7-55}$$

式(7-55)的物理含义是丁腈橡胶在摩擦磨损过程中,在不同的载荷、滑动速度、滑动距离、老化温度和时间下所损失的体积磨损量。

定义丁腈橡胶在单位距离内的行程-体积磨损量为 V_X,那么:

$$V_X = \frac{V}{L} = \frac{\alpha v^{\beta} N^{\eta}}{\left\{30\exp\left[-183510\exp\left(\frac{-5186.35}{T}\right)t^{0.52}\right]\right\}^d} \quad (7\text{-}56)$$

可利用第 3 章和第 5 章的试验数据求取式(7-56)中的系数 α、β、η 和 d,以及验证该公式的正确性,下文将展开具体研究。

7.3.3　基于摩擦功的寿命预测模型

7.3.2 节中建立了丁腈橡胶在摩擦磨损过程中随载荷、滑动速度、滑动距离、老化温度和时间的关系式,然而还有大量的系数并未给出确定的值。本节将结合第 3 章和第 5 章的数据,利用 MATLAB 软件拟合求取上述公式中的系数。

7.3.3.1　摩擦功与磨损率的定性分析

限于数据量较大,本节针对不同工况条件选择了两个典型的变条件作为分析依据。具体如下,为了定性分析在不同滑动速度条件下,未老化丁腈橡胶在磨损过程中摩擦功与行程-体积磨损率之间的关系,选择了低(0.3MPa)、高(0.9MPa)两种载荷。同样,选择了低(0.33m/s)、高(1.1m/s)两种代表性滑动速度来研究在不同载荷条件下,未老化丁腈橡胶在磨损过程中摩擦功与行程-体积磨损率之间的关系。由于在研究老化温度和时间对丁腈橡胶的摩擦学性能试验中,载荷被设定为 0.3MPa,本节选择了 0.33m/s 和 1.1m/s 两种速度下不同老化温度和时间下行程-体积磨损率、行程摩擦功、拉伸强度和撕裂强度之间的关系,结果如图 7-12 ~ 图 7-15 所示。

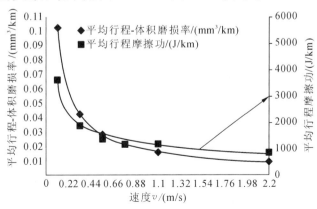

(a)

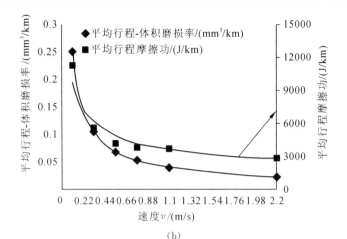

(b)

图 7-12 未老化丁腈橡胶行程摩擦功与行程-体积磨损率随滑动速度的变化规律

(a)0.3MPa;(b)0.9MPa

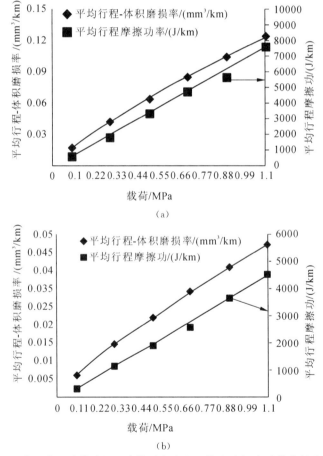

(a)

(b)

图 7-13 未老化丁腈橡胶行程摩擦功与行程-体积磨损率随载荷的变化规律

(a)0.33m/s;(b)1.1m/s

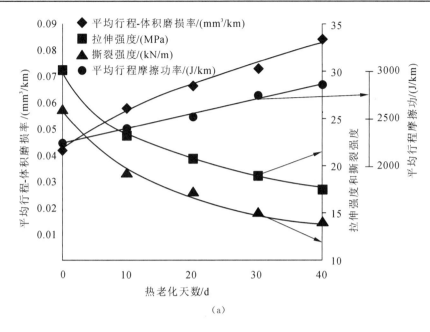

(a)

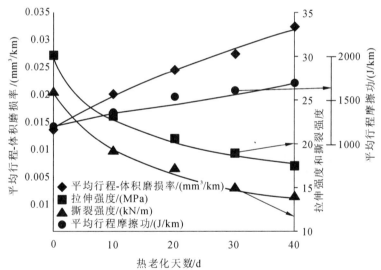

(b)

图 7-14　丁腈橡胶的行程摩擦功、行程 - 体积磨损率、拉伸强度和撕裂强度随老化时间的变化规律

(a)0.33m/s;(b)1.1m/s

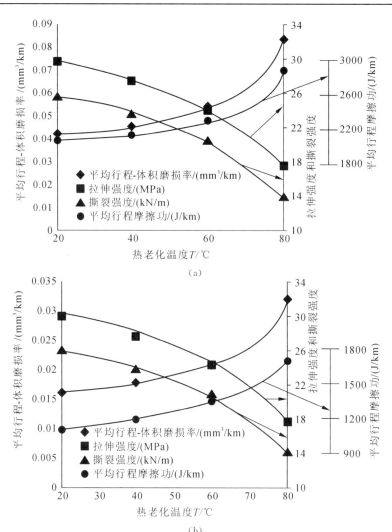

图 7-15 丁腈橡胶的行程摩擦功、行程-体积磨损率、拉伸强度和撕裂强度随老化温度的变化规律
(a)0.33m/s;(b)1.1m/s

图 7-12 中可以看出,在未老化条件下,丁腈橡胶的行程摩擦功与行程-体积磨损率均随滑动速度的增大呈现减小的趋势,并且当滑动速度在 $0.11\sim$ 0.55m/s 时,减小的趋势比较明显;当滑动速度大于 0.55m/s 时,行程摩擦功与行程-体积磨损率趋近稳定。图 7-13 中可以看出,丁腈橡胶的行程摩擦功与行程-体积磨损率均随载荷的增大而增加,并且增大的趋势比较相似。图 7-14 表明,在热老化条件下,丁腈橡胶的行程摩擦功与行程-体积磨损率随老化时间的延长而减小,此时表征丁腈橡胶老化程度的拉伸强度和撕裂强度均随时间的延长而减小。图 7-15 显示了行程摩擦功与行程-体积磨损率随老化温度的升高而增大,并且当热老化温度为 80℃ 时,增大得更明显;丁腈橡胶的拉伸

强度和撕裂强度随老化温度的变化趋势刚好相反。总体上看，丁腈橡胶的行程 - 体积磨损率和行程摩擦功的变化趋势基本一致，表明它们之间存在一定的关系；而丁腈橡胶的行程 - 体积磨损率与拉伸强度和撕裂强度的变化趋势刚好相反，说明丁腈橡胶的拉伸强度和撕裂强度是影响其行程 - 体积磨损率的重要因素。试验数据定性地说明了上述公式的正确性。

7.3.3.2　系数的获得

上述试验结果定性证明了摩擦功磨损理论的正确性，为了进一步确定式 (7-56) 中各系数 α、β、η 和 d 的值，利用 7.3.3.1 节的试验数据拟合得到相应系数的数值。前文中提到选择丁腈橡胶的邵氏硬度、拉伸强度和撕裂强度来表征热老化条件对其的影响趋势，然而文中无法判别每个参数各自对其摩擦学性能的影响，因此本节将选择拉伸强度这一参数来表征其热老化程度。

（1）滑动速度对丁腈橡胶行程 - 体积磨损率的影响

文中选择图 7-12 中的数据用 MATLAB 软件拟合得到未老化丁腈橡胶行程 - 体积磨损率的速度指数 β，具体数据如表 7-2 所示。

表 7-2　定载荷工况下未老化丁腈橡胶在不同滑动速度下的行程 - 体积磨损率

滑动速度 /(m/s)		0.11	0.33	0.55	0.77	1.1	2.2
行程 - 体积磨损率 /(mm³/km)	0.3MPa	0.1023	0.0424	0.0282	0.0216	0.0162	0.0093
	0.9MPa	0.2518	0.1045	0.0695	0.0531	0.0399	0.0229

显然，由于试验中丁腈橡胶销未老化，式（7-56）中的 $\left\{30\exp\left[-183510\exp\left(\dfrac{-5186.35}{T}\right)t^{0.52}\right]\right\}^{d}$ 为定值，当载荷为 0.3MPa 时，N^{η} 也为定值，令 $\dfrac{\alpha N^{\eta}}{\left\{30\exp\left[-183510\exp\left(\dfrac{-5186.35}{T}\right)t^{0.52}\right]\right\}^{d}}$ 为系数 z，那么式（7-56）可以简化为：

$$V_X = \frac{V}{L} = zv^{\beta} \tag{7-57}$$

用 MATLAB 对表 7-2 中的试验数据进行模拟，当载荷为 0.3MPa 时，得到 $z_{0.3} = 0.0128$ 和 $\beta_{0.3} = -0.792$；当载荷为 0.9MPa 时，得到 $z_{0.9} = 0.0281$ 和 $\beta_{0.9} = -0.811$。取其平均值得到 $\beta = -0.8015$。

（2）载荷对丁腈橡胶行程 - 体积磨损率的影响

选择图 7-13 中的数据用 MATLAB 软件拟合得到丁腈橡胶行程 - 体积磨

损率的载荷影响指数 η，具体数据如表 7-3 所示。

表 7-3　定滑动速度下未老化丁腈橡胶在不同载荷下的行程 - 体积磨损率

载荷(MPa)		0.1	0.3	0.5	0.7	0.9	1.1
行程体积磨损率 （mm³/km）	0.3m/s	0.0173	0.0425	0.0646	0.0851	0.1045	0.1233
	1.1m/s	0.0066	0.0162	0.0246	0.0325	0.0399	0.047

同样采取待定系数法，式(8-56) 可以简化为

$$V_X = \frac{V}{L} = wN^\eta \qquad (7\text{-}58)$$

用 MATLAB 对表 7-3 中的试验数据进行模拟，当滑动速度为 0.33m/s 时，得到 $w_{0.33} = 0.084$ 和 $\eta_{0.33} = 0.8176$；当滑动速度为 1.1m/s 时，得到 $w_{1.1} = 0.0305$ 和 $\eta_{1.1} = 0.827$。取其平均值得到 $\eta = 0.8223$。

（3）热老化温度和时间对丁腈橡胶行程 - 体积磨损率的影响

在第 5 章中已经提出，通过研究热老化条件对丁腈橡胶机械性能的影响，进而研究其对丁腈橡胶摩擦学性能的影响。本节通过丁腈橡胶的拉伸强度在热老化条件的变化规律来反映热老化程度，进而探讨热老化条件对丁腈橡胶行程 - 体积磨损率的影响。文中采用图 7-14 中数据拟合得到热老化时间对丁腈橡胶行程体积磨损率的影响指数，同样采用图 7-15 中的数据拟合得到热老化温度的影响指数。具体数据如表 7-4 和表 7-5 所示。

表 7-4　丁腈橡胶在定载荷(0.3MPa)不同热老化时间下的行程 - 体积磨损率

热老化时间 /d		0（未老化）	10	20	30	40
拉伸强度 /MPa		30	23.2	20.7	19.1	17.6
行程体积磨损率 /(mm³/km)	0.3m/s	0.0425	0.0579	0.0663	0.073	0.0844
	1.1m/s	0.0162	0.022	0.0253	0.0279	0.0322

表 7-5　丁腈橡胶在定载荷(0.3MPa)不同热老化温度下的行程 - 体积磨损率

热老化温度 /℃		20	40	60	80
拉伸强度 /MPa		30	27.68	24.2	17.6
行程体积磨损率 /(mm³/km)	0.3m/s	0.0425	0.0467	0.0548	0.0844
	1.1m/s	0.0162	0.0178	0.0209	0.0322

同样针对不同热老化时间对丁腈橡胶行程 - 体积磨损率的影响，式(7-56) 可以简化为

$$V_X = \frac{V}{L} = \frac{\alpha v^{\beta} N^{\eta}}{\left\{30\exp\left[-183510\exp\left(\frac{-5186.35}{T}\right)t^{0.52}\right]\right\}^d}$$

$$= \frac{\alpha v^{\beta} N^{\eta}}{\sigma^d} = \frac{u}{\sigma^d} \tag{7-59}$$

用 MATLAB 对表 7-4 中的试验数据进行模拟，当速度为 0.33m/s 时，得到 $u_{0.33} = 2.2133$ 和 $d_{0.33} = 1.255$；当速度为 1.1m/s 时，得到 $u_{1.1} = 0.8654$ 和 $d_{1.1} = 1.26$。

同样，针对不同热老化温度对丁腈橡胶行程-体积磨损率的影响，式 (7-56) 可以简化为

$$V_X = \frac{y}{\sigma^d} \tag{7-60}$$

用 MATLAB 对表 7-5 中的试验数据进行模拟，当滑动速度为 0.33m/s 时，得到 $y_{0.33} = 2.3172$ 和 $d_{0.33} = 1.293$；当滑动速度为 1.1m/s 时，得到 $y_{1.1} = 0.9106$ 和 $d_{1.1} = 1.189$。对四个不同的值取其平均值，定义为 $d = 1.25$。

因为 $z = \dfrac{\alpha N^{\eta}}{\left\{30\exp\left[-183510\exp\left(\frac{-5186.35}{T}\right)t^{0.52}\right]\right\}^d}$，$N$、$\eta$、$d$ 已知，将 $z_{0.3} = 0.0128$ 和 $z_{0.9} = 0.0281$ 代入得 $\alpha_1 = 2.4187$，$\alpha_2 = 2.1515$，同理得到 $\alpha_3 = 2.4253$，$\alpha_4 = 2.3114$，$\alpha_5 = 2.4496$，$\alpha_6 = 2.5139$，$\alpha_7 = 2.5646$，$\alpha_8 = 2.6453$，取其平均值得 $\alpha = 2.435$。

将 $\beta = -0.8015$、$\eta = 0.8223$、$d = 1.25$ 和 $\alpha = 2.435$ 代入式(7-56)得到丁腈橡胶在不同滑动速度、载荷和不同老化时间下的综合行程-体积磨损率经验公式：

$$V_X = \frac{V}{L} = \frac{2.435 \times v^{-0.8015} N^{0.8223}}{\left\{30\exp\left[-183510\exp\left(\frac{-5186.35}{T}\right)t^{0.52}\right]\right\}^{1.25}} \tag{7-61}$$

式(7-61)可以预测在纯净水环境下，丁腈橡胶材料在不同载荷、滑动速度和不同温度环境下的行程-体积磨损率。需要说明的是，由于此式是依据丁腈橡胶与不锈钢盘在纯净水环境下的摩擦磨损机理及其试验数据所建立的经验公式，此公式不适合预测丁腈橡胶在含沙水介质中的行程-体积磨损率。

7.3.3.3　模型的检验

为了验证丁腈橡胶综合行程-体积磨损率经验公式的准确性，采用第 3 章

和第 5 章的部分试验数据对其进行检验,其结果如表 7-6 ～ 表 7-9 所示。其中误差 e 采取以下算法:

$$e = \frac{V_{yu} - V_{shi}}{V_{shi}} \times 100\%$$

式中:V_{yu}—— 经验公式预测的丁腈橡胶的行程 - 体积磨损率;

V_{shi}—— 试验得到的实际丁腈橡胶的行程 - 体积磨损率。

表 7-6 定载荷(0.5MPa)下丁腈橡胶在不同滑动速度下的误差

未老化丁腈橡胶载荷						
滑动速度 /(m/s)	0.11	0.33	0.55	0.77	1.1	2.2
试验数据 /(mm³/km)	0.1056	0.0446	0.0329	0.0227	0.0167	0.0102
经验公式拟合数据 /(mm³/km)	0.115	0.0477	0.0316	0.0242	0.0182	0.0104
误差 %	1	7	－ 4	6.6	9	2

表 7-7 定滑动速度(0.77m/s)下丁腈橡胶在不同载荷条件下的误差

未老化丁腈橡胶载荷						
载荷 /MPa	0.1	0.3	0.5	0.7	0.9	1.1
试验数据 /(mm³/km)	0.0067	0.0166	0.0227	0.0332	0.0411	0.0476
经验公式拟合数据 /(mm³/km)	0.0064	0.0159	0.0242	0.0319	0.0392	0.0463
误差 %	－ 4.5	－ 4.2	6.6	－ 3.9	－ 4.6	－ 2.7

表 7-8 热老化丁腈橡胶在不同老化时间下的误差(0.3MPa 和 0.11m/s)

热老化温度 80℃				
热老化时间 /d	0(未老化)	10	20	30	40
拉伸强度 /MPa	30	23.2	20.7	19.1	17.6
试验数据 /(mm³/km)	0.0823	0.1093	0.1297	0.1359	0.1433
经验公式拟合数据 /(mm³/km)	0.0756	0.1042	0.1202	0.1329	0.1472
误差 %	－ 8.1	－ 4.7	－ 7.3	－ 2.2	2.7

表 7-9 热老化丁腈橡胶在不同老化温度下的误差(0.3MPa 和 2.2m/s)

热老化时间 40d				
热老化温度 /℃	20	40	60	80
拉伸强度 /MPa	30	27.68	24.2	17.6
试验数据 /(mm³/km)	0.0062	0.0073	0.098	0.0126
经验公式拟合数据 /(mm³/km)	0.0068	0.0076	0.009	0.0133
误差 %	9.7	4.1	－ 8.1	5.5

由表 7-6 ～ 表 7-9 中数据发现,丁腈橡胶综合行程 - 体积磨损率与试验数据的误差基本上在 10% 以内,说明本章根据理论与试验相结合的方法建立的丁腈橡胶行程 - 体积磨损经验公式是可行的,具有实践意义的。

7.3.4　应用示例

水下航行器水润滑尾轴承,由于螺旋桨自重的悬臂作用,以及螺旋桨不平衡和船体变形所产生的多种力和力矩,使得尾轴承的实际承载面积远小于理论承载面积,产生严重的边缘效应和压力分布不均现象,如图 7-16 所示。在低速、重载、主机频繁启停、正反转交替的特殊工况下,很难在短时间内建立起润滑水膜,润滑性能变差,摩擦、磨损严重。

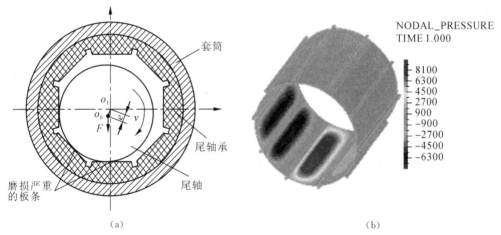

图 7-16　水润滑橡胶尾轴承实际运转中的受力情况

(a) 橡胶尾轴承与轴颈的接触示意图;(b) 橡胶尾轴承的受力分析

总之,船舶尾轴承工作参数的不断提高使摩擦磨损问题日益突出,往往因为尾轴承的磨损使得尾轴承与尾轴之间的配合间隙超过了最大配合间隙而导致其失效。事实上众多学者研究认为,水润滑橡胶尾轴承因为受到轴颈的回转运动应力和竖直方向上螺旋桨自重产生的应力,在这两种力的综合作用下使得橡胶尾轴承最下端板条的磨损使用寿命最短。图 7-9 所示是磨损之后的船舶水润滑橡胶平面型尾轴承,此试验之后的橡胶尾轴承最下端的承载板条磨损度很明显比其他板条磨损得要厉害。当橡胶轴承的直径 D(图 7-8)因磨损而大于橡胶尾轴承所允许的最大直径时,则认为尾轴承已经失效,需要维修或者更换轴承。

因此,水润滑橡胶尾轴承的磨损寿命不是由该橡胶尾轴承所有板条的平均磨损寿命决定，而是取决于磨损寿命最短的板条，即水润滑橡胶尾轴承最底部的板条。假如可以预测该橡胶板条在单位时间内、一定载荷、滑动速度和温度环境下的厚度磨损速率，就可以根据最大的允许配合间隙预测该橡胶轴承的磨损使用寿命。

例如，某平面型丁腈橡胶水润滑轴承的直径是 130mm，其最大允许磨损间隙是 6mm。当水润滑橡胶尾轴承在运行过程中，最底端的橡胶板条承受恒定载荷 0.6MPa，那么，预测水润滑橡胶尾轴承在滑动速度为 1.5m/s，接触温度为 50℃ 时的磨损寿命；或预测水润滑橡胶尾轴承在滑动速度为 3m/s，接触温度为 70℃ 时的磨损寿命。

式(7-61)为丁腈橡胶每千米之下的行程-体积磨损率，那么 24h 内的体积磨损率为

$$
\begin{aligned}
V_t &= \frac{2.435 \times v^{-0.8015} N^{0.8223}}{\left\{30\exp\left[-183510\exp\left(\dfrac{-5186.35}{T}\right)t^{0.52}\right]\right\}^{1.25}} \times 86.4v \\
&= \frac{210.38 \times v^{0.1985} N^{0.8223}}{\left\{30\exp\left[-183510\exp\left(\dfrac{-5186.35}{T}\right)t^{0.52}\right]\right\}^{1.25}}
\end{aligned}
\tag{7-62}
$$

丁腈橡胶销的面积为 $S_a = 78.5\text{mm}^2$，则丁腈橡胶在单位时间内的厚度磨损率为

$$
V_h = \frac{V_t}{S_a} = \frac{2.68 \times v^{0.1985} N^{0.8223}}{\left\{30\exp\left[-183510\exp\left(\dfrac{-5186.35}{T}\right)t^{0.52}\right]\right\}^{1.25}}
\tag{7-63}
$$

根据丁腈橡胶尾轴承的厚度磨损率和最大允许磨损间隙建立方程式，即

$$
\int_0^t \frac{2.68 \times v^{0.1985} N^{0.8223}}{\left\{30\exp\left[-183510\exp\left(\dfrac{-5186.35}{T}\right)t^{0.52}\right]\right\}^{1.25}}\mathrm{d}t = 6
\tag{7-64}
$$

将滑动速度 $v = 1.5\text{m/s}$、丁腈橡胶尾轴承最下端板条受到的载荷 $N = 0.6\text{MPa}$、接触温度 50℃ 代入式(7-64)，得到丁腈橡胶尾轴承在该条件下的磨损寿命为 5127h。当水润滑橡胶尾轴承的滑动速度 $v = 3\text{m/s}$、接触温度为 70℃，其磨损寿命为 4365h。

结果表明，较高工作温度下，丁腈橡胶水润滑轴承的磨损寿命明显要短于在较低温度下的磨损寿命，符合实际情况，说明所建立的丁腈橡胶磨损预测公式在一定程度上能预测丁腈橡胶水润滑轴承的磨损寿命，方法是可取

的。此例中,经验公式仅仅预测在定载荷、滑动速度和恒温下丁腈橡胶水润滑轴承的磨损寿命;对于预测变工况条件下,应该尽可能地获得较为详细的载荷、滑动速度和温度条件的变化规律,同时应该进一步对预测模型进行修正,才能准确地预测水润滑橡胶尾轴承的磨损寿命。此外,由于模拟试验与丁腈橡胶尾轴承的实际结构和服役环境存在一定的差异,并且经验公式未进行实船试验验证,因此还需要大量的试验数据和实船数据进行不断的验证和修正,以进一步确保其可靠性和使用性。此过程需要大量时间和数据累积,需要对此继续投入大量的工作。

综上所述,本节提出了摩擦功磨损理论,并基于试验数据建立了丁腈橡胶的行程 - 体积磨损率与载荷、转速、老化时间和温度之间的关系式,并获得关系式中的相关系数。结果表明,此经验磨损公式获得的丁腈橡胶磨损率与试验数据相吻合,证明了公式的可行性。最后介绍了将此公式应用于预测船舶水润滑橡胶尾轴承的磨损寿命的实例。本研究对丁腈橡胶水润滑轴承的摩擦学设计、预测其磨损使用寿命以及维修和更换橡胶轴承具有指导价值,对确保船舶航行安全具有实际意义。

7.4　基于二参数威布尔分布的丁腈橡胶水润滑轴承可靠性寿命模型

实际应用中,即使是一批结构形式、尺寸、材料和加工方法都相同的水润滑橡胶尾轴承,它们的使用寿命却各有长短、不尽相同,其原因是多方面的。首先,在交变载荷的作用下,水润滑橡胶尾轴承的使用寿命可能相差几倍甚至几十倍;其次,工作环境如温度和压力的变化也会对它的寿命产生很大的影响。因此,有必要通过数据统计的方法来确定船舶水润滑橡胶尾轴承的寿命与可靠性之间关系的分布函数及其特征值。现在较流行的用于评估机械设备或零件寿命的数学模型包括指数分布、正态分布、对数正态分布和威布尔分布。对比前几种数学模型,威布尔分布兼容性好,对各种类型的数据拟合能力强,可以较好地描述船舶水润滑橡胶尾轴承不同失效期的失效过程与特征。因此,本节采用威布尔分布来评估水润滑橡胶尾轴承的综合寿命。

7.4.1 威布尔分布模型

威布尔分布是由瑞典科学家威布尔(Weibull.W) 在 1951 年研究链的强度时提出的一种分布函数。三参数威布尔分布的故障分布函数为

$$F(t) = \begin{cases} 1 - \exp\left(-\dfrac{(t-r)^m}{t_0}\right), & t \geqslant r \\ 0, & t < 0 \end{cases} \tag{7-65}$$

式中：t——故障时间；

$\quad\quad m$——形状参数；

$\quad\quad r$——位置参数；

$\quad\quad t_0$——尺度参数。

威布尔分布的位置参数 r 表示产品开始发生故障的时机，也称为最小的保险寿命或储存寿命。从理论上来说，由于船舶水润滑橡胶尾轴承存在一开始就发生故障的可能，当 $r = 0$ 时，那么式(7-65)变成了二参数威布尔分布的数学模型。本节采用二参数威布尔分布对水润滑橡胶尾轴承的可靠性和寿命进行相关评估。

当 $r = 0$，取参数 $\eta = t_0^{\frac{1}{m}}$，可以推导出基于威布尔分布的水润滑橡胶尾轴承的故障分布函数：

$$F(t) = 1 - \exp\left[-\left(\frac{t}{\eta}\right)^m\right] \tag{7-66}$$

水润滑橡胶尾轴承的故障密度函数为

$$f(t) = \frac{\mathrm{d}F(t)}{\mathrm{d}t} = \frac{mt^{m-1}}{\eta^m}\exp\left[-\left(\frac{t}{\eta}\right)^m\right] \tag{7-67}$$

水润滑橡胶尾轴承的可靠度函数为

$$R(t) = 1 - F(t) = \exp\left[-\left(\frac{t}{\eta}\right)^m\right] \tag{7-68}$$

上述公式中，橡胶尾轴承的故障时间 t 可以通过采集故障数据或试验模拟的方式间接评估获得，形状参数 m 和位置参数 η 则可以通过不同的计算方式获得。评估出形状参数 m 和位置参数 η 后，即可获得任意可靠度下对应的水润滑橡胶尾轴承的寿命或任何寿命下对应的可靠度。

7.4.2　基于极大似然估计法的威布尔分布参数估计

计算评估威布尔分布的参数有多种方法,目前常用的方法有极大似然估计法、最佳线性无偏估计法和最佳线性不变估计法、矩法和最小二乘法等。陈刚比较了以上各种计算方法的特点,结果表明极大似然估计法计算得出的数据能满足实际要求,因此本节选用极大似然估计法来求解基于威布尔分布的水润滑橡胶尾轴承寿命评估模型的形状参数 m 和位置参数 η。

水润滑橡胶尾轴承二参数威布尔分布的似然函数为

$$L(m,\eta) = \prod_{i=1}^{n} f(t_i) = \prod_{i=1}^{n} \frac{m\, t_i^{m-1}}{\eta^m} \exp\left[-\left(\frac{t_i}{\eta}\right)^m\right] \tag{7-69}$$

两边同时取对数,可得水润滑橡胶尾轴承二参数威布尔分布的对数似然函数:

$$\ln[L(m,\eta)] = \sum_{i=1}^{n}\left[\ln\frac{m t_i^{m-1}}{\eta^m} - \left(\frac{t_i}{\eta}\right)^m\right] = \sum_{i=1}^{n}\left[\ln m + (m-1)\ln t_i - m\ln\eta - \left(\frac{t_i}{\eta}\right)^m\right] \tag{7-70}$$

对式(7-70)中的二参数 m、η 分别求导:

$$\left.\begin{aligned}
\frac{\partial(\ln L)}{\partial m} &= \sum_{i=1}^{n}\left[\frac{1}{m} + \ln t_i - \ln\eta - \left(\frac{t_i}{\eta}\right)^m \ln\left(\frac{t_i}{\eta}\right)\right] = \frac{n}{m} + \sum_{i=1}^{n}\ln\frac{t_i}{\eta} - \sum_{i=1}^{n}\left(\frac{t_i}{\eta}\right)^m \ln\left(\frac{t_i}{\eta}\right) \\
\frac{\partial(\ln L)}{\partial \eta} &= \sum_{i=1}^{n}\left[-\frac{m}{\eta} + (t_i)^m m\eta^{-m-1}\right] = -\frac{mn}{\eta} + \sum_{i=1}^{n}\frac{m}{\eta}\left(\frac{t_i}{\eta}\right)^m
\end{aligned}\right\} \tag{7-71}$$

观察可知,若直接令式(7-71)中的两式为零,则难以直接解出威布尔分布的二参数,因此还需要作一系列的相应变换。于是,令式(7-71)中的第 2 式为零,则有:

$$n = \sum_{i=1}^{n}\frac{(t_i)^m}{\eta^m} \tag{7-72}$$

将式(7-72)变形后,有:

$$\eta^m = \frac{1}{n}\sum_{i=1}^{n}(t_i)^m \tag{7-73}$$

将式(7-73)代入式(7-70)后作相应变换,有:

$$\ln[L(m,\eta)] = \sum_{i=1}^{n}\left[\ln m + (m-1)\ln t_i - \ln\frac{\sum_{i=1}^{n}(t_i)^m}{n} - \frac{n(t_i)^m}{\sum_{i=1}^{n}(t_i)^m}\right]$$

$$= n\ln m + (m-1)\sum_{i=1}^{n}\ln(t_i) - n\ln\frac{\sum_{i=1}^{n}(t_i)^m}{n} - n \qquad (7\text{-}74)$$

可以看出,经过上述计算和化简,最终式(7-74)变成了一个只与形状参数 m 有关的函数,通过数值计算找出能使极大似然函数取得最大值的 m,再通过式(7-73)计算出位置参数 η,最终得到基于二参数威布尔分布的水润滑橡胶尾轴承可靠性寿命评估模型。

7.4.3 模拟试验和数据分析

由于船舶水润滑橡胶尾轴承的生命周期太长,并且其故障数据难以搜集,这给评估计算其可靠性带来了一定的困难。本节将水润滑橡胶尾轴承模型简化,通过模拟试验得出相关数据,并基于试验数据来计算水润滑橡胶尾轴承威布尔分布模型的二参数。

水润滑橡胶尾轴承和尾轴之间有一定的允许配合间隙。由于螺旋桨和尾轴自重的作用,通常尾轴承最下端一块板条所受的压力最大、变形最严重,因此尾轴承最下端一块板条最容易受到磨损。根据"短板理论",当尾轴承最易磨损的那块板条磨损到一定的程度,使尾轴和尾轴承间的配合间隙大于最大允许配合间隙,即判定尾轴承失效,因此尾轴承的实际寿命可以由寿命最短的那块板条的寿命进行判定。

7.4.3.1 试验设计

模拟试验在 SSB-100 型水润滑尾轴承试验台架上进行,分别在比压 0.2MPa、0.4MPa 和 0.6MPa,6 种不同转速(50r/min、150r/min、250r/min、350r/min、500r/min 和 1000r/min)下进行不停机试验,总共有 18 组不同工况的试验,每组工况恒定载荷和转速,并进行 8h 的耐磨试验。由于其中一组试验失败,故得到 17 组有效数据。试验后将橡胶板条用干燥箱烘干,分别用电子分析天平称量试样在试验前后的质量,计算得出磨损量。丁腈橡胶水润滑轴承板条的实物图如图 7-17 所示,其具体参数如表 7-10 所示。

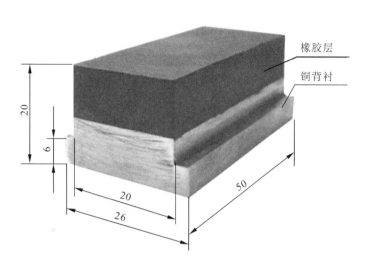

图 7-17　水润滑丁腈橡胶尾轴承板条实物图

表 7-10　试验板条材料（丁腈橡胶）具体信息

项目名称	具体信息	项目名称	具体信息
板条长度 /mm	50	橡胶的密度 /(kg/m³)	1.725×10^3
板条宽度 /mm	20	橡胶的弹性模量 /Pa	7.8×10^6
橡胶厚度 /mm	10	橡胶的泊松比	0.47

7.4.3.2　数据分析

本节通过尾轴和尾轴承间的配合间隙判定丁腈橡胶尾轴承是否失效。在假定橡胶板条均匀磨损的前提下，用最大极限磨损厚度除以每小时的磨损厚度即可间接估算出试验橡胶板条的寿命，即承压最大的尾轴承板条的寿命，也就是尾轴承的寿命。根据实际情况，由船舶水润滑橡胶尾轴承的设计标准可知，直径为 $150 \sim 250$mm 的尾轴承的最大允许配合间隙为 5mm，相应计算公式如下：

轴承的等效寿命＝橡胶板条的寿命

$$= \frac{最大极限磨损量(5 \times 10^{-3} \text{m}) \times 密度 \rho \times 受压面面积 S}{每小时磨损的质量 M}$$

公式简化后为：

$$轴承的等效寿命 = \frac{8625}{质量 M(单位 \text{mg}, 每小时的磨损量)}$$

按从小到大的排列顺序，相应的试验数据和计算结果如表 7-11 所示。

表 7-11　　尾轴承每小时的等效磨损量与对应的预测寿命

序号	每小时的磨损量/mg	预测寿命/h	序号	每小时的磨损量/mg	预测寿命/h
1	1.5779	5466	10	0.9159	9417
2	1.3693	6299	11	0.9044	9537
3	1.3426	6424	12	0.7987	10799
4	1.2661	6812	13	0.6484	13302
5	1.2318	7002	14	0.5949	14499
6	1.2203	7068	15	0.4752	18152
7	1.1948	7219	16	0.2739	31492
8	1.0433	8267	17	0.2357	36598
9	0.9898	8714			

将上述评估数据代入式(7-74)中,用 MATLAB 编写计算程序。一般来说,m 的取值范围为 $[0,10]$,运行程序后得出当 $\hat{m} = 1.60(1.5977)$ 时似然函数有极大值,其极大值所在的位置如图 7-18 所示。将 $\hat{m}$ 代入式(7-73)可计算得出 $\hat{\eta} = 13768.07$。

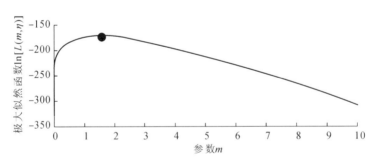

图 7-18　极大似然函数随形状参数 m 的变化趋势

根据故障分布函数的定义,设 M 为试验所用的橡胶板条的总数,在 t 时刻之前(包括 t 时刻)判定失效的橡胶板条的个数为 $m(t)$,则经验故障分布函数可表示为

$$F'(t) = \frac{m(t)}{M} \qquad (7-75)$$

将估算出的形状参数值 $\hat{m}$ 和位置参数值 $\hat{\eta}$ 代入式(7-66)中,用 MATLAB 作出故障分布函数 $F(t)$ 随故障时间的变化曲线,并将式(7-75)计算所得的由经验故障分布函数 $(t, F'(t))$ 组成的散点描在趋势图上(图 7-19),观察散点围

绕故障分布函数曲线的分布情况,可以看出两者的拟合情况较为符合。这也说明用极大似然估计法来求解威布尔分布的二参数是可行的。

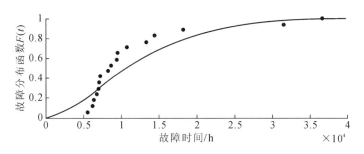

图 7-19　故障分布函数与经验故障分布函数拟合曲线图

7.4.4　评估实例

估算出威布尔分布的二参数后便能方便地计算尾轴承在不同失效时间的可靠度,或是不同可靠度下的失效时间。本节分析对比水润滑尾轴承的 3 个寿命,即平均寿命、额定寿命和中位寿命。

平均寿命可以用以下公式表征:

$$E(T) = \int_0^\infty t f(t) \mathrm{d}t \tag{7-76}$$

式(7-76)不易计算,可作适当变换,T 的 k 阶原点距为

$$E(T^k) = \int_0^{+\infty} t^k f(t) \mathrm{d}t = \int_0^{+\infty} m t^{k-1} \left(\frac{t}{\eta}\right)^m \exp\left[-\left(\frac{t}{\eta}\right)^m\right] \mathrm{d}t \tag{7-77}$$

作变量替换,令 $u = \left(\dfrac{t}{\eta}\right)^m$,根据 Γ 函数的定义,有:

$$\Gamma(s) = \int_0^{+\infty} \mathrm{e}^{-x} x^{s-1} \mathrm{d}x \tag{7-78}$$

得

$$E(T^k) = \eta^k \int_0^{+\infty} \frac{uk}{m} \mathrm{e}^{-u} \mathrm{d}u = \eta^k \Gamma\left(\frac{k}{m} + 1\right) \tag{7-79}$$

令 $k = 1$,可得平均寿命的计算公式:

$$E(T) = \int_0^\infty t f(t) \mathrm{d}t = \eta \Gamma\left(\frac{1}{m} + 1\right) \tag{7-80}$$

其中,Γ 为伽马函数,$\Gamma\left(\dfrac{1}{m} + 1\right)$ 的值可通过查表获得。

额定寿命:额定寿命是可靠度取 0.9 时对应的寿命。将 $R(t) = 0.9$ 代入方

程式(7-68)中解得：

$$t_{0.9} = \eta(-\ln 0.9)^{\frac{1}{m}} \tag{7-81}$$

中位寿命：是水润滑橡胶尾轴承的可靠度为 $R(t) = 0.5$ 的寿命，同样将 $R(t) = 0.5$ 带入方程式(7-68)中，可得：

$$t_{0.5} = \eta(-\ln 2)^{\frac{1}{m}} \tag{7-82}$$

代入评估得出的形状参数值 $\hat{m}$ 和位置参数值 $\hat{\eta}$，可计算得出平均寿命 $E(T) = 12344\text{h}$，额定寿命 $t_{0.9} = 3373\text{h}$，中位寿命 $t_{0.5} = 10949\text{h}$。

对比可见，中位寿命较平均寿命而言更为保守，利用可靠寿命来评估计算，对有需要的尾轴承进行及时的更换维修有利于降低故障率，提高经济效益。同时，可靠度为 0.9 时的可靠寿命仅为 3373h，过低的可靠寿命表明试验材料间的寿命差异较大，这可能与试验橡胶板条的质量有关，进一步提高橡胶板条材料的承载、抗磨和抗老化能力对大幅提高水润滑橡胶尾轴承的寿命和可靠度是极为有利的。

本节对水润滑橡胶尾轴承进行了一定程度的简化，同时用试验的方法来间接地获得了尾轴承的失效数据，然后建立了基于二参数威布尔分布的水润滑橡胶尾轴承寿命模型，得到了一些有意义的结论：

(1) 利用试验所得的数据，文中用精确度较高的极大似然估计法对二参数威布尔分布数学模型进行了评估计算。分析结果表明，极大似然估计法评估出的故障分布函数与实际数据间有较高的拟合精度。

(2) 对比平均寿命、可靠寿命和中位寿命，结果表明可靠寿命更为保守，用可靠寿命进行计算评估，对尾轴承进行及时的更换修理更有利于降低故障率，提高经济效益。计算所得的额定寿命较低，由尾轴承的失效机理可知，进一步提高橡胶材料的承载、抗磨和抗老化能力对提高尾轴承的可靠寿命极为有利。

7.5　丁腈橡胶水润滑轴承疲劳寿命评估

根据水润滑尾轴承的磨损失效特征，并根据船舶橡胶尾轴承磨损量和最大配合间隙，建立平均数学模型、可靠性寿命模型、模糊可靠性数学模型和半经验公式模型来评估水润滑橡胶尾轴承的磨损寿命。

然而，有些橡胶尾轴承的失效并不是因为配合间隙过大，而是由于材料疲劳断裂。由于尾轴作周期回转运动,尾轴承承受尾轴的循环载荷。在循环载荷的作用下,随着载荷的循环次数增加,材料损伤加剧,材料性能逐渐劣化,强度逐渐变低,轴承的承载能力逐渐变差,可能慢慢形成细微的裂纹,最终使得尾轴承断裂失效,这种失效方式是材料疲劳导致的。统计表明,船舶尾轴承疲劳失效是远航船舶尾轴承支撑系统失效的重要原因之一,因此有必要研究船舶尾轴承的疲劳寿命。本节运用 MSC.Patran 和 MSC. Fatigue 软件对水润滑平面型橡胶尾轴承的疲劳寿命进行联合仿真。

7.5.1　评估实例

7.5.1.1　尾轴承相关参数

水润滑平面型橡胶尾轴承的材料性能和几何参数如表 7-12 所示。此水润滑橡胶尾轴承的长度是 150mm,橡胶尾轴承内半径是 75.3mm,水槽数是 8。在静止状态下,轴颈和橡胶尾轴承的接触模型如图 7-20 所示。其中最下端的主要承载载荷方向与轴颈呈径向垂直。经学者研究,在实际工作中,即在尾轴的转动过程中,由于螺旋桨的自重作用,最下端的承载板条受到的接触应力也是最大的,并且其疲劳磨损也是最为严重的。

表 7-12　水润滑平面型橡胶尾轴承的几何材料参数

项　　目	数　　值
轴承长度 /mm	150
轴颈半径 /mm	75
橡胶衬层内半径 /mm	75.3
橡胶衬层外半径 /mm	88.3
金属衬套外半径 /mm	190
水槽半径 /mm	79
水槽数	8
水的密度 /(kg/m³)	1000
水的运动黏度 /(m²/s)	6.16×10^{-7}
橡胶的弹性模量 /MPa	5.83
橡胶的泊松比	0.49

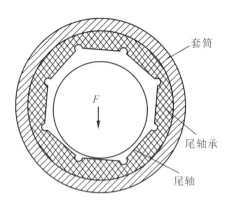

图 7-20　平面型橡胶尾轴承的接触应力示意图

7.5.1.2　尾轴承的模型简化

把水润滑平面型橡胶尾轴承可靠性水平比作一只盛水的木桶,此橡胶尾轴承的 8 根板条比作构成水桶的木板,很显然,由"木桶理论"可得:水润滑橡胶尾轴承的可靠性使用寿命的长短不是由该橡胶尾轴承的 8 根板条的平均可靠性寿命所决定,而是取决于这 8 根板条中使用寿命最短的那根。

事实上,众多学者研究认为,水润滑橡胶尾轴承因为受到轴颈的回转运动应力和竖直方向上螺旋桨的自重产生的应力,这两种力的综合作用使得橡胶尾轴承最下端板条的疲劳使用寿命最短。由于选用的尾轴承是平面型结构,橡胶尾轴承与轴颈的接触应力作用更为明显,因为平面型尾轴承的承载面积比凹面型尾轴承的承载面积小得多。前文耐磨试验中也印证了这点,图7-21 所示是试验之后的橡胶尾轴承。该试验之后的橡胶尾轴承[图 7-21(a)]最下端的承载板条磨损度很明显比其他板条磨损得要厉害,而轴颈[图7-21(b)]未见明显的磨痕磨损。

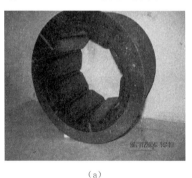

(a)　　　　　　　　　　　　　　　　　　(b)

图 7-21　橡胶尾轴承磨损试验

(a) 橡胶尾轴承；(b) 轴颈

通过上面的分析,为简化仿真模型,仿真对象直接针对决定"木桶"承载水平的那根最短的"木板",也就是针对决定水润滑平面型橡胶尾轴承可靠性寿命的接触应力最复杂、润滑条件最苛刻、可靠性寿命最短的最下端板条。轴颈与最下端的那根主要承载板条的接触模型如图 7-22 所示。

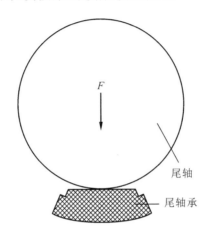

图 7-22　橡胶尾轴承主要承载板条静载受力模型

7.5.1.3　仿真技术路线

利用 MSC. Patran 和 MSC. Fatigue 软件联合仿真的一般流程如下:

(1) 首先在 MSC. Patran 中建立几何模型。

(2) 选择求解器,文中所选用的求解器是 MSC. Nastran。

(3) 在几何模型上建立有限元模型,其中包括网格的划分、约束及载荷边界条件、设置材料的特性及单元特性。

(4) 设置与计算相关的求解程序及参数,并提交运算。

(5) 利用 MSC. Fatigue 软件读入. XBD 中性文件,然后对其进行受力分析。

(6) 设置疲劳分析方法,本次采用的是 S-N 曲线寿命模型来仿真此水润滑橡胶尾轴承的疲劳寿命。

(7) 定义疲劳寿命的相关参数。

(8) 运行疲劳分析并且查看分析结果。

其具体的技术流程如图 7-23 所示。

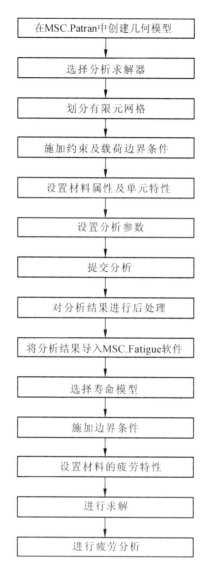

图 7-23　水润滑橡胶尾轴承寿命的疲劳仿真流程

7.5.2　MSC.Patran 建模

7.5.2.1　模型的简化

在 MSC.Patran 软件中建立完整的水润滑平面型橡胶尾轴承的模型，如图 7-24 所示。

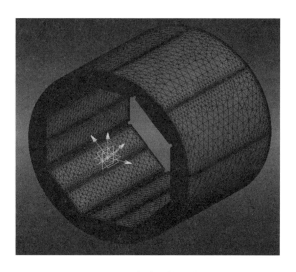

图 7-24　橡胶尾轴承模型

　　在前面所讲述的模型简化过程中,为了使得模型在 MSC. Patran 中更好地建模、更好地进行网格划分,再次将橡胶尾轴承的最下端的板条简化成一个方形板块,如图 7-25 所示。

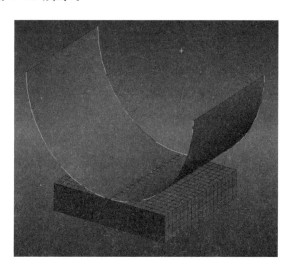

图 7-25　尾轴承简化图

　　在此模型中,板块的厚度为 0.02m、长度为 0.15m、宽度为 0.1m,与之对应的尾轴被模拟成半圆形的刚性柱面。在 MSC. Patran 中对橡胶尾轴承模型进行宽度 20 等分、纵向 30 等分、厚度 4 等分。单元采用 8 节点 6 面体单元 Solid,网格划分后得到 2400 个单元。

7.5.2.2　施加边界条件

（1）橡胶材料的数学模型

橡胶材料本构关系是复杂的非线性函数，通常用应变能函数表示，在受力后，呈现大变形与大应变，力学模型表现为复杂的材料非线性和几何非线性。目前，广泛采用 Mooney-Revlin 模型描述橡胶材料的应变能函数，同时附加体积约束能量项，得出修正的应变能函数。利用修正的应变能函数可使问题转化为无条件变分问题。其简化后的修正应变能函数形式为

$$W = C_1(I_1 - 3) + C_2(I_2 - 3)$$

式中：C_1、C_2——Mooney-Revlin 常数；

　　I_1、I_2—— 形变张量的第 1、第 2 不变量。

（2）约束条件

在图 7-25 所示的模型中，由于尾轴的材料弹性模量远大于橡胶尾轴承的弹性模量，因此尾轴在两固相接触变形中被视为刚性，所以此尾轴与橡胶尾轴承是刚体和柔体接触。为了方便，在此将尾轴简化成为一个刚体半面。橡胶板条的底部施加全方位约束，其约束值为零。其中，橡胶尾轴承板条的弹性模量是 5.83MPa，其泊松比为 0.49。在尾轴的表面施加 1250N 的力，如图 7-26 所示。

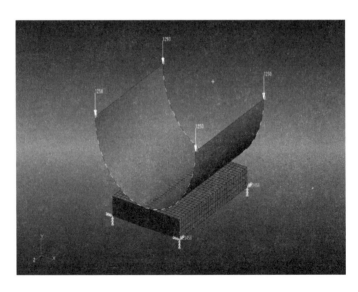

图 7-26　橡胶尾轴承板条约束条件施加示意图

（3）设置求解器

在 MSC.Patran 中选择求解器为静态超弹性，并设置用 MSC.Nastran 求

解器对其分析,得到.XBD 中性文件。

7.5.3 MSC.Fatigue 分析与疲劳寿命

7.5.3.1 尾轴承承载板条模型受力分析

将 MSC.Nastran 分析得到的中性.XBD 文件导入 MSC.Fatigue 软件中,可以得到该橡胶尾轴承在上述条件下的应力分析云图(图 7-27)、位移分析云图(图 7-28)和橡胶板条受力变形云图(图 7-29)。

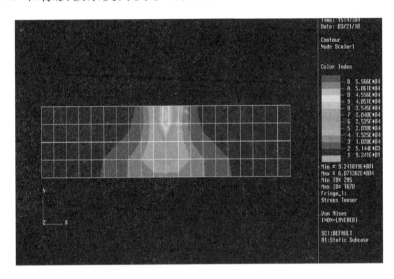

图 7-27　橡胶尾轴承板条接触应力分析云图(单位:Pa)

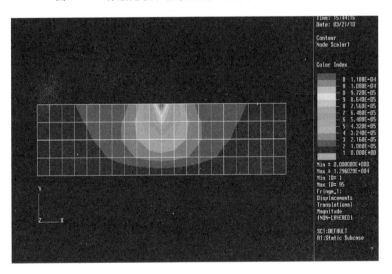

图 7-28　橡胶尾轴承板条位移分析云图(单位:m)

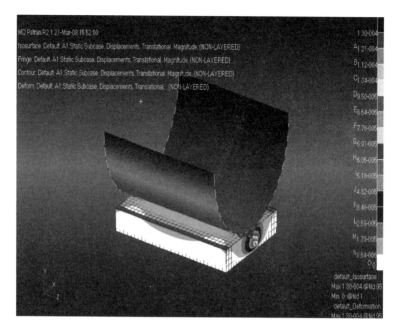

图 7-29　橡胶尾轴承板条受力变形云图（单位：MPa）

综合图 7-27、图 7-28 和图 7-29 可以看出，在静载的情况下，最下端的尾轴承承载板条与尾轴最开始接触的面受力最大，并且位移变化也是最大的。在静加载 1250N 的情况下，最大受力为 45560Pa，其最大变形量为 1.08mm。

7.5.3.2　施加边界条件

本例中，在 MSC. Fatigue 软件中选择 S-N 寿命理论模型对水润滑橡胶尾轴承进行疲劳分析。

（1）施加载荷信息

在船舶尾轴承支撑系统中，尾轴的回旋转动对橡胶尾轴承的影响比较大。尾轴的回旋转动使得橡胶尾轴承进行有规律的弹性形变，使得橡胶受到一定的循环应力作用，主要模拟了尾轴回旋转动在竖直方向上对尾轴承疲劳寿命的影响。本例中，施加的最大载荷是1250N，当尾轴脱离橡胶尾轴承板条时，认为尾轴对尾轴承施加的载荷为零，中间未出现波峰和波谷，假设此竖直方向上施加载荷每一转出现一次，定义其为一次循环载荷。因此，在 MSC. Fatigue 环境中得到图 7-30 所示的加载曲线。

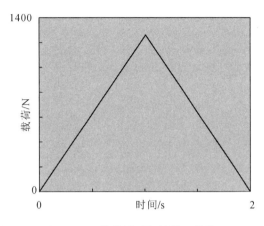

图 7-30　载荷随时间的循环曲线

（2）设置材料疲劳特性

根据表 7-12 所示的材料属性，取橡胶的弹性模量为 $E = 5.83\text{MPa}$，取橡胶的疲劳强度为 $\sigma = 250\text{MPa}$。在 MSC. Fatigue 环境得到的 S-N 模型曲线如图 7-31 所示。

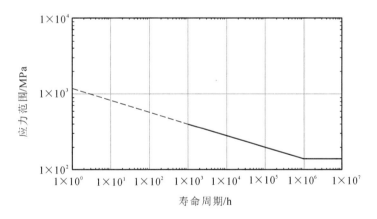

图 7-31　橡胶材料的疲劳特性曲线

（3）分析结果

在载荷信息和材料疲劳特性设定以后，在 MSC. Fatigue 求解器中进行求解，得到图 7-32 所示的橡胶尾轴承承载板条寿命云图。从图 7-32、图 7-27 和图 7-28 可见，橡胶尾轴承承载板条局部寿命与其局部受力有很大的关系，其规律是：橡胶承载板条的局部承载循环载荷越大，其寿命越短，可靠性越低。在施加 1250N 的情况下，橡胶尾轴承板条与尾轴接触应力最大处的寿命约为 18000h，尾轴承板条寿命最大为 28300h。

由于仿真研究只针对载荷对水润滑橡胶尾轴承承载板条的影响，而实际

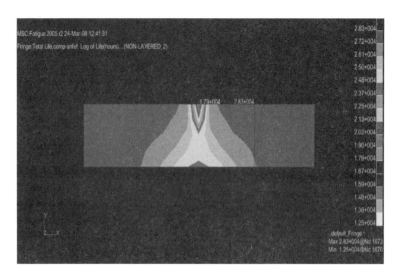

图 7-32　橡胶尾轴承板条的寿命云图（单位：h）

影响橡胶尾轴承的因素众多，其实际工作条件更为苛刻，因此仿真模拟疲劳寿命比实际工况下的疲劳寿命应该要长。

7.6　本章小结

（1）结合舰船水润滑橡胶尾轴承磨损特性以及水润滑尾轴承磨损速率和最大允许配合间隙之间的关系建立平均寿命模型、可靠性磨损寿命模型、模糊可靠性寿命模型、半经验公式 4 种数学模型。其中，磨损可靠性寿命模型和模糊可靠性磨损寿命能较好地反映水润滑尾轴承副由于磨损而失效的渐进性。

（2）根据丁腈橡胶材料在纯水环境下的摩擦磨损机理，提出了摩擦功磨损理论，并基于试验数据，建立了丁腈橡胶的行程体积磨损率与载荷、转速、老化时间和温度之间的关系式，并获得关系式中的相关系数。结果表明，此经验磨损公式获得的丁腈橡胶磨损率与试验数据项吻合，证明了公式的可行性。可将此公式应用于预测船舶水润滑橡胶尾轴承的磨损寿命。

（3）利用试验所得的数据，用精确度较高的极大似然估计对二参数威布尔分布水润滑橡胶尾轴承寿命数学模型进行了评估计算，分析结果表明极大似然估计评估出的故障分布函数与实际数据有较高的拟合精度。

（4）利用 MSC. Fatigue 软件，针对决定水润滑平面型橡胶尾轴承疲劳寿命寿命水平的接触应力最为复杂、润滑条件最为苛刻的最底端板条进行静态仿真。仿真结果表明,尾轴承承载板条的局部疲劳寿命与局部承受的载荷有很大关系,局部受力越大,疲劳寿命越低。

参考文献

［1］　GLAESER W A. Materials for tribology［M］. Amsterdam:Elsevier Science,1992.

［2］　ASTM. Standard Terminology Relating to Wear and Erosion:ASTM G40-17［S］. New York:ASTM,2017.

［3］　彼得森,怀纳.磨损控制手册［M］.汪一麟,译.北京:机械工业出版社,1994.

［4］　何仁洋,张嗣伟.塑料与橡胶材料磨损金属的研究进展［J］.摩擦学学报,2000,20(3):232-235.

［5］　张嗣伟.摩擦磨损润滑学的系统工程原理与方法结构［J］.润滑与密封,1980(6):7-13.

［6］　刘正林.摩擦学原理［M］.北京:高等教育出版社,2009.

［7］　林子光,黄文治,孙希桐.八十年代摩擦学［M］.北京:航空工业出版社,1988.

［8］　张剑峰,周志芳.摩擦磨损与抗磨技术［M］.天津:天津科技翻译出版公司,1993.

［9］　齐毓霖.摩擦与磨损［M］.北京:高等教育出版社,1986.

［10］　霍斯特·契可斯.摩擦学:对摩擦、润滑和磨损科学技术的系统分析［M］.刘钟华,陈善雄,吴鹿鸣,等译.北京:机械工业出版社,1984.

［11］　KRAGHELSKY I V,DOBYCHIN M N,KOMBALOV V S. Calculational basis on friction and wear［M］. Moscow:Mechanical Engineering Press,1997.

［12］　POPOV V L. Contact mechanics and friction:physical principles and applications［M］. Berlin:Springer,2010.

［13］　QIN H L,ZHOU X C,XU C T. Tribological performance of a polymer blend of NBR used for stern bearings［J］. The Open Mechanical Engineering Journal, 2012,6:133-139.

［14］　PERFILYEV V,MOSHKOVICH A,LAPSKER I. Friction and wear of copper samples in the steady friction state［J］. Tribology International,2010,43(8): 1449-1456.

［15］　李咏今.硫化橡胶热氧老化时物理机械性能变质规律的研究［J］.特种橡胶制品, 1997,18(1):42-51.

［16］　BROWN R P,SOULAGNET G. Microhardness profiles on aged rubber compounds

[J]. Polymer Testing,2001,20(3):295-303.

[17] 李咏今.硫化橡胶热氧老化时物理机械性能变质规律的研究[J]. 特种橡胶制品,
1997,18(1):42-57.

[18] 刘惟信.机械可靠性设计[M].北京:清华大学出版社,1996.

[19] 黄洪钟.模糊设计[M].北京:机械工业出版社,1999.

[20] LIU W X. Mechanical Reliability Design[M]. Beijing:Tsinghua University Press,2000.

[21] 倪文馨.机械设备及零件的寿命与可靠性估计——威布尔分布函数的应用[J].船
海工程,1981(2):24-36.

[22] 张慧敏.三参数威布尔分布在机械可靠性分析中的应用[J].机械管理开发,2009,
24(3):59-60.

[23] 金良琼.两参数 Weibull 分布的参数估计[D].昆明:云南大学,2010.

[24] 陈刚.二参数 Weibull 分布几种主要参数估计方法的分析比较[J].武汉理工大学
学报,1988(2):92-98.

[25] 张剑.船舶维修技术实用手册[M].长春:吉林科学技术出版社,2005.

[26] 史景钊,任学军,陈新昌,等.一种三参数 Weibull 分布极大似然估计的求解方法
[J].河南科学,2009,27(7):832-834.